让法律被信仰

法之治

法律适用学讲义

主编 曾令健 朱福勇
副主编 卢荣荣 陈盛

法律出版社
LAW PRESS·CHINA

编写说明

《法律适用学讲义》阐述法律适用的理论体系与制度实践，强调知识体系的完整性，注重理论、制度、个案的有机结合。本书适宜作为法学本科生、研究生教科书，亦适合法官、检察官、公务员、律师等实务界人士参阅。

作为一部系统阐述法律适用理论及其实践的法学教材，本书在体例、内容诸方面均具自身特色。

其一，首倡法律适用的法学理论体系。本书首次明确地、系统地提出法律适用学的理论体系，将法律适用学分作总论与分论两部分。总论部分对法律适用学的基本问题，如概念界定、属性论、要素论、过程论、原则论、功能论以及法律适用学科等予以厘定，有统领全书之效用。分论部分对应要素论、过程论、原则论等，讨论法律适用主体、客体、行为、方法及其效果。经由总论与分论的彼此结合、相互呼应，从而建构起一套内容完整、形式简练，既秉持学理体系化又保持学术开放性的法律适用理论体系。根据笔者搜集的材料，西南政法大学是国内最早也是迄今唯一招收法律适用学方向法学硕士研究生的高校，且首次招生以降，已逾六载。本书尝试建构的法律适用理论体系在某种意义上也凝聚所有从事法律适用教学、科研及学习的师生们的夙愿与智慧。

其二，强调成果共识性与学术个体性的结合。无须置喙，作为一本法学教材，本书首先注重与既有法学理论、研究成果的衔接，这不仅缘于知识的传承性，更重要的是基于本书的阐释对象乃以现行法律体系为依托，现行法律体系及其运行的既有学术成果遂成编者们最倚重的智识前见之一。同时，作为一本直接以“讲义”命名的教材，本书一方面注重与既有法学理论、学术成果在学理脉络、知识体系上的契合；另一方面也倡导编者适当、有克制地表达个人学术观点，在一定程度上回应“什么是你的贡献”。

其三，秉持并夯实法律适用的实践性。毋庸讳言，作为一本法学教材，本书是一套关于法律适用的学理解释，但法律适用本身却是实践性的。质此之由，本书在编写视角、内容安排乃至延伸阅读等方面，均秉持法律的实践立场，强调知识体系与实践活动的互动，提醒读者从实践维度考察法律适用活动。该种实践性还被延伸至法律适用研究的方法论层面，从而使法律适用的实践性涵盖法律实践、法科教学、法学研究诸范畴,亦可谓将实践性"坚持到底"。

本书撰写概况(依章目排序):曾令健副教授撰写第一章;陈盛博士撰写第二章、第三章第四部分及第四章;朱福勇教授撰写第三章(第四部分除外)、第五章;卢荣荣副教授撰写第六章。写作纲要系曾令健副教授初拟,经编者共商而定,全书由曾令健副教授统稿。

出版承西南政法大学支持,人工智能法学院院长陈亮教授为拟定本书章目提供诸多建议,硕士研究生申屠离玄、郭偲语、马媛廷协助统稿,法律出版社陈妮女士专业且高效的编辑作业为本书添彩良多,一并致谢!囿于水准及时间,谬误不足委实难免,诚邀方家不吝斧正(E-mail: ulj-wycwvfp@163.com)。最后也最重要的是,请容许我代表上列诸君,谨以本书献礼母校西南政法大学七十华诞!诚惶诚恐。

曾令健

二〇二〇年元旦于香港大学

目　　录

第一章　法律适用总论

内容提要：所谓法律适用，即法律适用主体依据法定程序运用抽象的法律规范评价具体的涉法事实的活动。法律适用的范围包括司法与行政执法。法律适用特征包括法定性、强制性、可评价性、主观性。其中，法定性是法律适用的首要特征。法律适用的要素，即法律适用的主体、客体以及内容的统称。法律适用过程是指法律适用主体将抽象的法律规范适用于具体的涉法事实的过程。法律实现是法律适用的目的，而法律续造与法律论证不宜作为法律适用目的。法律适用逻辑包括形式法律推理与实质法律推理，通常所说的法律适用逻辑主要是指形式逻辑。法律适用步骤主要由涉法事实建构及认定、法律规范获取以及涵摄三个环节构成。法律适用原则是针对法律适用的主体、客体及内容发挥规范引导作用的一套价值准则。法律适用内容包括法律适用行为、法律适用方法及法律适用效果。其中，形式正义原则是法律适用的首要原则。法律适用具有权利保护、纠纷解决、秩序维护以及规则生成等功能。其中，权利保护是法律适用的首要功能。法律适用学是以法律适用为研究对象的一门综合性法学学科。

核心概念：法律适用；"活动说"；目的论；逻辑论；步骤论；功能论；法律适用学

对于中国这样一个具有悠久的成文法传统的国度，如何将抽象的法律规范体系适用于具体的涉法事实，即所谓"法律适用"，是一个重要的法律问题。这不仅是法律实践中的核心问题，也是法学理论中的基本问题。这不仅对司法、行政以及立法活动均具有举足轻重的作用，也深深地影响公民的学法、知法、守法及用法。司法与行政执法活动本质上是将抽象的法律规范体系适用于具体的涉法事实的过程，属于法律适用范畴。对于立法活动与抽象行政行为而言，一国法律体系的适用情况（如频率、效率、效果等）会对立法活动产生反作用，且通过具体的司法、行政执法以反馈法律适用信息，最终影响立法活动的实施与开展，也影响立法及抽象行政行为的具体内容。① 法律适用活动对公民的学法、知法、守法及用法具有直接影响，毕竟公民学习、

① 有观点认为，立法活动也属于广义的法律适用范围，即适用《立法法》。依该观点，抽象行政行为也属于法律适用范畴。详见胡建淼主编：《法律适用学》，浙江大学出版社2010年版，第10～11页。

理解、遵循及使用法律的最有效途径通常是具体的司法、行政执法活动，通过参与事关切身利益的个案从而对法律的认识、理解、遵循及使用产生深刻认识，并促使其“付诸实践”，即便是间接性地观摩、感知法律适用也能产生法制教育作用，从而影响公民的法感情培育、①法律知识积累与法律适用技能熏陶。在整体意义上，法律实施的一个重要的评判内容正是该国公民学法、知法、守法及用法的状态，而对公民学习、理解、遵循以及使用法律影响最直接、最深刻也最持久者正是具体的法律适用活动。

然而，对于“法律适用”这样一个根本性的法律问题，无论从具体的法律实践层面，抑或抽象的法学理论维度，都缺乏体系化、完整性的讨论。本书旨在从“抽象—具体”“宏观—微观”“整体—局部”等二元维度综合阐述法律适用，即法律适用的一般性学理与具体的法律适用活动，二者相互依存并构成法律适用学的两大核心。所谓“抽象—具体”是指既讲述法律适用的一般规律、要素、原则等抽象的知识体系，也涉及一般规律、要素、原则等在具体法律适用活动的作用、运行及影响；所谓“宏观—微观”是指既讲述关于法律适用的一般理论、整体制度与方法体系，也以具体法律适用活动为载体讨论理论、制度、方法的个案适用；所谓“整体—局部”是指既从整体论视角阐释作为一种现象的法律适用，也探讨具体理论、制度、方法的独特特征、规律以及这些理论、制度、方法与作为一个完整整体的法律适用现象之间的关联。唯有通过多角度的综合阐述，才能实现对法律适用的体系性、深层次理解。

一、法律适用概述

（一）法律适用的界定

所谓法律适用，即法律适用主体依据法定程序运用抽象的法律规范评价具体的涉法事实的活动。毋庸讳言，如何界定“法律适用”可谓仁者见仁、智者见智。不同学者基于不同视角和立场，对法律适用发表了诸多不同见解。

1. 法律适用属性：“活动说”。有观点认为，“法律适用，是法律适用主体，按照法定的程序，将一般性法律应用于个别的涉法事实的判断”。② 该观点认为，在法律适用中被应用的乃是“一般性法律”，这比“抽象的法律规范”的范围广得多。正因如此，该观点对法律适用范畴持广义论立场，认为法律适用不仅涉及司法、行政活动，还涉及立法活动。尽管法律原则乃至法律法规背后的立法精神、价值取向、立法宗旨等均可能在某些法律适用活动中发挥评价准则的作用，但本书旨在强调法律规范之于

① 所谓“法感情”，即国民对于法律的信赖以及由此产生的是非观念。详见［德］鲁道夫·冯·耶林：《为权利而斗争》，胡宝海译，中国法制出版社2004年版，第26页及以下。

② 胡建淼主编：《法律适用学》，浙江大学出版社2010年版，第6页。

法律适用的重要性，尤其综合考虑三大诉讼及行政执法可以发现，法律规范是最基础、最常用也最少争议的评价准则。故而，本书对法律规则予以专门强调，且在全书内容及结构安排上也着重讨论法律规则。但这些并不表明，本书将法律原则乃至法律法规蕴含的精神、宗旨完全摒弃于法律适用之外。此外，该观点将法律适用属性归结为“判断”。相比本书而言，“判断说”的范畴较窄。本书认为，法律适用不限于判断，判断可以精确描述司法活动尤其审判活动，但对于行政行为，无论具体行政行为抑或抽象行政行为，遑论立法行为，“判断说”均不利于把握法律适用属性。在此意义上，该观点将法律适用属性归为“判断”，实际上与其对法律适用范畴秉持的广义论立场可能有所抵牾。故而，本书将法律适用属性归结为一种“活动”，一种“评价活动”。相比“判断说”，“活动说”或“评价说”更利于涵盖司法、行政执法，即便从广义论角度理解法律适用，“活动说”仍可以实现基本的逻辑自洽。

有观点认为，法律适用（原文“法的适用”）“是指国家专门机关依照法定的职权和程序将法律运用于具体的主体和事项的活动。具体地讲，法的适用就是国家的司法机关和国家授权的行政机关及相关工作人员，按照法定的职权和程序，将法律规范运用于公民或组织的专门活动，即司法和行政执法”。[①] 该观点将法律适用主体明确界定为“国家的司法机关和国家授权的行政机关及相关工作人员”，基于概念表述的简洁性，本书采取相对概括的表述，即“法律适用主体”。无疑，该观点对法律适用主体的罗列式描述更为明确、具体，但是，本书认为法律适用系国家有关机关适用法律的活动，工作人员原则上以机关名义行使权力。故而，两种观点在主体范围上亦有差异。此外，该观点强调“将法律规范运用于公民或组织”，即以国家机关及相关工作人员作为法律适用活动之一端，而将公民或组织作为法律适用活动另一端。本书认为，法律适用强调对涉法事实的评价，而非对公民或组织等进行规制。进言之，即便将公民或组织纳入考虑范围，也是针对公民或组织实施的法律行为或因特定事件引发的涉法事实，而非公民或组织本身。公民、组织不是法律适用客体，作为法律适用客体的只能是公民、组织的法律行为或法律事件，即“具体的涉法事实”。

2. “法律适用”概念解析。作为“活动说”，“法律适用”强调法律适用主体依据法定程序将抽象的法律规范适用于具体的涉法事实这样一种专门的评价活动。该概念由“主体”“客体”“内容”“属性”等构成。所谓“主体”即法律适用主体，即司法机关、行政机关及法律法规授权组织。所谓“客体”即抽象的法律规范与具体的涉法事实。“抽象的法律规范”乃是相对“具体的涉法事实”而言。众所周知，现代意义上的法律

---

① 卓泽渊主编：《法理学》，法律出版社2004年版，第249页。

尤其具有成文法传统的法律体系,均强调规则自身的规范性、概括性,从而周延地涵盖调整对象。以传统中国法律规则为例,条文往往反映较为具体的法律情形及其法律后果。譬如唐律中的杀人罪,根据情节区分"六杀",即"谋杀""故杀""斗杀""误杀""过失杀""戏杀"。① 当然,对于此类立法特点可谓见仁见智。从法律适用角度讲,细分情节便于辨析不同的杀人行为,从而更精确地予以惩罚。现代法律规范通常更加概括,注重规则对涉法事实的周延涵盖,以避免"法律漏洞"或其他的"不周延"。这也容易引发一些法律适用问题,即依赖法律适用主体对法律规范的准确理解,强调法律适用主体对涉法事实的正确识别,这些主客观因素对法律适用有着不同程度的影响。现代意义的法律规范相对于具体、特定的涉法事实而言,总体处于概括、抽象的状态。所谓"内容"即法律适用主体依据法定程序将法律规范适用于涉法事实。法律适用首先是一个动态意义上的概念,即对法律适用主体依据程序适用法律的行为过程,法律适用也可以用作对具体法律适用活动及作为整体的法律适用现象进行静态描述。所谓"属性",即法律适用本质上是国家机关及相关授权组织的专门性的评价活动。

3. 法律适用范畴:"中观说"。"法律适用"存在广义、中观、狭义三个层面的理解。广义说认为,法律适用范畴包括司法、行政及立法等有权机关适用法律的活动。② 狭义说则将法律适用范畴限定于司法审判活动。③ 本书持"中观说"认为,法律适用范围为司法与行政执法。本书认为,尽管立法活动属于适用立法法的行为,但该活动本质上是创生法律适用中的"规则",而本书强调"抽象法律规范"与"具体涉法事实"之间的对应及其互动关系,故将立法活动排除在外。至于狭义说,耶日·弗罗布洛夫斯基(Jerzy Wróblewski)的观点、立场与其所在国度的法律体系、司法制度有关,也与研究旨趣紧密相关,④更重要的是,狭义说的法律适用与司法裁判活动几近等同,不易区分。在中观说内部,有观点将抽象行政行为纳入法律适用范畴,⑤我们仅将作为具体行政行为的行政执法纳入法律适用范畴。由此可见,本书持中观说的出发点在于强调法律适用中"抽象的法律规范"与"具体的涉法事实"之间的对应与互动,从而排除立法、抽象行政行为等带有明显的"规则创生"意涵的活动。

---

① 参见曾代伟主编:《中国法制史》,法律出版社2003年版,第134页。

② 参见胡建淼主编:《法律适用学》,浙江大学出版社2010年版,第15~16页。

③ See Jerzy Wróblewski, *The Judicial Application of Law*, Kluwer Academic Publishers, 1992, p. 11.

④ 耶日·弗罗布洛夫斯基研究旨趣及立场的更多讨论,可参见 Jerzy Wróblewski, *The Judicial Application of Law*, Kluwer Academic Publishers, 1992, pp. 1–6。

⑤ 参见卓泽渊主编:《法理学》,法律出版社2004年版,第249~250页。

（二）法律适用的特征

法律适用乃抽象法律规范适用于具体涉法事实。基于不同层面，该活动呈现不同特征。有观点基于法律适用主体要素，着重区分其与公民、法人、其他组织的一般守法活动，将法律适用特征概括为主体特定性、职权法定性、程序合法性及裁决权威性。[①] 有观点概括为强制性、主观性、法定性、程序性及判断性。[②] 本书将法律适用特征归纳为法定性、强制性、可评价性及主观性。其中，法定性是法律适用首要特征，强制性、可评价性及主观性均不同程度地与之相关。

1. 法定性。法定性体现在程序、实体两个层面。在程序上，法律适用的主体、职责、方式、期限等均应当符合既定法律规范。众所周知，在公法、私法二分角度上，法律适用属于公法活动。无论行政执法抑或司法，无论刑事司法、行政诉讼，抑或民事司法，皆系公权力机关、部门或授权组织依法行使公权力以评价具体涉法事实。公权力运行必须遵循“法无授权皆禁止”原则。国家机关尤其行政机关在缺乏法律明确授权时，不得擅自实施超出法律规定的越权行为。否则，便有违“权力源自权利、权力服务权利、权利制约权力”的法治原则，有损法律适用合法性。

在实体上，被适用的法律规范应是既定的、明确的。实体性法律规范均有两层意义：一是社会主体行为规范，即公民、法人、其他组织应当按照法律规定的内容、原则及精神开展社会活动；二是涉法事实评价准则，即当公民、法人、其他组织因社会活动而发生法律纠纷时，国家机关及授权组织用以评价涉法事实的依据、准则。作为评价准则，法律规范原则上应当是涉法事实发生时业已存在的，但特殊情形除外。比如，在刑事法律适用中，出于保护公民、法人、其他组织权益的立场，司法机关须遵循“从旧兼从轻”原则，“从轻”意味可以适用涉法事实发生之后确立的法律规范。当然，在“溯及既往”的特殊情形下，作为评价准则的实体法规范也必须是依法明确确立的法律规范。

关于实体层面的“法定性”，可以区分两个层次：一是涉法事实的评价准则原则上应当是明确的法律规范（包括法律原则、立法精神）；二是特定法律适用活动中的实体准则还涉及社会一般正义观念（如“法感情”）、习惯、惯例、习俗、民情等。后者在民事法律适用中较为常见，《民法总则》则将习惯、公序良俗纳入正式法律渊源，即第 10 条规定“处理民事纠纷，应当依照法律；法律没有规定的，可以适用习惯，但是不得违背公序良俗”。尽管《民法总则》将习惯明确为民事法律适用的实体依据，但习

---

① 参见卓泽渊主编：《法理学》，法律出版社 2004 年版，第 251 ~ 252 页。

② 参见胡律森主编：《法律适用学》，浙江大学出版社 2010 年版，第 4 ~ 6 页。

惯内容的识别,在具体法律适用中仍是不易处理的实践问题,这涉及对民众一般认识、特定行业惯例及涉法事实的具体情节等众多主客观因素的综合考虑。在很大程度上,此时的习惯业已从规范问题转换成个别的、具体的事实认定话题。[①]

2.强制性。法定性决定了法律适用的强制性。强制性集中体现在法律适用过程与结果层面。法定性要求法律适用的主体、方式、期限等应符合既定法律规范,且作为实体评价准则的法律规范原则上也应当是既定、明确的。“符合既定法律规范”与“既定、明确的”就决定了,法律适用活动无论是对法律适用主体,抑或对法律适用相对人,即公民、法人、其他组织,均具有强制性约束力。唯有遵循法定性,法律适用本身的正当性才得以证成,也正是依法适用法律才得以将法律强制性具体化、个别性地展示出来。世所周知,强制性是法律的基本属性。无论现代意义的法律体系,抑或所谓“前现代”意义的法律体系,强制性都是法律的基本属性之一。有学者指出,“在任何社会中,无论原始社会抑或文明社会,法律真正必需的必要条件是,社会授权机构可以合法地实施物理暴力。法律是有牙齿的,尽管不必龇牙咧嘴,一旦需要,便可撕咬”。[②] 在遵循法定性之时也体现出了法律强制性。

强制性在过程层面体现为,法律适用主体与法律适用相对人均受法律适用活动约束,均应依照法定方式、期限参与法律适用活动。如若违反,则可能承受法律上的不利后果。不利后果既可能体现为过程上遭到不利评价,即程序性制裁,[③]也可能是结果上的不利评价,即在涉法事实的终局性实体评价遭受不利。

法律适用主体在过程上违反法律规范,除了可能导致业已实施的法律行为归于无效的法律后果,还可能引发相应的法律责任,如司法活动中因程序违法导致重审;法律适用相对人违反程序性规定可能导致财产乃至人身损失,如庭审中殴打法官、损毁法庭设施,可能被处以罚款或司法拘留等诉讼强制措施。

---

① 本书初步归纳认知法律适用的三对二元思维模式:一是程序与实体,或者说,过程与结果;二是“理想的”法律体系与“流动的”社会生活;三是规范与事实。认知法律适用“法定性”,须从程序与实体两个层面解读,在实体层面又可从“理想的”法律体系与“流动的”社会生活两个角度探讨,在具体的法律适用中,作为规范的习惯往往与事实认定紧密相连。由是,可以从体系化、层次化的立场上实现对法律适用“法定性”的整体认识。认知论上的二元思维模式可以在大多数情形下有助于理解、掌握、分析法律适用及其他法律、法学问题。

② E. Adamson Hoebel, *The Law of Primitive Man: A Study in Comparative Legal Dynamics*, Cambridge, Massachusetts: Harvard University Press, 1967, p. 26.

③ 程序性制裁的更多论述,可参见陈瑞华:《程序性制裁理论》,中国法制出版社 2017 年版。陈书以程序性违法的法律后果为研究对象,探讨违反刑事诉讼程序的成因以及治理程序性违法行为的方式,论证程序性制裁制度的正当性与理论基础,还分析程序性裁判、程序性辩护、程序性上诉诸话题。

法律适用主体在结果上违反法律规范，也可能产生法律适用行为归于无效的法律后果，还可能引发法律责任，如民事错误裁判引发再审，刑事错误裁判及违法的行政处罚还可能引发国家赔偿；法律适用相对人在结果上违法，如拒不履行法院裁判，可能引发强制执行乃至触犯刑法等。

特别指出，过程上违法往往影响法律适用结果。如民事诉讼中，一方违反证据法由是导致“证据失权”的程序性不利后果，该程序性制裁的消极后果极可能影响案件实体裁判，导致诉讼请求无法得到法院支持。再如，行政裁决中行政主体的程序性违法极可能导致实体裁决无法请求法院强制执行。

3. 可评价性。法定性决定了法律适用的评价性特征，即法律适用主体运用法律规范评价涉法事实。不同法律适用活动的评价及其形式不同。在司法尤其审判中，着重表现为法律适用主体对涉法事实予以法律意义上的判断，即是否支持诉讼请求，是否判决被告人有罪，是否撤销具体行政行为等。由于审判具有相对典型的三元结构，即对立的两造与居中的裁判者，故而，司法活动中的评价更多体现为裁判者对两造之主张、请求予以判断。行政执法中评价既可能是行政裁决活动，也可能是行政组织管理、行政监督等。基于此，本书没有采纳“判断性说”，而是采取更具包容度的“评价性说”，尽可能全面归纳中观意义上法律适用的特征。

评价性主要涉及两方面：一是具体的涉法事实具有给予法律评价之可能，即法律评价的可能性或可评价性；二是该涉法事实具有予以法律评价的必要，即法律评价的必要性。理论上讲，但凡涉法事实均应具有法律评价之可能，否则纳入法律规范的调整范围则显得无甚意义。但事实上并非所有涉法事实都当然地具有可评价性，个中原因主要受制于法律体系建设的阶段性，尤其权利救济体系的不完备。比如，在相当长时期内隐私权受损均以名誉权予以保护，而对侵犯受教育权的行为也常常以侵犯姓名权的名义进行评价。尽管受教育权是现行《宪法》明确规定的公民基本权利，但如果以受教育权受侵犯为由提请司法保护则面临裁判难题（甚至无法立案），从而导致法律评价的客观不能，由是实践中不得不采取“权宜”之计与“变通”之道。同样，并非所有涉法事实均必然具有法律评价必要性。如《刑法》第 87 条规定，“犯罪经过下列期限不再追诉：（一）法定最高刑为不满五年有期徒刑的，经过五年；（二）法定最高刑为五年以上不满十年有期徒刑的，经过十年；（三）法定最高刑为十年以上有期徒刑的，经过十五年；（四）法定最高刑为无期徒刑、死刑的，经过二十年……”再如《治安管理处罚法》第 22 条第 1 款规定，“违反治安管理行为在六个月内没有被公安机关发现的，不再处罚”。之所以部分涉法事实不具法律评价必要性，或基于该事实的社会性危害考虑，或出于公民信赖利益保护计。

4. 主观性。主观性与评价性紧密相关。尽管法定性是法律适用的首要特征，且由是决定法律适用的强制性与评价性，但是，正所谓“徒法不足以自行”，人的因素始终是法律适用中的一个重要变量。此处的“人”不仅包括国家机关及授权组织的工作人员，还包括作为法律适用相对人的公民、法人、其他组织。当然，法律适用的主观性集中体现在法律评价活动，且与法定性有着紧密联系。无论是涉法事实的认识、建构及认定，抑或法律规范的识别、选择及解释，均要求国家机关及授权组织的工作人员以及作为法律适用相对人以法律体系为归依，作为法律评价的出发点。这正是法律适用主观性与评价性之间的连接点。整体上，法律适用评价性包含国家机关及授权组织的工作人员对法律规范、涉法事实的理解，而机关及其工作人员的法律及事实理解通常还包含法律适用相对人对于法律与事实的援引、陈述及主张，因此，法律适用中的评价活动汇聚了法律适用主体与法律适用相对人的法律认知。但是，从法律适用主体行使国家公权力的属性来讲，此处的主观性更多地指法律适用主体对法律规范、涉法事实的理解。

还需指出的，尽管法律适用的主观性与法定性存在紧密联系，但国家机关及授权组织的工作人员的个体经历、感悟乃至情绪仍有影响法律适用过程及结果的可能，甚至这种影响本身具有制度空间。姑且将法律现实主义运动中的法律适用观念搁置一旁，即便从法律实证主义立场出发，仍存在法官、检察官、警察、行政人员的个人阅历、私人情感等个体性、区域性的“地方性知识”对法律适用的影响乃至支配。① 一个不争的事实是，即便拥有一套完整的法律体系，对法律体系的理解始终是带有明显的个体性。尽管司法或行政惯例、法律职业习惯等可以在很大程度上约束并引导司法人员、行政人员对法律的理解，但在抽象法律规范与具体涉法事实之间的调适过程中，司法人员、行政人员对法律规范解释仍然拥有一定的自主空间。更重要的是，在涉法事实认识、建构及认定中，即便拥有最精细的程序规范与证据规则，对于证据资格尤其证明力的评价仍然广泛地受制于司法人员、行政人员的职业经历、个人感悟等。客观看待法律适用中主观性的存在，利于理解法律适用中“理想的”法律体系与“流动的”社会生活的二元思维模式，则该二元思维模式对于评价法律适用（如法律适用效果及错误适用法律的救济）也具有举足轻重的方法论意义。

二、法律适用要素论

法律适用要素，即法律适用的主体、客体及内容的统称。所谓法律适用主体，即

---

① 参见[美]克利福德·吉尔兹：《地方性知识：阐释人类学论文集》，王海龙、张家瑄译，中央编译出版社2000年版。

将抽象的法律规范运用于具体的涉法事实的国家机关及授权组织，乃法律适用活动的主观要素；所谓法律适用客体，即法律适用活动指向的对象，乃法律适用活动的客观要素；所谓法律适用内容，即法律适用主体运用抽象法律规范评价具体涉法事实的行为及其引发的法律关系、法律后果的统称，乃法律适用主观要素与客观要素之间因冲突、调适而呈现出的具体状态。法律适用主体、客体及内容共同构成并决定了法律适用的核心要素。

（一）法律适用主体

1. 法律适用主体的范畴。从广义、中观、狭义三个层面理解法律适用，法律适用的主体范畴不尽相同。依“广义说”，法律适用主体包括立法机关、司法机关、行政机关以及法律授权组织；依“狭义说”，法律适用主体即司法机关。本书认为，法律适用主体涉及司法机关、行政机关以及法律授权组织。

关于司法机关的范畴，历来存在“大司法”“小司法”等界分。其中，“大司法”即广义的司法机关范畴，包括法院、检察院、公安机关（含国家安全机关）、司法行政机关；“小司法”，即狭义的司法机关范畴，通常指法院；“中观说”认为，司法机关即法院、检察院以及行使刑事侦查权的公安机关（含国家安全机关）。本书持“中观说”，故而重点讨论法院、检察院与公安机关。这主要基于国家机关在司法活动中的参与程度，特别考虑其在民事、刑事、行政诉讼活动中的地位。

作为法律适用主体的行政机关，严格而言，是指通过具体行政行为适用法律的行政主体，不仅包括依照宪法、行政组织法设立的行使国家行政职权、履行国家行政职能的行政机关，也包括根据单行法律、法规、规章授权获得行政主体资格的组织，还包括通过行政机关依法委托而有权实施具体行政行为的社会组织。

2. 法律适用主体的特征。法律适用主体主要具有法定性、组织性及具体性诸特征。

法定性，是指法律适用主体具有机构法定、权限法定、程序法定三个特点。申言之，机构法定是指法律适用主体的机构设置必须以宪法或相应的组织法为依据，否则，即不合法的法律适用机构。比如，私设公堂不仅不被视为合法的审判机关，还可能涉嫌侵犯他人的人身自由、健康及名誉。即便因受委托而有权实施具体行政行为的社会组织，也必须经由依照宪法、行政组织法设立的行政机关依法授权。权限法定是指法律适用主体运用法律规范评价涉法事实的权限范围以宪法、法律、法规的明确规定为前提，法律适用活动不得有违权限范围，否则可能导致法律适用归于无效，甚至引发国家赔偿。程序法定是指法律适用主体应当依照法定程序运用法律评价涉法事实。这是由法律适用活动的公法属性所决定的。

组织性,既指法律适用主体均以机关、组织的形式存在,工作人员只能以机关、组织的名义参与法律适用活动,产生的法律后果由该个体所代表的机关、组织承担,也指法律适用主体在运用法律评价涉法事实时的组织内部运行方式。对于当代中国的法律适用,国家机关适用法律均以该机关内部各职位、部门之间的整体运转、相互衔接而得以完成。对于组织结构,有学者提出以科层式理想型、协作式理想型分析当代世界范围内的司法及国家权力运行模式:前者即"一个被组织到一种等级结构中的职业化官员群体,他们按照某种技术标准来做出决策";后者即"一个非专业化的决策者群体,他们被组织到一个单一的权力层次之中,并且根据未分层的共同体标准来做出决策"。① 科层式理想型组织架构的显著特点是"官员的职业化"、"严格的等级秩序"和"决策的技术性标准",而协作式理想型组织架构的显著特点是"外行官员"、"权力的平等分配"和"实质正义"(主流价值观的遵循)。科层理想型的程序特征体现为:按部就班的递进式程序;上级审查具有重要作用;注重并信赖卷宗管理;官方程序具有排他性;强调逻辑法条主义及其对程序的规制。协作理想型的程序特征体现为:程序活动的集中化;"上级审"在很大程度上具有补充性,但并非必然;信赖口头交流和当庭证供;私人程序行动在整个司法过程中具有相应的合法性;注重实质正义,即遵循主流价值观及其对程序的规制。显然,两种理想类型的组织架构之间存在比较明显的对应性,这也是理想型作为研究方法的意义所在,利于掌握事物的特征及本质。显然,任何理想类型都不是现实的法律适用主体之组织构架的完整、真实写照。但是,现实中法律适用主体的组织构架必然会更接近于某种理想类型,这已经足以帮助我们理解法律适用主体的组织性。总体上,当代中国的司法机关、行政主体可以归入科层式理想型的范畴。故而,法律适用主体在具体的法律适用活动中基本上以科层制化方式运行,这种组织性呈现出如下特点:一是程序上按部就班,且逐部门、逐级递进;二是上级职位、部门的审查对法律适用活动的推进具有重要作用;三是注重且信赖卷宗管理,以此完成对下级职位、部门的法律适用行为的监督与考核;四是法律适用程序具有排他性,法定程序之外的做法的存在空间极其有限;五是强调遵循法条并以此作为评价法律适用程序的主要标准。

具体性,是指只有在具体的法律适用活动中,特定的司法机关、行政主体才具有法律适用主体地位,而一般意义上、整体意义上的司法机关、行政主体并非当然地属于法律适用主体。有观点以"动态性""普遍性"表达了与"具体性"近似的观点,即

① [美]米尔伊安·达玛什卡:《司法与国家权力的多种面孔》,郑戈译,中国政法大学出版社2004年版,第24~105页。

认为“法律适用主体并非某个国家机关或社会组织的静态属性，而是在具体的法律适用行为中对行为主体的一个动态的描述”，以及“法律适用主体广泛存在于立法、司法和行政机关”。[①] 出于表述的方便，本书以“具体性”综合表达“法律适用主体不为某机关所垄断”与“只有依法适用法律时才是法律适用主体”两层含义。

3.法律适用相对人。所谓的法律适用相对人，即受法律适用主体运用法律规范评价涉法事实的过程与结果所影响的公民、法人、其他组织。狭义的法律适用相对人，是指与具体涉法事实存在法律意义上利害关系的公民、法人、其他组织，比如当事人、第三人等。广义的法律适用相对人，是指与法律适用活动有法律意义上关联的公民、法人、其他组织，除了当事人、第三人之外，还涉及公诉人、侦查人员、证人、鉴定人、翻译人员等。狭义的法律适用相对人与具体涉法事实有实体性法律意义上的利害关系，因此，相比公诉人、侦查人员等负有法定职责且以国家机关名义行事的广义相对人，通常拥有更为广泛的权利，也往往是直接的义务承担者。之所以提及广义的法律适用相对人，是因为这些因法定职责或因其他原因而参与法律适用的个体、组织，不仅拥有一定职权（权利），也承担一定义务。若无特别说明，本书在狭义上使用法律适用相对人的概念。

已有的法律适用文献往往较少甚至没有提及法律适用相对人。这并非表明，法律适用相对人在法律适用中无甚意义，更非相对人对于法律适用不重要甚至无须考虑。尽管本书此后也较少涉及法律适用相对人，但主要出于论述重心的考虑，即立足公法角度分析法律适用主体。事实上，假如全然忽略法律适用相对人，会导致理解的片面化，甚至犯某些原则性错误。片面化是指认为法律适用相对人在法律适用活动中“可有可无”；原则性错误是指因忽视法律适用相对人，从而损害相对人权益，导致法律适用自身的合法性受损。事实上，相对人在法律适用中具有重要作用，如法律适用程序的参与及推进，权利主张及意见表达，启动法律适用监督程序，错误适用法律时寻求救济等。这些既涉及法律适用的正常进行，也涉及法律适用的合法性监督及救济。

（二）法律适用客体

法律适用客体是法律适用活动指向的对象，属于法律适用的客观要素。在法律适用活动中，客观要素主要有法律规范与涉法事实。

1.法律规范。法律规范即国家制定或认可并由国家强制力保障实施的具有一般约束力的行为规范。关于法律适用中的评价准则，除了法律规范，还涉及法律原则乃

---

① 胡建淼主编：《法律适用学》，浙江大学出版社 2010 年版，第 9～10 页。

至法律法规背后的立法精神、价值取向、立法宗旨等，这些均可能在法律适用中发挥评价准则作用。

综合考虑司法与行政执法，法律规范是法律适用活动中最基础、最常用也最少争议的评价准则。相比法律原则、立法精神、价值取向、立法宗旨等，法律规则的构造相对完整。无论依据“假定、处理、制裁”三要素说，抑或根据“行为模式、法律后果”两要素说，作为法律适用中最基础的评价准则，法律规范对权利与义务、权力与职责、方式、步骤、期限、法律责任等均有体系化、完整性规定，因此，在评价涉法事实时内容更加确切，最能体现法的“安定性”（拉德布鲁赫语），①无论实体层面抑或程序层面，②进而可以更好地发挥法的评价功能。

在三大诉讼及行政执法中，民事诉讼是相对复杂的法律适用活动。故而，此处以民事司法为例，探讨法律规范如何发挥评价功能。总体上，法律规范的评价功能主要基于评估、建构、锚定、靶向、测量诸效应，以实现社会秩序“再生产”。

所谓法律规范的评估效应，即纠纷各方对法律后果的预测会影响各方后续行为选择，具体可能涉及是否升级纠纷烈度、升级冲突手段、调整争议内容、寻求司法救济。其中，在评估效应的影响下，各方在考虑司法救济时通常涉及根据评估情况选择实体性法律规范，为实体性法律规范选择寻找正当性说明，考量司法程序对实体性评估结果的影响等。

所谓法律规范的建构效应，即法律规范对案件事实建构的制约作用。对于当事人，一旦确定诉争内容，通常会在评估效应支配下，根据法律规范的构成要件来建构案件事实。换言之，法官面对的案件事实本质上是经双方当事人“剪裁”之后的“加工品”，这种案件事实通常体现为各方当事人依据“利益最大化”原则作出陈述，提交、解读其他证据材料。

所谓法律规范的锚定效应（anchoring effect），或称沉锚效应，是法律适用中一种重要的心理现象，源于心理学术语。锚定效应原指当人们定量估测某事件时，会将某些特定数值作为起始值，起始值则像锚一样制约估测值，而且作决策时也会不自觉地给予最初获得的信息过多的重视。在司法活动中，无论当事人抑或法官，在特定法律规范的作用下，通常会按照该规范开展程序上、实体上的争论及审理，除非有明确的

---

① 拉德布鲁赫对法的“安定性”的阐述，可以参见［德］拉德布鲁赫：《法律哲学概论》，徐苏中译，中国政法大学出版社2007年版；《法哲学》，王朴译，法律出版社2005年版；《法律智慧警句集》，舒国滢译，中国法制出版社2001年版。

② 程序意义上的安定性，可参见［日］谷口安平：《程序的正义与诉讼》，王亚新、刘荣军译，中国政法大学出版社1996年版。

证明或事实显示该规范选择对于本案不正确、不恰当。对于当事人,即便规范选择不正确、不恰当,往往仍然坚持其业已选定的规范,毕竟事关讼争利益,这是锚定效应最明显之处。

所谓法律规范的靶向效应,即法律规范对于法律适用过程及内容的引导作用。在民事司法中,民事实体权利义务关系对程序进行、实体评价均有制约作用,而诉讼过程中争议实体权利义务的变化即法律规范变更还必然导致诉讼程序变化,如诉讼请求变更,甚至驳回起诉。

所谓法律规范的测量效应,即法律规范在法律适用的程序、实体评价层面的标尺作用。我们通常关注法律规范的实体评价作用,事实上,程序评价也是法律规范的一个重要功能。这既关乎法律适用自身的正当性证成,也在法律适用结论、法律适用监督、错误适用法律的救济等方面发挥举足轻重的作用。在大多情况下,我们将测量效应与法律适用的评价功能画等号,由此可见测量效应的核心地位,尽管测量效应并非评价功能的全部内容。

所谓社会秩序的"再生产",是指以法律规范评价涉法事实就是将法律所拟制、追求的社会秩序在现实社会生活中予以实现。其中,通常是既有权利义务关系或者说法律追求的社会秩序处于不稳定状态时,才有诉之司法救济的必要与可能,因此,每次司法活动都是对处于不稳定状态的社会秩序的矫正,从而对社会秩序予以再次确认、宣告。

2. 涉法事实。涉法事实也称法律事实,即引起法律关系发生、变更、消灭的客观情况。无疑,世间的客观情况万种千样,因此,并非所有的客观情况都属于法律适用对象。但是,如果某人因某饭店用餐而不治身亡,或某酒店午休时窒息而死,则可能成为法律适用对象。相比纯粹的吃饭、睡觉,在饭店用餐涉及顾客与饭店之间的合同关系或侵权法律关系,在酒店午休身故也是同理。简言之,客观情况是否成为涉法事实取决于法律的具体规定。对于受法律调整、具有法律评价意义的客观事实,称为涉法事实或法律事实;此外的客观事实,为自然事实。

涉法事实具有现实性、个别性、社会性、涉法性等特征。现实性,即涉法事实原则上必须是真实、客观存在的事实。比如违法或犯罪的念头,不会成为法律调整对象,也不构成涉法事实,因为这些违法、犯罪的想法仅存在于行为人的想象中,并未付诸实践。又如,在民事诉讼中提出将来给付之诉,尽管该诉旨在保护"将来"的给付请求权,但引发或者说确保当事人提出该诉的原因却是现实的,即基于当前客观情形损及其将来给付请求权。更为特殊的情形,如民事司法中的消极确认之诉。尽管消极确认之诉旨在请求法院确认某种民事实体权利义务关系不存在,但"不存在"本身也可以视为客观情况的一种“存在方式”。

个别性,是相对于法律规范而言,即涉法事实应当是特定的,如一起交通事故、一次砸伤路人的高空坠物等,而非抽象意义的交通事故、高空坠物,如学术研究上的高空坠物现象,这仅仅是此类现象的概括性描述。换言之,涉法事实的个别性意味着,该事实必然涉及具体、特定公民、法人、其他组织的人身、财产、政治权利等。当然,个别性并不表明,涉法事实在数量上只能表现为“单一”的。涉法事实可能由两个或两个以上的客观事实共同构成一个法律意义上的涉法事实。如某人于某日设立一份遗嘱,这显然构成一个涉法事实;尔后,该人去世,这构成另一个涉法事实。在法律适用上,这两个涉法事实都可能成为法律评价的对象,均可能分别引发讼案。另一方面,两起客观事实也可能共同构成遗嘱继承纠纷的涉法事实。

社会性,即涉法事实对社会关系具有实际影响。众所周知,法律关系实为社会关系的特殊化,即将一部分需要而且能够通过法律予以调整的社会关系上升为法律调整对象。所以,涉法事实必然对社会关系的发生、变更及消灭存在事实和法律意义上的实质影响。以自然死亡为例,丈夫身故导致妻子在事实上失去生活及精神伴侣,在法律意义上意味着双方婚姻关系的结束,并可能导致遗产继承及分割。再以买卖合同关系为例,合同双方在事实上建立起商事合作关系,在法律上导致卖方负有按时按质按量交付商品的义务,而买方则应当按约定支付价款。

涉法性,即涉法事实具有运用法律予以评价的必要性。换言之,客观情况上升为涉法事实本质上源于法律的“规定”。譬如,个人生活不受非法侵扰,这从客观上来讲属于个人“利益”。一旦个人生活受到他人的非法侵扰,受损害者可以诉诸司法救济。尽管学理上对诸如“安宁权”有过大量研究,而在制定法层面则长期缺位。即使利益受损是客观存在的,但由于该种利益没有被纳入法律的保护范畴,故而无法直接就该“非法侵扰”寻求法律救济;反之,则可以进入法律适用活动,并可能得到法律上的正面回应与积极保护。例如,2012 年《全国人民代表大会常务委员会关于加强网络信息保护的决定》第 7 条规定:“任何组织和个人未经电子信息接收者同意或者请求,或者电子信息接收者明确表示拒绝的,不得向其固定电话、移动电话或者个人电子邮箱发送商业性电子信息。”由此开启对网络空间的安宁权保护之先河。质言之,尽管法律“规定”的背后是复杂的价值选择、利益导向、政治博弈等,但是,这种“涉法性”或“规定性”是成立法传统下判别客观情况是否属于涉法事实的唯一标准。

以有无人的意识介入为标准,涉法事实大抵上可以分为法律行为与法律事件。其中,法律行为是人实施的能够引发法律关系发生、变更或消灭的有意识的活动;法律事件是与人的意识无关的但能够引起法律关系发生、变更或消灭的客观情况。前者如签订合同、殴打他人、违章停车、著书立说等,后者如因雪崩而致死、人的出生等。其中,法律行为又可以按照是否具有人的意思表示而分为表意行为与事实行为。表意行为即人实施的引起法律关系发生、变更或消灭的意思表示,如签订合同;事实行为即不存在该种意思表示但客观上引发了法律关系发生、变更或消灭的行为,如发现埋藏物。这些分类的意义在于,就"涉法性"角度而言,由于人的意识以及意思表示在不同的客观情况中的影响不一,故而相关法律规范的要件及内容设置会有所区别,而法律保护的手段、范围等也会有所不同。

(三)法律适用内容

法律适用主体运用抽象法律规范评价具体涉法事实的行为及其引发的法律关系、法律后果等,统称法律适用内容。由于法律规范的抽象性与涉法事实的具体性之间存在张力,诸如法律规范的解释与涉法事实的建构、法律规范与涉法事实之间的涵摄等,故而需要法律适用主体合法地实现主观要素与客观要素之间的调适。该调适过程主要涉及法律适用行为、法律适用方法及法律适用效果。从构成要素出发,可以将法律适用内容简要地概括为,法律适用主体依循法律适用方法实施法律适用行为,进而产生特定的法律适用效果。

1. 法律适用行为。法律适用行为是法律适用主体运用法律规范评价涉法事实的具体法律行为。在内容方面,除了国家机关依法实施法律行为的具体形式,法律适用行为还涉及法律适用的适格性,作为法律适用行为之正当性证成的推理及论证,作为推理及论证的表现载体的法律适用结论之作出及其实现。

依据法律适用行为的特点不同,法律适用行为可以区分为司法法律适用行为与行政执法行为。前者是指司法机关运用抽象的法律规范评价具体的涉法事实的法律适用行为。其中,司法机关通常指法院、检察院、公安机关等;此处的"涉法事实",即通常所言的"案件",根据案件的主管机关不同、诉讼程序不同,案件通常被区分为民事案件、刑事案件和行政案件。行政执法行为是指行政主体运用抽象的法律规范评价具体的涉法事实的具体行政行为。这类法律适用行为除了法律适用主体、涉法事实的具体表现与司法法律适用存在区别,更重要的是两种法律适用行为在法律适用理念、程序特点等方面存在差异。

依据法律适用的主体及职责不同,司法法律适用行为可以分为基于审判权的法律适用、基于检察权的法律适用、基于侦查权的法律适用,而基于行政执法权适用法律则包括狭义的行政执法——行政主体依法直接对特定行政相对人和行政事务采取措施,或对相关人员权利义务的行使及履行情况进行监督检查的行为,也包括行政机关以居中裁决的第三者身份适用法律裁决行政争议或民事纠纷的行为。

2. 法律适用方法。法律适用方法是法律适用主体依据法律规定，在查明事实的基础上，依据法律规范得出法律适用结论所依循的方法。法律适用方法与法律适用行为紧密相关但又截然不同。法律适用行为是法律适用主体适用法律的客观表现，即使从法律适用主体及其工作人员的角度看，法律适用中的推理、论证等是具有极强主观性的评价活动，但这种主观性评价活动本身却是客观的社会事实，而法律适用方法则是指导法律适用行为的方法论集成，是一套知识体系。

3. 法律适用效果。法律适用效果即法律适用主体运用法律规范评价涉法事实所产生的客观影响。该客观影响既可能是法律意义上的影响，也可能是法律之外的影响。在内容方面，法律适用效果既包括法律适用过程意义上的效果，也关乎法律适用结果意义上的效果，还涉及确保法律适用效果的救济机制。

尽管从逻辑上讲，法律适用效果仅仅是法律适用行为的客观影响，但是法律适用效果之于法律适用活动的重要性却不言而喻。在功能论的角度上，法律适用活动旨在追求法律秩序之实现，法律适用效果无疑属于评价法律适用活动的客观范畴。根据法律效果发生的领域，可以将法律适用效果分成法律效果、社会效果与政治效果。法律效果，顾名思义，即法律意义上的客观影响；社会效果与政治效果属于法律意义之外的客观影响。

通过法律适用的法律效果，可以评价法律适用的合法性与合理性，尤其程序性规范的遵循、实体性规范的适用，而且法律适用相对人的观点、对涉法事实的具体情形的考量等都可以借助法律效果予以考察。法律效果本质上是从法律体系的内部来衡量法律适用活动的正当性。

通过法律适用的社会效果，既可以观察法律适用活动之于社会公众法治教育功能的实现程度，还可以反映社会公众对法律适用活动的认可程度与接受程度。这是关乎法从静态、“书本”意义上的法走向动态、“行动”意义上的法的关键一环。社会效果本质上是从社会维度来衡量法律适用活动的可接受性。

通过法律适用的政治效果，不仅可以反映一国的政治文明程度，诸如法律适用过程及结果方面的法治化程度与文明程度，对待法律适用相对人的态度与方式，还可以助推一国政治文明发展诸如通过司法、行政执法而调整、改进公权力的运行方式。政治效果本质上是从政治维度来衡量法律适用活动的文明程度。

三、法律适用过程论

法律适用过程，是指法律适用主体将抽象法律规范适用于具体涉法事实的过程。这是对法律适用活动的核心要素、基本框架的概括性描述。对于法律适用过程的构成要素,有观点提出法律适用目的、法律适用逻辑与法律适用步骤的三要素说。[①] 依据该观点,法律适用过程乃以法律适用目的为追求、用法律适用逻辑连接的法律适用步骤,且此三者之统一有机体方构成法律适用过程。本书赞成三要素说,但在法律适用目的论、法律适用逻辑论以及法律适用步骤论的具体认识与内涵阐释诸方面均有分殊。

（一）法律适用目的论

1. 法律实现是法律适用的目的。目的,通常指预先设想的目标与结果。在成文法的法律传统中,法律适用目的就是法律体系所要实现的目标与结果。法律实现即法律适用的目的所在。换言之,法律适用目的是将法律体系预设的社会关系与社会秩序转换为社会事实。从社会变革的角度而言,成文法是富有浪漫主义色彩的法律存在形式,通常将立法者所期待的社会关系、社会秩序的表现形态以明确的法律规范形式予以固定,以此作为社会生活中的行为规范,从而建构一个企望的社会秩序。在此意义上,成文法的社会生活行为规范意义是极为显著的。同时,一旦该种预设的社会关系及社会秩序在社会实践中没有被遵循或处于不稳定状态,法律规范则"摇身一变"成为法律适用的依据与准则,如裁判规范或行政依据,从而以国家强制力为后盾将法律预设的社会关系与社会秩序在社会生活中予以"落实"。故而,无论行政执法,抑或司法裁判,其目的均在于实现成文法所预设的社会关系及社会秩序。

从法律实现的目的论出发,可以发现法律适用过程的若干特点:其一,法律适用过程旨在忠实于法律规范,将法律规范所设想的社会关系与社会秩序凭借国家强制力付诸实现;其二,法律适用过程应当依循但又不限于法律规范,应当以整个法律体系为依据,从而实现法律体系所预设的社会关系与社会秩序;其三,法律适用过程在极大程度上是一个从应然到实然的过程,将宏大、抽象的行为规范、价值取向、理想生活通过细致、具体的法律适用过程付诸实践,也借助这些细致、具体的法律适用过程反作用于法律体系,从而重构理想的社会生活样态。

2. 法律续造与法律论证不宜作为法律适用目的。有观点将法律续造与法律论证作为法律适用目的。[②] 将法律续造作为法律适用目的,在一定程度上是可以成立的(如学理探讨层面,或者欧陆司法语境)。但是,从当代中国法律体系出发,将法律续造作为法律适用之一目的,是亟待商榷的。客观上,但凡成文法体系,均可能面临法律漏洞之类的适用难题。相比行政执法,司法裁判活动更容易遭遇此类难题,毕竟行

---

① 参见胡建淼主编:《法律适用学》,浙江大学出版社 2010 年版,第 16 页。

② 同上书,第 18—20 页。

政执法往往以"法无明文授权皆禁止"为由终止执法,或者通过其他途径变通处理。职是之故,成文法国家大多发明了各种应对该种法律适用难题的方法及措施。在当代中国法律语境中,对于法律漏洞原则上采取事后弥补方式。除了通过立法途径事后弥补,司法实践的常见方式是通过出台司法解释或相关文件。正因如此,对于当代中国的法律适用而言,与其说通过法律续造应对法律漏洞是法律适用的目的之一,毋宁说,法律漏洞的弥补或应对仅仅是法律适用活动中的一个技术性难题,通常经由体制性途径(制定新法、修改立法,或出台司法解释及文件)予以解决。

本书亦不赞成将法律论证作为法律适用目的之一。法律论证旨在为法律适用过程及结果建构正当性说明,从而寻求法律适用相对人的认同,提升法律适用的可接受性。从法律适用要素而言,法律论证是法律适用行为的构成部分之一。这在司法活动中体现得尤为明显。近年来,司法机关一直致力于增强裁判文书说理,其初衷也旨在为司法活动的合法性、合理性提供一套正当性解释。为了使该种正当性解释更好地被法律适用相对人接受,司法制度也有一整套向相对人提供的质疑该套正当性解释的程序机制,诸如上诉及再审制度。故而,本书认为,在当代中国司法语境中将法律适用行为的一个组成部分上升为法律适用目的之一未必恰当。

3. 法律适用目的与法律适用效果。法律适用目的与法律适用效果之间,既有区别,又有联系。前者是法律适用过程的构成要素之一,是法律适用活动所追求的目标和结果,因此属于应然层面的范畴;后者是法律适用的内容之一,是法律适用过程与结论的客观影响,因此属于实然层面的范畴。尤为重要的是,法律适用目的是衡量法律适用效果的基准,二者之间的背离程度在很大程度上反映一国法治的水准。

(二)法律适用逻辑论

严格而言,法律适用逻辑包括形式法律推理与实质法律推理。

1. 形式法律推理。通常所说的法律适用逻辑主要指形式逻辑。众所周知,形式逻辑有演绎、归纳与类比三种形式。

(1)演绎推理。在成文法的法律体系中,演绎推理是最基础、最常用的法律形式推理,即以法律规范为大前提,以涉法事实为小前提,基于构成要件的对应性和完备性,进而推导出特定的法律效果。尽管演绎推理是成文法体系中最常见的法律推理形式,但在不同的法律适用活动中仍有区别。在三大诉讼活动中,刑事审判对构成要件之对应性和完备性的要求最高。这既与刑法坚持的"罪刑法定原则"联系紧密,也与刑罚自身的严厉性和刑法的"谦抑性"有莫大关系。与刑事司法相似,行政程序性立法将确保行政主体履行职责与保护行政相对人权益并列为两项基本任务,故而,对于行政处罚、行政强制等可能针对相对人的人身、财产课以义务、施以限制的行政执法行为均设置了严格的适用条件,这就涉及演绎推理过程中构成要件的对应性与完备性。

(2)归纳推理。与演绎推理相对应,归纳推理是从特殊到一般的推理。如果说演绎推理是成文法系中最常见的法律推理形式,那么归纳推理在判例法系中的司法适用就比在成文法系中多,尤其体现在从既有判例归纳出适合当前案件裁判需要的规范或原则。当然,一旦通过归纳推理发现法律,也将随之展开演绎推理。值得注意的是,对于成文法系的法律适用活动,归纳推理并非毫无用武之地。从整个法律适用活动来看,归纳推理可以在涉法事实的建构过程中发挥作用。譬如,当多个证据指向同一待证事实,可以此形成关于该待证事实的心证。此外,尽管目前司法活动旨在倡导法官参考指导性案例的裁判要旨,但随着制度实践的逐步落实与日渐深化,或许法官从既有指导性案例中归纳出个案裁判时需要的规则也并非全无可能,从而增加一种在个案审理中及时应对法律漏洞的司法措施。

(3)类比推理。类比推理即根据两个对象在某些属性上相同或相似,通过比较而推断出它们在其他属性上也相同的推理过程。众所周知,在判例法系的司法活动中,类比推理的适用空间较大。这也是遵循先例、区分技术等得以广泛运用的思维工具。事实上,类比推理在当代中国法律适用中同样广泛使用。尽管当下指导性案例的功能发挥以裁判要旨部分最关键,但法官、当事人尤其律师往往会依据"同案同判""类案类判"的朴素观念进行"类案检索",并以此作为裁判或辩护的资料或理由。同样,即便不是指导性案例,已经生效的裁判也往往因为案件事实相似或相近、法律争议相同或相似而被援引作裁判或辩护的资料。尽管这些既决案件即便被后案裁判所接纳,通常也不会在裁判文书中予以明确说明。但是,这种既决裁判对后续审判的影响,是不可否认的。尤其本院已决裁判和上级法院的裁判,对后续案件审理形成了某种事实上的约束力。其中的主要原因是来自当代中国法院上下级法院之间的层级关系以及法院内部的案件管理制度。

2. 实质法律推理。实质法律推理,也称"辩证推理",与形式法律推理不同,是依据立法者制定该项法律规范的价值理由并结合其他相关因素,如利益衡量、公共政策等,进行综合考虑而展开的内容推理。进行实质法律推理时,必须就法律规范和涉法事实本身的实质内容进行法律评价,作出相应的价值判断,并拒斥适用"恶法"。① 实质法律推理在很大程度上是法律适用中的价值选择问题,但实质法律推理对法律适用目的能否实现、法律适用效果是否理想等均有举足轻重的作用。因此,实质法律推

---

① 参见彭漪涟、马钦荣主编:《逻辑学大辞典》,上海辞书出版社2010年版。

理也是法律适用学的重要内容。然而,实质法律推理并非在每次法律适用活动中均会发生,同时基于价值选择的复杂性与开放性,以致其在很大程度上与方法论密切相关,职是之故,本书将接连法律适用步骤并且不可或缺的形式法律推理纳入法律适用行为予以详述,而将实质法律推理置于法律适用方法部分再行讨论。

(三)法律适用步骤论

法律适用步骤主要由涉法事实建构及认定、法律规范获取以及涵摄三个环节构成。

1. 涉法事实建构及认定。法律适用过程中的涉法事实也称法律事实、案件事实,与纯粹的生活事实本身有所区别。这主要受制于涉法事实建构及其认定的有限性。有限性即涉法事实建构及认定的时间有限,以及建构及认定的手段有限。故而,只能以法律规范作为涉法事实建构及其认定的标准,此即涉法事实的规范性,或者说,生活事实的涉法性。

(1)涉法事实建构主体。司法活动中的涉法事实建构均受证明责任机制支配。民事诉讼大多情形是由原告承担证明责任;刑事诉讼中原则上由控方即检察机关承担证明责任;行政诉讼则相反,通常由被告即行政主体承担证明责任,由是导致行政执法中强调"先取证、后行政"的原则。在法律适用相对人之间,最终意义上是由承担证明责任一方负责涉法事实的建构,否则其请求、控诉便可能得不到支持,或其具体行政行为、侦查行为可能遭受司法机关的消极评价。

(2)涉法事实认定主体。法律适用主体是涉法事实的认定主体,即作为法律适用对象的涉法事实以法律适用主体认定的事实为准。在三大诉讼中,法院有权认定涉法事实。对于作为控方的检察机关和作为侦查机关的公安机关等,可以视作阶段性的涉法事实认定主体,其事实认定存在接受司法审查的可能。行政执法的情形与刑事诉讼的检察机关、侦查机关相似。

(3)涉法事实建构及认定依据。涉法事实建构及认定的实体性、程序性依据原则上均遵循法定原则,即根据法律规范的要件及标准予以建构、认定。在司法尤其民事司法中,涉法事实认定除了依照实体法、程序法、证据法的规定外,法官的主观能动性(诸如司法经验、生活常识)是不可或缺的因素。

2. 法律规范获取。法律适用主体应该确定适用于特定涉法事实的法律规范。

(1)法律规范获取通常是寻找基本法律、基本法律以外的其他法律(狭义的法律)之中的法律规范,也可能寻找法律原则、探寻立法精神作为法律适用依据。

(2)寻找法律规范不限于狭义的法律范畴,法律适用主体还会在司法解释、地方性法规、行政法规及规章、自治条例、单行条例等范围中寻找法律适用依据。理论上,相比狭义的法律，司法解释、地方性法规、行政法规及规章等的内容往往更细化、具体，也更利于获取法律适用依据。不同层级的法律法规在适用时是有所区别的，因为不同层级的法律法规及规范性文件对法律适用主体的事实认定及评价的约束力是不同的，违反这些法律法规的后果亦不尽相同。以行政法律适用为例，通常是"依据"法律法规、"参照"行政规章、"援引"司法解释以及"引用"其他规范性文件，从而评价涉法事实。①

(3)法律规范获取的部门法交叉现象。在获取法律规范时，完全可能超出上述两种情形，从而涉及不同部门法的综合适用。跨部门法适用既可以明确相关法律术语的含义，从而完成法律要件的对应性、完备性审查，也可能是基于法律规范的不完整，需要部门法交叉结合，从而使行为模式加法律后果的法律规范结构得以完整。但是，在综合适用不同部门法时既要注意不同部门法之间的关联性，也要注意不同部门法意义上的术语之间的细微区别，这在实践中需要具体分析。比如，刑事司法可以借用民法"占有"概念解释犯罪行为，但二者内涵不尽雷同。再如，刑事司法的"重婚"概念与婚姻法的"重婚"也有区别。

(4)无法径直获取法律规范的具体应对。通过上述途径仍无法获取法律适用依据的，可能是因为现行法律体系对同一涉法事实存在多个法律规范，也可能是因为法律规范自身含义模糊，有歧义乃至漏洞。对于多个法律规范或法律规范的含义模糊、有歧义的，法律适用主体可以通过解释法律，从而选择法律法规以确定其含义。当法律法规本身存在漏洞时，由于该部分内容原则上属于立法权范畴，因此，可以通过体制性途径予以弥补。② 如果多个法律规范的内容不一致且法律适用主体无法通过解释法律予以选择的，则涉及法律裁决。

3. 涵摄。涵摄是指将涉法事实归入法律规范从而获得法律适用结论的过程。

(1)涉法事实与法律规范中构成要件之间的对应性、完备性审查，是涉法事实归入法律规范的关键步骤。如果无法将涉法事实归入特定法律规范，那么该法律规范不适合作为评价当下涉法事实的依据。

(2)涵摄以法律规范为大前提，但不局限于法律规范。依法律规范获取途径可知，可以作为法律适用评价依据的范围从法律规范到法律原则、立法精神，从基本法

---

①　行政法律适用的具体情形，详见胡建淼主编：《法律适用学》，浙江大学出版社2010年版，第280～296页。

②　司法中通常出台司法解释或相关文件予以解决。为平衡立法权与司法权，《立法法》专门设置备案审查制度。

律到地方性法规，从部门法内部到跨部门法，甚至可能涉及作为基本法的宪法（如法律推理或论证时）。故而，在法律适用过程中，“任何人如果适用某个具体的法律规范，等于说事实上适用了整部法律，甚至整个法律秩序”。①

（3）涵摄过程具有复杂性。复杂性主要是从法律适用的实然层面上讲，既指涵摄通常不是“一蹴而就”的，往往需要反复试错，可称作“反复性”；也指不能将涵摄仅视为法律适用结论的最终获取，可称作“阶段性”；还指在涵摄过程中，获取法律适用结论与寻找法律适用依据往往相互交错、互为条件，可称作“牵连性”。

至于“反复性”，法律适用主体通过法律构成要件的对应性与完备性审查，完全可能推翻此前对法律规范、涉法事实的理解，从而开始新一轮的法律规范寻求以及涵摄活动。

至于“阶段性”，一次法律适用活动除了获得终局意义的法律适用结论，还可能存在阶段性的法律适用结论，如对于先决问题的法律评价，因此，涵摄也将被阶段性地运用。

至于“牵连性”，涵摄过程与法律规范获取之间往往互为条件且很多时候并非泾渭分明。诸如在同一法律体系中发现数个法律规范可能适用于涉法事实，此时除了通过法律解释等方法进行法律规范获取外，通常还需要借助涵摄过程分析适用不同法律规范可能引发的法律效果，从而使价值判断及法律规范选择得以可能。此时，涵摄成为法律规范选择的实现途径。此时，涵摄与法律规范获取之间的关系与一般情形下二者关系明显不同。当然，不是涵摄与法律规范获取的关系出现问题，而是现实中法律适用活动的复杂性所致。

四、法律适用原则论

法律适用原则，即法律适用应当遵循的价值准则。法律适用原则具有规范、引导法律适用活动的功能，从而增加法律适用过程及结果的可接受性。此外，法律适用原则有助于法律适用主体应对法律规范存在的模糊性或歧义。有观点将融通性原则、一致性原则、形式正义原则、可接受性原则作为法律适用原则。② 本书认为，作为指导法律适用的价值准则，这四项原则基本契合法律适用的原理与逻辑。法律适用原则这套话语体系的提出主要针对法律适用主体而言，也与法律适用相对人紧密相关，因此，可以立足法律适用主体及相对人角度，以法律适用自身体系为出发点对法律适用原则予以重述。换言之，法律适用原则是针对法律适用主体、客体及内容发挥规

---

① ［德］魏德士：《法理学》，丁晓春、吴越译，法律出版社2005年版，第320页。

② 参见胡建淼主编：《法律适用学》，浙江大学出版社2010年版，第36～45页。

范、引导作用的一套价值准则。

(一)形式正义原则

形式正义原则是法律适用的首要原则,是对整个法律适用活动确立的价值追求,尤其对法律适用行为、法律适用方法提出明确的价值期许。形式正义,是指法律适用主体在法律适用过程中平等地对待法律适用相对人,依法推进法律适用过程并作出法律适用结论。具言之,形式正义原则在法律适用中至少有三层含义:首先,法律适用必须遵守法定程序,违反法定程序将导致法律适用过程及结论丧失法律效力,这是形式正义的第一要义;其次,法律适用应当以现行法律规定为依据,无论实体层面还是程序层面,原则上均不得突破现行法律体系的范畴;最后,法律适用中的法律解释应当以字面解释优先。对于法律适用的形式正义原则,法律名言"正义不仅要实现,而且要以人们看得见的方式实现"可谓一语中的,形象且精确地揭示了个中要义。

(二)融通性原则

融通性原则是以法律适用依据为出发点对法律适用活动提出的价值期许,即法律适用以法律规范为最基本、最常见的依据,但不应当局限于法律规范,而应该以整个法秩序作为法律适用的依据。融通性原则意味着:首先,法律适用以法律规范为依据,但法律原则、立法目的等也可能成为涵摄的大前提。其次,法律适用依据不限于特定的部门法,跨部门法的综合适用也是可行且必要的。这两点在讨论法律规范获取以及涵摄时已涉及,不予赘述。最后,有观点甚至提出,融通性原则意味在法律适用过程中遵循合宪性原则,即宪法的可适用性。[①] 从原理上讲,宪法乃一国之根本大法,基本法律以及其他法律法规、规章乃至司法解释等,均是对宪法内容、精神的细化、落实。因此,适用基本法律或其他法律法规本质上就是在贯彻宪法内容、精神,该法律适用过程也应当是符合宪法规定的。如果从法律适用合宪性角度而言,应当说,无论理论界抑或实务界均无异议。可否将宪法条款作为涵摄的大前提,可谓见解甚殊。本书认为,在我国语境下,仅仅依宪法条款特征而言,作为涵摄的大前提容易遭遇法律适用技术难题,尤其是作为法律适用终局结论的依据时;如果作为法律适用中的论证说理的依据,宪法条款的可适用性在操作层面上则具有较高的可行性。

(三)一致性原则

一致性原则是以涉法事实为出发点对法律适用活动尤其法律适用结论确立的价值准则。一致性原则,即相同或相似的涉法事实原则上应当得到一致性对待,并得到

---

① 参见胡建淼主编:《法律适用学》,浙江大学出版社 2010 年版,第 37 页。

相同或相近的法律适用结论,至少不应当出现相反的结论。申言之,首先,相同、相似的涉法事实原则上应当得到相同、相似的法律适用结论;其次,相同、相似的涉法事实原则上不应当出现截然相反的结论;最后,如果相同、相似的涉法事实得出不同、不相似的结论,那么结论之间的差异应当具有充分、可检验的正当性论证。

有观点将一致性原则分成两个层面:一是形式一致,即法律适用必须符合形式逻辑,在法律规范明确时,相同涉法事实得出相同法律适用结论。形式一致是从法律体系内部而言的,故称"内部一致性"。二是实质一致,即当法律适用的大前提出现模糊、歧义或漏洞时,通过法律解释进行价值判断时也应当保持一致性。由于评价对象是法律体系之外的公序良俗、公共利益等,故称"外部一致性"。原则上,法律适用达到内部一致性便实现了结论的基础性证成,唯必要时才需考虑外部一致性。①

之所以强调法律适用一致性,一方面缘于法律的普遍性,另一方面是"法律面前人人平等"原则在法律适用中的直观体现。另外,法律适用一致性不是绝对的。一是完全相同的两起涉法事实几乎难以找到,即便相似的涉法事实也不能轻视个案之间的差异对案件处理的影响。这既要求法律适用主体应有效地履行说理义务,也对理解同案、类案提出更精细化的要求。二是尽管成文法体系相对稳定,但立法变迁或法律内涵变化在所难免。在条文修改或内涵变化时,相同或相似的涉法事实也可能结论上有差异,甚至截然相左。这没有违反一致性原则。

(四)可接受性原则

可接受性原则是以法律适用效果为出发点对法律适用过程及结论设立的价值期许。顾名思义,可接受性原则是指法律适用的全部活动均应当被法律适用相对人与社会公众认可、接受。具言之,首先,法律适用过程及结论应当被法律适用相对人与社会公众认可、接受;其次,法律适用主体应当致力于维系法律适用过程及结论的可接受性,在过程方面体现为遵循程序性规范,在结论方面表现为证成结论的合法性、合理性。

尽管可接受性原则是从法律适用效果为切入点讨论法律适用的价值准则,但在功能主义立场上,该原则属于法律适用的最高价值准则。从社会实践角度而言,可接受性原则包含了对融通性原则、一致性原则、形式正义原则的综合评判,毕竟法律运行在于实现社会治理的有序,将美好社会生活从法律法规层面付诸现实。此意义上,可接受性原则是"实践是检验真理的唯一标准"在法律适用中的体现。有学者将可接受性原则的内涵及意义推得更远,主张该原则是"法律适用形式正义原则的补充

① 参见胡建淼主编:《法律适用学》,浙江大学出版社 2010 年版,第 39 页。

和矫正”，[①]假如“实证法与正义之间的矛盾达到了一个如此令人难以忍受的程度”。[②]

五、法律适用功能论

法律适用功能，法律适用活动相对于法律适用主体、法律适用相对人、其他公民、法人、其他组织所发挥的有利作用。[③] 本书认为，法律适用具有权利保护、纠纷解决、秩序维护及规则生成等多项功能。

（一）权利保护

权利保护是法律适用的首要功能。在司法中，通过审判、检察、侦查等法律适用活动维护法定权利，保障法律职责；在行政执法中，一方面确保行政相对人的合法权益不受公权力的不法侵犯，另一方面保障行政主体的法定职权能够合法、高效地运行。毋庸讳言，在法律适用主体的职责保障与法律适用相对人的权利保护之间，已然存在某种张力，而消除该种紧张的常见路径通常是诉诸价值取向。当代法律体系的总体倾向是法律适用相对人的权利保护优先于法律适用主体的职责保障，倾向性保护的正当性依据通常根源于公权与私权、权力与权利之间的对应关系。但倾向性保护也是极其微妙的，因为法律适用主体的法定职责履行常常与公共利益、公序良俗等存在紧密关联，因此，相对人权利的优先保护并非无条件的、绝对的。

此外，法律适用中的权利保护应当注意区分实体利益保护与程序利益保护。相比实体利益保护，程序利益保护容易被忽视。但是，后者恰恰是形式正义原则中的最直接、最突出的价值取向。事实上，缺乏程序利益保障的法律适用也不太可能产生良好的法律适用效果。

（二）纠纷解决

这是与权利保护相对应的法律适用功能。鉴于权利保护与规则之治的内在关联，因此，纠纷解决与权利保护常常作为对立二元关系被论及。在当代中国语境中，于权利保护或规则之治以外强调纠纷解决仍然具有特殊的时代意义、法律意义。有学者认为，当代中国农村基层司法仍然是“以解决纠纷为中心……只有考虑到这些

---

① 胡建淼主编：《法律适用学》，浙江大学出版社 2010 年版，第 44 ~ 45 页。

② ［德］拉德布鲁赫：《法哲学》，王朴译，法律出版社 2005 年版，第 232 页。

③ 对于功能存在诸多见解。许多学者视功能为一中性概念。有学者将其分为显性功能与隐性功能，详见 Robert K. Merton, *On Theoretical Sociology: Five Essays, Old and New*, New York: The Free Press, 1967, ch. 3；有观点认为，法律功能可分为正功能、反功能与非功能，详见付子堂：《法律功能论》，中国政法大学出版社 1999 年版，第 2 章。

琐碎具体的问题,并保证这些琐碎问题能够得到落实,一个案件或纠纷才可能真正解决"。① 如果考虑到"中国问题仍然主要是农村的问题",而且"中国的基层法院是中国法院的重头",②那么纠纷解决对于中国司法的现实意义则深远得多。在重视纠纷解决又必须依循规则之治的双重压力之下,如何协调两项功能的发挥不仅是理论问题,更是实践难题。从理论层面尤其价值取向上讲,当代中国应当确立以纠纷解决为基础、以权利保护为核心的法律适用功能观念,尤其不能为了追求纠纷解决而忽略权利保护,否则可能背离社会法治化进程。

(三)秩序维护

法律适用的秩序维护功能主要涉及两个方面:一是法律适用对于社会秩序的维护意义;二是对于法律适用活动自身秩序的维护价值。前者是法律适用的社会功能,也是秩序维护的基本含义。后者强调法律适用活动自身有序,唯有通过法律规范、法律适用原则的依法、合理运行,以及法律适用主体与相对人的有序参与,才能确保法律适用的理性与文明,这样的法律适用才可能持续为社会秩序维护提供助力。

需指出的是,作为法律适用功能之一的秩序维护,主要立足于工具意义,即通过法律适用实现社会治理。作为法律适用目的的法律实现也涉及社会秩序,该社会秩序乃基于价值意义,指涉一个具有强烈价值取向的法秩序实现的动态过程。

(四)规则生成

规则生成功能主要是针对司法活动尤其审判工作而言。司法乃规则生成之源泉,在英美法系司法中,典型例证即"法官造法"。事实上,规则生成功能,诸如"法官造法",对于大陆法系也不陌生。当代欧陆法律体系不仅存在司法造法实践,有学者还认为"立法和司法两种程序的性质并无不同。两者皆创制法制"。③ 在我国,众所周知的"贾国宇案"开创了在中国司法史上通过司法裁判支持精神损害赔偿请求的先河。尽管精神损害赔偿请求无法从《民法通则》及其司法解释中直接寻找依据,但该案的杰出裁判及二审裁判的支持、《最高人民法院公报》的宣传、《关于确定民事侵权精神损害赔偿责任若干问题的解释》的出台,逐步使民事侵权精神损害赔偿责任得以进入当代中国民法体系。"贾国宇案"客观上确立精神损害赔偿责任且取得了良好的法律适用效果。

---

① 苏力:《送法下乡——中国基层司法制度研究》,中国政法大学出版社 2000 年版,第 178 页、第 187 页。

② 同上书,第 7 页、第 9 页。

③ [意]莫诺·卡佩莱蒂:《比较法视野中的司法程序》,徐昕、王奕译,清华大学出版社 2005 年版,第 11 页。

六、法律适用学

(一)作为学科的法律适用学

法律适用学是以法律适用为研究对象的综合性法学学科。法律适用学以动态的法律适用为研究对象,而法律适用学本身却是一套相对完整的理论体系。质言之,作为法律运行现象的法律适用是实践性的,但作为法学综合性学科的法律适用学是理论性的。法律适用学是关于法律适用这一法律实践现象的理论体系,不是纯粹的法律适用技术、技能或技巧的汇总。但是,这并不表明法律适用学不关注法律实践的技术、技能或技巧。相反,法律适用学正是对前述法律实践现象进行针对性、系统性、理论化建构的法学学科。由于无法在有限的学科体系内对前述内容一一罗列,故而先侧重法律适用学的理论体系层面,至于具体技术、技能乃至技巧,留待专书探讨。

法律适用学的综合性主要体现在五个层面:

一是法律适用学是探讨法律制度与个案适用有机互动的学问。法律适用主体将抽象法律规范适用于具体涉法事实,实质上就是衔接规范的法律制度与具体的涉法事实。唯有将法律制度与个案适用结合起来,才可能深入把握法律适用的规律、特征。

二是法律适用必然是实体法与程序法综合作用的过程。相比程序法学或实体法学,法律适用学必须基于实体法与程序法交叉进路才可能探讨真实的法律适用现象。否则,主观剥离乃至忽略实体法与程序法在法律运行中的关联,必将回归到单纯的实体法或程序法范畴。正是通过法律适用学才可以将实体法、程序法在法律适用过程中的综合作用予以理论化,也即概念化、命题化、体系化。

三是法律适用学是部门法学与理论法学的综合运用。恰如法律适用活动本身不仅反映部门法的实践及理论,也不同程度地与理论法学的范畴和理论相关。因此,考察真实世界的法律适用,必然要结合部门法学与理论法学。在很大程度上,一切部门法意义上的问题,一旦研究到相当程度之后,势必是理论法学的话题。主观割裂法律适用中部门法学与理论法学的关联,多少有“掩耳盗铃”之嫌。

四是法律适用学是调适“理想的”法律体系与“流动的”社会生活之间张力的学问。尽管法律体系追求完整性、体系化,但解决社会矛盾时仍会面临各种难题,如法律规范对生活事实缺乏相应规范,或制度适用引发其他的社会、道德问题。正因如此,法律适用学的学科意义旨在消除法律体系与社会生活之间的紧张,实现法律与社会的良性互动。如果仅停留在“理想的”法律体系中思考法律适用,很大程度上着了“刻舟求剑”的道。

五是法律适用学是关乎法学与其他学科尤其人文社会学科的综合性学问。法学从来不是一个自给自足的学科。"法律适用"也不可简单理解为"法律的适用",其涉及政治学、社会学、经济学、历史学、科技等一系列知识。可以说,法律适用属性决定法律适用学科的综合性,如涉法事实建构、法律规范获取、融通性原则、利益衡量、法律适用效果等均关涉众多学科。如果缺失相关学科的知识,法律适用主体很难仅凭借法律体系完成涉法事实的认定及评价,毕竟社会生活是千姿百态的。同理,无视相关学科来探讨法律适用学,无疑有"闭门造车"之虞。

(二)法律适用学的理论体系

恰如任何法学学科乃至其他学科,法律适用学的理论体系必然是一个相对自足又保持开放性的知识框架。本书将法律适用理论体系分成总论与分论。

法律适用学总论涉及法律适用的属性论、要素论、过程论、原则论、功能论等。法律适用属性对于界定法律适用活动、分析法律适用特征具有决定性意义。法律适用要素论从整体上搭建有关法律适用的一个有机的框架体系,如法律适用主体、客体及内容,其中,法律适用内容涉及法律适用行为、法律适用方法与法律适用效果。法律适用过程论从整体、概括的角度对法律适用活动予以描述,建立一个关于法律适用实践的框架性认识。法律适用原则论是从价值准则层面将法律适用活动予以统合,类似于给法律适用过程注入"灵魂"。法律适用功能论主要讨论法律适用对于法律适用主体、相对人、其他公民、法人及其他组织,以及法律适用活动本身具有的意义。若说法律适用原则论的视角是"从外往内看",那么法律适用功能论则主要是"从内往外看"。

法律适用分论涉及法律适用的主体论、客体论、行为论、方法论及效果论等。主体论不仅从静态上探讨法律适用主体的构成及功能,还从动态上分析不同法律适用主体的作用及其在法律适用中的相互关系。客体论既分别论述法律规范与涉法事实,也探讨二者在法律适用过程中的互动。行为论不仅涉及法律适用行为的表现形式,还关乎行为背后的推理与论证、结论的作出及其实现等。方法论是从知识体系的角度对法律适用主体可以援用的方法予以集中的、理论化的讲解。效果论则从多维视角分析真实的法律适用可能对法律、社会、政治产生的客观影响,是对功能论的具体化。

(三)法律适用学的研究方法

法律适用研究应当坚持法教义学与跨学科研究并行的进路。其中,法教义学是法律适用学的重要研究方法,是法律适用研究的基本方法,可以比喻为法律适用研究方法的"骨架"。在法律适用研究中,强调法学与社会学、政治学、经济学、历史学、科技等的交叉研究是极其必要的,可比喻为法律适用研究方法的"肌肉"。

法教义学与跨学科研究在法律适用学范畴内没有本末之分，仅仅是分析法律适用的路径与方法不同而已。相反，二者共同构成法律适用学的研究方法论体系，均不可或缺。没有法教义学的法律适用研究，在很大程度上是无法想象的。这或许是既有知识体系对人们思维的“无可奈何”的“禁锢”与“规训”，我们必须直面这种“无可奈何”。跨学科研究也是必不可或缺的。所谓“法学是世俗之学，乃经时济世之道”，[①]法律适用正是法律秩序付诸社会现实之途径，故而，跨学科研究缺位的法律适用研究最可能的结局是“叶公好龙”。

参考文献

1. 常怡主编：《民事诉讼法学》，中国政法大学出版社 2013 年版。

2. 徐静村主编：《刑事诉讼法学》，法律出版社 2012 年版。

3. 胡建淼主编：《法律适用学》，浙江大学出版社 2010 年版。

4. 雍琦、金承光、姚荣茂主编：《法律适用中的逻辑》，中国政法大学出版社 2002 年版。

5. 付子堂：《法律功能论》，中国政法大学出版社 1999 年版。

6. 卓泽渊主编：《法理学》，法律出版社 2004 年版。

7. 曾代伟主编：《中国法制史》，法律出版社 2003 年版。

8. 陈瑞华：《程序性制裁理论》，中国法制出版社 2017 年版。

9. 彭漪涟、马钦荣主编：《逻辑学大辞典》，上海辞书出版社 2010 年版。

10. 曾令健：《实践主义法学研究范式》，载《浙江大学学报》（人文社会科学版）2018 年第 4 期。

11. [德]拉德布鲁赫：《法律哲学概论》，徐苏中译，中国政法大学出版社 2007 年版。

12. [德]拉德布鲁赫：《法律智慧警句集》，舒国滢译，中国法制出版社 2001 年版。

13. [德]拉德布鲁赫：《法哲学》，王朴译，法律出版社 2005 年版。

14. [德]鲁道夫·冯·耶林：《为权利而斗争》，胡宝海译，中国法制出版社 2004 年版。

15. [德]魏德士：《法理学》，丁晓春、吴越译，法律出版社 2005 年版。

---

① 曾令健：《实践主义法学研究范式》，载《浙江大学学报》（人文社会科学版）2018 年第 4 期。

16. [美]克利福德·吉尔兹:《地方性知识:阐释人类学论文集》,王海龙、张家瑄译,中央编译出版社2000年版。

17. [日]谷口安平:《程序的正义与诉讼》,王亚新、刘荣军译,中国政法大学出版社1996年版。

18. [意]莫诺·卡佩莱蒂:《比较法视野中的司法程序》,徐昕、王奕译,清华大学出版社2005年版。

19. E. Adamson Hoebel, *The Law of Primitive Man: A Study in Comparative Legal Dynamics*, Harvard University Press, 1967.

20. Jerzy Wróblewski, *The Judicial Application of Law*, Kluwer Academic Publishers, 1992.

21. Robert K. Merton, *On Theoretical Sociology: Five Essays, Old and New*, The Free Press, 1967.

思考题

1. 如何理解法律适用的属性?

2. 为什么将形式正义原则作为法律适用的首要原则?

3. 科层式理想型与协作式理想型对理解法律适用主体的组织性分别具有哪些现实意义和学理价值?

4. 法律规范如何在法律适用过程中发挥评价功能?

5. 如何看待法律适用学的理论体系?

延伸阅读

1. [德]拉德布鲁赫:《法律哲学概论》,徐苏中译,中国政法大学出版社2007年版。

2. [美]马丁·夏皮罗:《法院:比较法上和政治学上的分析》,张生、李彤译,中国政法大学出版社2005年版。

3. [美]米尔伊安·达玛什卡:《司法与国家权力的多种面孔》,郑戈译,中国政法大学出版社2004年版。

4. [意]莫诺·卡佩莱蒂:《比较法视野中的司法程序》,徐昕、王奕译,清华大学出版社2005年版。

5. 翁岳生编:《行政法》(上册、下册),中国法制出版社 2009 年版。

6. 顾培东:《社会冲突与诉讼机制》,法律出版社 2004 年版。

7. Jerzy Wróblewski, *The Judicial Application of Law*, Kluwer Academic Publishers, 1992.

第二章　法律适用主体

内容提要:法律适用主体包括法院、检察院、公安机关、行政机关、授权组织。本章涉及法院、检察院作为司法法律适用主体的性质与法律适用任务,法院、检察院的设置、组织体系与具体法律适用职权,以及以法律适用主体名义行使审判权、检察权之法官、检察官的任职资格条件、任免程序、履职保障、职业伦理;公安机关的性质、任务与职责,公安机关治安行政管理权、刑事执法权的工作内容与适用法律的具体职权,以及以法律适用主体名义行使公安职权的人民警察;作为行政法律适用主体的行政机关设置与现行体系,行政机关法律适用的职权;授权组织作为行政法律适用主体的条件与类型。最后将论述各个法律适用主体之间的关系。

核心概念:法院;检察院;公安机关;行政机关;授权组织

法律适用主体是运用法律规范评价涉法事实的国家机关和国家机关授权的组织。根据法律规范适用于涉法事实的活动形式不同,法律适用主体包括司法法律适用活动中的法院、检察院、公安机关,行政法律适用活动中的行政机关与经授权的组织等。司法法律适用的主体主要基于诉讼活动适用法律,行政法律适用的主体在履行公共事务管理职能中,基于具体行政行为适用法律。各法律适用主体的组织体系、法律适用权、适用程序等均由法律法规设定与授权,以法律适用主体的名义行使法律适用权力的个人也需满足相关法律法规设定的任职条件。不同法律适用主体之间,在法律适用中因一定的制度途径存在制约、配合的关系。

一、法院

法院是各国依照法律规定设置的专门行使审判权的国家机关,其通过对刑事、民事、行政等不同类型案件的审理,实现法律适用。作为法律适用主体,各国法院的性质、任务、设置等因政治制度、历史发展、经济文化等差异而呈现不同的特点。我国人民法院的性质、任务、设置、组织体系等主要由《宪法》、《人民法院组织法》以及三大诉讼法规定。

(一)人民法院的性质与法律适用任务

我国人民法院是人民民主专政的工具,人民法院依法严格适用国家法律的同时,必须接受党的领导,认真执行党的路线、方针和政策,必须自觉接受人民代表大会及其常务委员会的监督,通过审判实现法律适用以维护国家安全和社会秩序,维护社会公平正义,维护国家法制统一、尊严和权威,保障中国特色社会主义建设的顺利进行。

根据《人民法院组织法》的规定,人民法院作为我国司法法律适用的主体,通过审判刑事案件、民事案件、行政案件以及法律规定的其他案件,将我国刑事法、民商事法、经济法、行政法、环境资源保护法等不同部门法律应用于相应涉法事实,实现法律适用。具体而言,人民法院适用法律的任务包括:

第一,在刑事案件审判中,依照法律规定的刑事司法审判程序,查明与定罪量刑相关的各项事实,结合刑事法律法规、政策等的规定,准确定罪量刑;在刑罚执行过程中,通过对减刑、假释案件的公正审理,贯彻宽严相济刑事政策,最大限度地发挥刑罚功能、实现刑罚目的。人民法院在刑事审判中适用法律的任务是将我国刑法、刑事诉讼法等刑事法律规范适用于个案,对有罪的人判处刑罚,对无罪的人宣告无罪,实现有效惩治犯罪分子、保障无罪的人不受刑事追究,从而保护国家和集体利益,保护人民群众的人身和财产安全,维护社会秩序,促进社会的安定团结,保障社会主义建设事业的顺利进行。

第二,在民商事审判中,通过受理公民之间、法人之间、其他组织之间以及他们相互之间因财产关系和人身关系提起的民事诉讼,依法确认民事权利义务关系,制裁民事违法行为,保障社会主义公共财产、群众集体所有财产和公民个人合法财产,维护各类社会主体的合法权益。人民法院在民商事审判中适用法律,基于当事人的诉讼请求、辩论权的行使等,确定诉辩争点、查明案件事实,从而准确适用民商事相关法律,及时调处各类民商事纠纷,增进人民内部团结,维护家庭和睦,进而推进社会的全面和谐发展。

第三,在行政审判中,通过受理公民、法人或者其他组织在认为行政机关和行政机关工作人员的行政行为侵犯其合法权益时提起的诉讼,解决行政争议,保护公民、法人和其他组织的合法权益,监督行政机关依法行政,推进依法治国。人民法院在行政审判中适用法律,一方面要依照行政诉讼程序贯彻相关程序法律规定;另一方面要结合国家行政管理活动的各项法律法规、地方性法规的规定,对行政行为是否合法进行审查,作出相应的结论。

(二)人民法院的设置及法律适用职权

人民法院是国家的审判机关,作为法律适用主体,由国家权力机关即人民代表大会产生并对其负责、受其监督。人民法院依照《宪法》、法律和全国人民代表大会常务委员会的决定,在全国范围内统一设立,并依照法律规定独立行使审判权,不受行政机关、社会团体和个人的干涉。根据《人民法院组织法》的规定，人民法院由最高人民法院、地方各级人民法院和专门人民法院组成。其中，地方各级人民法院分为高级人民法院、中级人民法院和基层人民法院；专门人民法院包括军事法院和海事法院、知识产权法院、金融法院等。（见图 1）

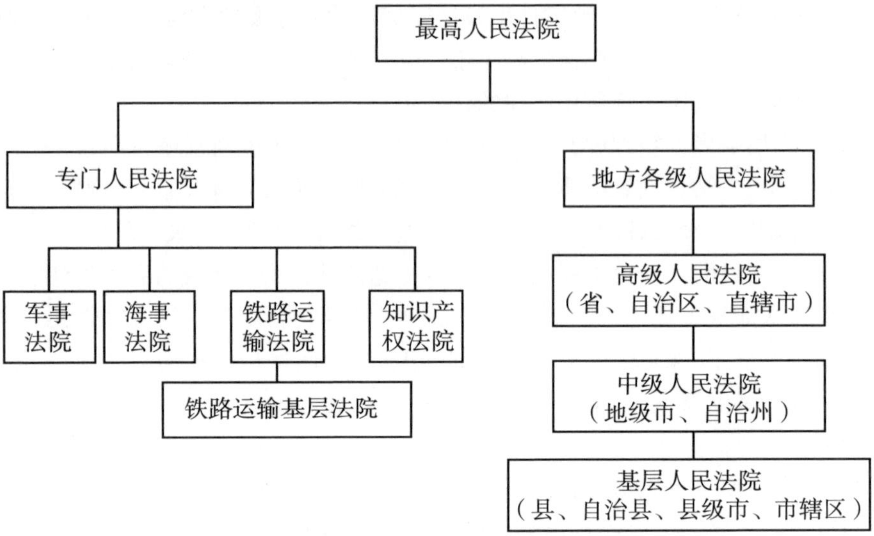

图 1　我国人民法院的设置

各级、各类人民法院在法律适用中的职权如下：

第一，最高人民法院法律适用的职权。最高人民法院可以通过审判法律规定由其管辖的和其认为应当由自己管辖的案件，适用法律；可以通过审理上诉、抗诉案件，审理依照审判监督程序提起的再审案件，以对法律适用提供法律救济的方式适用法律；可以依照死刑复核程序审理核准死刑的案件，实现对我国死刑政策、法规的适用。根据现行《人民法院组织法》的规定，最高人民法院可以设巡回法庭，审理最高人民法院依法确定的案件。巡回法庭是最高人民法院的组成部分，巡回法庭的判决和裁定即最高人民法院的判决和裁定，巡回法庭通过审判案件适用法律。

第二，高级人民法院法律适用的职权。高级人民法院包括省高级人民法院、自治区高级人民法院、直辖市高级人民法院。高级人民法院可以通过审判法律规定由其管辖的或最高人民法院指定其管辖的或下级人民法院报请审理的案件，适用法律；可以通过审理上诉、抗诉案件，审理依照审判监督程序提起的再审案件，以对法律适用提供法律救济的方式适用法律；可以依照死刑复核程序核准判处死刑缓期 2 年执行的案件，统一此类案件的法律适用。

第三,中级人民法院法律适用的职权。中级人民法院包括省、自治区辖市的中级人民法院,在直辖市内设立的中级人民法院,自治州中级人民法院,在省、自治区内按地区设立的中级人民法院。中级人民法院可以通过审判法律规定由其管辖的或上级人民法院指定其管辖的或基层人民法院报请审理的案件,适用法律;可以通过审理对基层人民法院判决和裁定提出的上诉、抗诉案件,审理按照审判监督程序提起的再审案件,适用法律。

第四,基层人民法院法律适用的职权。基层人民法院包括县、自治县人民法院,不设区的市人民法院,市辖区人民法院。基层人民法院适用法律,以审判由其管辖的案件为途径。

第五,专门人民法院法律适用的职权。专门人民法院是我国在特定领域、特定部门或针对特定类型案件设置的法院,其设置、组织、职权和法官任免,由全国人民代表大会常务委员会规定。专门人民法院通过审理属于其管辖领域内的案件,适用法律。

(三)人民法院的业务机构与审判组织

人民法院通过审判适用法律,根据需要,可以设必要的专业审判庭、可以设综合业务机构以及必要的审判辅助机构与行政管理机构。如最高人民法院设有立案庭、刑事审判庭(刑事审判第一庭至第五庭)、民事审判庭(民事审判第一庭至第四庭)、环境资源审判庭、行政审判庭、审判监督庭、知识产权法庭、执行局等业务机构。基层人民法院根据地区、人口和案件情况,可以设立若干人民法庭作为其组成部分,人民法庭通过审判案件适用法律,所作判决、裁定即基层人民法院的判决和裁定。

鉴于法律适用的强制性特征,法律适用对个别涉法事实所作的判断以国家强制力为后盾能够得到依法执行。据此,作为法律适用的主体只能是国家机关或国家机关授权的组织。人民法院作为国家机关的组成部分,在审判中适用法律则是以一定的组织形式来实现的,即对案件进行审理和裁判的审判组织。根据《人民法院组织法》和三大诉讼法的规定,人民法院的审判组织包括独任庭、合议庭和审判委员会三种形式。

独任庭是指由法官一人独任审理案件的组织形式,其审理案件的范围由法律规定。一般涉及:(1)第一审刑事自诉案件和其他轻微刑事案件;(2)第一审简单民事案件和经济纠纷案件;(3)除选民资格案件或者由审判员组成合议庭审判的重大疑难案件外,适用特别程序审理的案件等。独任庭审理案件按照简易程序进行,独任法官对案件的事实认定和法律适用负责。法官独任审理案件形成的裁判文书,经独任法官签署,由人民法院发布。

合议庭是指由法官或者由法官和人民陪审员组成的,成员为三人以上单数的审判组织形式。合议庭由一名法官担任审判长,审判长主持庭审、组织评议案件,评议案件时与合议庭其他成员权利平等。院长或者庭长参加审理案件时,由自己担任审判长。合议庭审理案件,法官对案件事实认定和法律适用负责,人民陪审员依照法律规定参加。合议庭评议案件应当按照多数人的意见作出决定,少数人的意见应当记入笔录,评议案件笔录由合议庭全体组成人员签名。合议庭是人民法院通过审判适用法律的主要组织形式,其审理案件形成的裁判文书,经合议庭组成人员签署,由人民法院发布。

根据《人民法院组织法》的规定,各级人民法院设审判委员会,审判委员会由院长、副院长和若干资深法官组成,是人民法院内部对审判工作实行集体领导的组织形式。审判委员会一般就合议庭开庭审理后,认为难以作出决定并由合议庭提请院长决定提交审判委员会讨论决定的案件,作出决定。这类情况往往涉及疑难、复杂、重大案件的法律适用问题。除法律规定不公开的外,审判委员会讨论案件的决定及其理由应当在裁判文书中公开。审判委员会作为法院的审判组织形式,其适用法律除讨论决定案件外,还包括总结审判工作经验,讨论决定本院已经发生法律效力的判决、裁定、调解书是否应当通过再审予以法律适用的救济。

(四)以法律适用主体名义行使审判权的法官

法律适用主体是国家机关或国家机关的组织,但在具体法律适用活动中的践行者则是符合相应任职资格条件的个人。根据《法官法》的规定,法官是依法行使国家审判权的审判人员,包括最高人民法院、地方各级人民法院和军事法院等专门人民法院的院长、副院长、审判委员会委员、庭长、副庭长和审判员。因此,法官是在个案中以法律适用主体名义行使审判权,将个别涉法事实涵摄到法律规范预设的事实构成并作出法律结论的人。

以法律适用主体名义行使具体职权的个人,需要对涉法事实予以描述、认定,对其进行法律评价并选择确定法律适用的结论,这是法律适用之主观性、判断性特征的具体体现。源于此,为保证法律适用的准确性,以法律适用主体名义行使具体职权的个人,必须受到一定制度的制约与获得一定的制度保障,包括任职条件、责任义务、履职保障、职业伦理等。

第一,法官任免的条件。《法官法》分别规定了担任法官的积极、消极条件。其中,担任法官必须具备的条件有:(1)具有中华人民共和国国籍。(2)拥护中华人民共和国宪法,拥护中国共产党领导和社会主义制度。(3)具有良好的政治、业务素质和道德品行。(4)具有正常履行职责的身体条件。(5)具备普通高等学校法学类本科学历并获得学士及以上学位;或者普通高等学校非法学类本科及以上学历并获得法律硕士、法学硕士及以上学位;或者普通高等学校非法学类本科及以上学历,获得其他相应学位,并具有法律专业知识。适用该学历条件确有困难的地方,经最高人民法院审核确定,在一定期限内,可以将担任法官的学历条件放宽为高等学校本科毕业。(6)从事法律工作满 5 年。其中获得法律硕士、法学硕士学位,或者获得法学博士学位的,从事法律工作的年限可以分别放宽至 4 年、3 年。(7)初任法官应当通过国家统一法律职业资格考试取得法律职业资格。但存在下列情形的人员,不得担任法官:(1)因犯罪受过刑事处罚的;(2)被开除公职的;(3)被吊销律师、公证员执业证书或者被仲裁委员会除名的;(4)有法律规定的其他情形的。

符合任职资格条件的人员担任法官,依照宪法和法律规定的任免权限和程序办理。初任法官采用考试、考核的办法,按照德才兼备的标准,从具备法官条件的人员中择优提出人选。省、自治区、直辖市设立法官遴选委员会,负责初任法官人选专业能力的审核。人民法院可以根据审判工作需要,从律师或者法学教学、研究人员等从事法律职业的人员中公开选拔法官。除应当具备法官任职条件外,参加公开选拔的律师应当实际执业不少于 5 年,执业经验丰富,从业声誉良好,参加公开选拔的法学教学、研究人员应当具有中级以上职称,从事教学、研究工作 5 年以上,有突出研究能力和相应研究成果。初任法官一般到基层人民法院任职,上级人民法院法官一般逐级遴选;最高人民法院和高级人民法院法官可以从下两级人民法院遴选。参加上级人民法院遴选的法官应当在下级人民法院担任法官一定年限,并具有遴选职位相关工作经历。人民法院院长应当具有法学专业知识和法律职业经历。副院长、审判委员会委员应当从法官、检察官或者其他具备法官条件的人员中产生。

法官在依照法定程序产生后,在就职时应当公开进行宪法宣誓。法官有下列情形之一的,应当依法提请免除其法官职务:(1)丧失中华人民共和国国籍的;(2)调出所任职人民法院的;(3)职务变动不需要保留法官职务的,或者本人申请免除法官职务经批准的;(4)经考核不能胜任法官职务的;(5)因健康原因长期不能履行职务的;(6)退休的;(7)辞职或者依法应当予以辞退的;(8)因违纪违法不宜继续任职的。

第二,法官的职责义务。法官行使审判权适用法律,在职权范围内对所办理的案件负责。法官适用法律的基本职责是依法参加合议庭审判或者独任审判刑事、民事、行政诉讼以及国家赔偿等案件,通过案件办理,将不同部门领域的法律适用于个案审理查明的事实。为保证法官正确履行法定职责,客观公正地查明事实、适用法律,法官应履行下列义务:(1)严格遵守宪法和法律;(2)秉公办案,不得徇私枉法;(3)依法保障当事人和其他诉讼参与人的诉讼权利;(4)维护国家利益、社会公共利益,维护个人和组织的合法权益;(5)保守国家秘密和审判工作秘密,对履行职责中知悉的商业秘密和个人隐私予以保密;(6)依法接受法律监督和人民群众监督;(7)通过依法办理案件以案释法,增强全民法治观念,推进法治社会建设;(8)法律规定的其他义务。

第三,法官的履职保障。法律适用的判断性特征,要求法律适用主体在适用法律的过程中拥有一定的精神自由保障。人民法院这一法律适用主体依法行使职权,不受任何行政机关、社会团体和个人的干涉。以法院名义行使审判权的法官,其履职行为、合法权益,也受到相应的保障,以真正实现法律通过审判权运行得以适用的准确性、正当性。为此,《法官法》专章规定了法官的职业保障,明确:(1)人民法院设立法官权益保障委员会,维护法官合法权益,保障法官依法履行职责。(2)法官的职业尊严和人身安全受法律保护。除法律规定的情形外,法官不得被调离审判岗位;法官依法履行职责,本人及其近亲属的人身安全受到保障,法官受到不实举报、诬告陷害、侮辱诽谤,致使名誉受到损害的,人民法院应当会同有关部门及时澄清事实,消除不良影响,并依法追究相关单位或者个人的责任。(3)任何单位或者个人不得要求法官从事超出法定职责范围的事务。对于领导干部等干预司法活动、插手具体案件处理,或者人民法院内部人员过问案件情况的,办案人员应当全面如实记录并报告;有违法违纪情形的,由有关机关根据情节轻重追究行为人的责任。(4)法官履行职责,享有国家规定的工资待遇,津贴、补贴、奖金、保险和福利待遇。(5)法官实行员额管理,其考核、晋升、奖惩等依照相关规定执行。

第四,法官职业伦理。职业伦理是职业人员在其职务活动及社会生活中所应遵循之内在价值理想和外在行为规范的总和。法官以法律适用主体名义行使审判权、适用法律,国家通过《法官法》《法官职业道德基本准则》《法官行为规范》等规范性文件对法官的职业信仰、纪律、作风以及职业外行为等,提出了约束性更强的道德伦理要求。《法官职业道德基本准则》规定,法官职业道德的核心是公正、廉洁、为民,基本要求是忠诚司法事业、保证司法公正、确保司法廉洁、坚持司法为民、维护司法形象。据此,法官职业伦理主要涉及:(1)保障司法公正。法官行使审判权适用法律,应当以事实为根据、以法律为准绳,在法律适用过程中秉持客观公正的立场,忠实执行宪法和法律,维护社会公平正义。(2)提高司法效率。法官在案件办理中应当充分考虑效率因素、严格遵守审判时限,监督当事人及时完成诉讼活动,勤勉尽责、改进工作作风。(3)确保司法廉洁。源于公正司法的要求,法官在适用法律的过程中应树立正确的权力观、地位观、利益观,清正廉明,遵守法律关于其职业的各项禁止性规定。如不接受案件当事人及相关人员的请客送礼,不利用职务便利或者法官身份谋取不正当利益,不违反规定与当事人或者其他诉讼参与人进行不正当交往,不在执法办案中徇私舞弊等。(4)遵守司法礼仪、加强自身修养。法官在行使审判权适用法律的过程中,应当严格遵守法庭秩序规则,尊重当事人和其他诉讼参与人的人格尊严,避免盛气凌人、"冷硬横推"等不良作风,尊重律师,依法保障律师参与诉讼活动的权利;牢固树立以人为本、司法为民的理念,坚持学习,精研业务,保持昂扬的精神状态和良好的职业操守。

二、检察院

检察,在现代司法制度语境中,指由特定官员或特定机关代表国家向法院提起诉讼及执行相关业务的司法职能。结合"检""察"二字的现代汉语解释,检察这一司法职能具有检视查验违法以及向有处置权的机关提起检控以求约束制止的功能。因此,各国依照法律规定设置的专门行使检察权的国家机关,主要通过提起诉讼、限定审判范围来实现法律适用。根据我国《宪法》的规定,中华人民共和国人民检察院是国家的法律监督机关,人民检察院依照法律规定独立行使检察权。人民检察院的设置、组织和职权等,由《宪法》《人民检察院组织法》《刑事诉讼法》等法律予以规定。

(一)人民检察院的性质与法律适用任务

《人民检察院组织法》第2条规定,"人民检察院是国家的法律监督机关。人民检察院通过行使检察权,追诉犯罪,维护国家安全和社会秩序,维护个人和组织的合法权益,维护国家利益和社会公共利益,保障法律正确实施,维护社会公平正义,维护国家法制统一、尊严和权威,保障中国特色社会主义建设的顺利进行"。据此,我国人民检察院被定位为国家的法律监督机关,其通过行使检察权、追诉犯罪来实现法律适用、维护国家法制统一。

宪法确认我国检察机关为法律监督机关的主要理论基础在于分权制衡理论以及列宁的法律监督思想。从检察权的起源来看,检察权的产生一方面在于分割法官的权力,专门行使控诉职能,实现控审分离、不告不理以保障公正审判对裁判者中立、消极、客观的要求;另一方面在于制约警察的调查行为,防止警察的恣意、专断,以保障公民权利不会受到警察的不当威胁、侵犯。即"创设检察官制度的最重要目的之一,在于透过诉讼分权模式,以法官与检察官彼此监督节制的方法,保障刑事司法权限行使的客观性与正确性……创设检察官制度的另外一项重要功能,在于以一受严格法律训练及法律约束之公正客观的官署,控制警察活动的合法性,摆脱警察国家的梦魇"。① 在分权制衡的理论基础之下,检察权本身便带有法律监督的色彩。而列宁的

① 林钰雄:《刑事诉讼法》,中国人民大学出版社2005年版,第16~17页。

法律监督思想则指出法律监督是检察机关的专门职责，检察机关的根本目的与任务就是维护国家法制的统一和严格执行。我国1949年以来的检察制度，以列宁的法律监督思想为指导，确定了检察机关的性质是法律监督机关，检察机关除了在刑事诉讼中承担追诉职责、监督警察侦查行为外，还有权通过履行相应法律监督职能，以实现国家法律适用的统一、正确。在我国特色社会主义制度背景下，检察机关作为法律适用主体，其法律监督还存在以下特点：

第一，检察机关的法律监督是人民代表大会监督之下的专门监督。检察机关作为法律适用主体，是与法院这一法律适用主体并列的国家机构，由人民代表大会产生，对其负责并受其监督。检察机关的法律监督职权来源于权力机构，人民代表大会作为国家的权力机构也监督宪法、法律的实施。因此，与列宁法律监督思想对检察法律监督定位为"最高监督"不同，我国检察机关的法律监督不是最高监督，而是作为专门机关进行的法律监督。

第二，检察机关的法律监督主要限于司法领域，是对法律的执行和遵守情况进行监督。列宁的法律监督思想将检察法律监督作为"一般监督"，将检察机关作为全面维护法制的机关，其监督任务涉及对国家行政机关违法的监督。我国检察机关适用法律、维护法制统一的职能主要限于诉讼领域，行政法规、地方性法规以及政府和部门规章执行情况以及行政决议、命令的合法性则主要由各级人民代表大会及其常务委员会予以监督。

（二）人民检察院的设置及法律适用职权

人民检察院作为法律适用主体，依照宪法、法律和全国人民代表大会常务委员会的决定设立，并依照法律规定独立行使检察权，不受行政机关、社会团体和个人的干涉。根据法律规定，我国设立最高人民检察院、地方各级人民检察院和军事检察院等专门人民检察院。其中，地方各级人民检察院分为省级人民检察院，包括省、自治区、直辖市人民检察院；设区的市级人民检察院，包括省、自治区辖市人民检察院，自治州人民检察院，省、自治区、直辖市人民检察院分院；基层人民检察院，包括县、自治县、不设区的市、市辖区人民检察院。专门人民检察院主要有军事检察院。（见图2）此外，省级人民检察院和设区的市级人民检察院根据检察工作需要，经最高人民检察院和省级有关部门同意，并提请本级人民代表大会常务委员会批准，可以在辖区内特定区域设立人民检察院，作为派出机构。人民检察院根据检察工作需要，可以在监狱、看守所等场所设立检察室，行使派出它的人民检察院的部分职权，也可以对上述场所进行巡回检察。

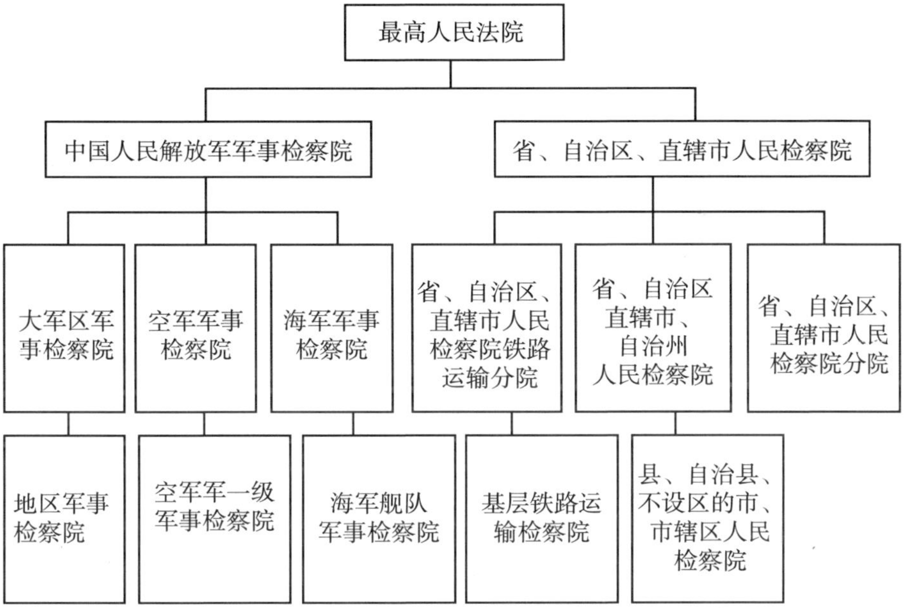

图 2　我国人民检察院的设置

人民检察院在法律适用中的职权有：

第一，在刑事案件中，通过对特定案件行使侦查权以查清涉法事实、收集固定相关证据；通过行使控诉权，对刑事案件进行审查并决定是否提起公诉、出庭支持提起公诉的案件，实现刑事审前程序中法律适用的正确性。在现代控审分离原则与控辩审三方诉讼结构下，法院在刑事案件中适用法律以审前程序中侦查机关对涉法事实的调查与检察院对案件法律适用的预先判断为基础。检察院通过行使刑事案件侦查权适用法律，包括依照法律规定对特定案件予以立案侦查以及在对刑事案件进行审查过程中将案件退回侦查机关补充侦查或自行补充侦查两种情况。在审查起诉过程中，检察院需要进一步确认涉法事实是否已经查清且有确实、充分的证据予以证明，在此基础之上结合相关刑事法律对该涉法事实进行法律适用的分析，包括对罪名是否准确、是否应当追究刑事责任以及如何量刑等的判断。刑事审前程序中法律适用的正确与否，对被追诉者的利益有重要影响，一方面涉及审前程序中被追诉者的人身利益、财产利益，如检察院在对相应涉法事实、法律适用进行判断的基础上，有权批准或者决定是否逮捕犯罪嫌疑人；另一方面涉及刑事审判对法律的适用是否围绕确实的涉法事实与相关法律展开。

第二，法律监督职权。人民检察院有权对诉讼活动，对判决、裁定等生效法律文书的执行工作，对监狱、看守所的执法活动实行法律监督。人民检察院行使法律监督职权，可以进行调查核实，并依法提出抗诉、纠正意见、检察建议。有关单位应当予以配合，并及时将采纳纠正意见、检察建议的情况书面回复人民检察院。人民检察院采取法律监督手段履行法律监督职责，是为保障相应法律适用主体在法律适用过程中严格按照法律规定适用法律、遵守相应价值准则，实现整体法律秩序。需要注意的是，人民检察院作为法律适用主体，通过行使法律监督职权适用法律，其职权效力包括：程序启动、变更、终结效力，如通过抗诉启动二审或再审程序；建议、影响效力，如立案监督、刑罚执行监督中提出纠正意见等。此外，最高人民检察院有权监督最高人民法院的死刑复核活动，对报请核准追诉的案件进行审查，决定是否追诉。

第三，依照法律规定提起公益诉讼。检察权具有国家代表性、公益代表性，因此检察机关具有提起公益诉讼的主体资格，有权以公益诉讼起诉人的身份提起民事公益诉讼、行政公益诉讼。自 2014 年党的十八届四中全会部署“探索建立检察机关提起公益诉讼制度”以来，全国各县级检察院均办理了公益诉讼案件，涉及国有财产保护领域、生态环境和资源保护领域、食品药品安全领域、国有土地使用权出让领域、英烈权益保护领域等多个领域。人民检察院享有提起公益诉讼的职权，旨在充分发挥法律监督作用，通过提起公益诉讼或是在提起公益诉讼前，依法督促行政机关纠正违法行政行为、履行法定职责，或者督促、支持适格主体依法行使公益诉权，促进依法行政、严格执法，实现法律适用。

第四，基于上下级检察机关之间的领导关系所享有的职权。为保障检察机关适用法律的统一、正确，最高人民检察院可以对属于检察工作中具体应用法律的问题进行解释以及发布指导性案例。上级人民检察院对下级人民检察院：(1)认为下级人民检察院的决定错误的，有权指令下级人民检察院纠正，或者依法撤销、变更；(2)可以对下级人民检察院管辖的案件指定管辖；(3)可以办理下级人民检察院管辖的案件；(4)可以统一调用辖区的检察人员办理案件。

当前，我国检察机关适用法律，必须要主动适应形势发展变化，推动“四大检察”即刑事检察、民事检察、行政检察、公益诉讼检察工作的全面协调充分发展。在刑事检察领域，检察机关应当突出专业性，通过履行公诉职能及其相关职能保障刑事追诉法律适用的准确性。在民事检察领域，加强对深层次违法问题的监督，拓宽思路、积极作为，提升民事检察监督水平、保障民事法律适用的准确、正当。在行政检察领域，围绕行政诉讼监督，分析行政工作存在的问题，抓好典型性、引领性案件的监督，促进依法行政。公益诉讼检察工作，在总结办案经验、发现问题与规律的基础上，积极探索，加大公益诉讼办案力度，切实维护国家、社会公共利益。

（三）人民检察院的业务机构与办案组织

根据《人民检察院组织法》的规定，人民检察院根据检察工作需要，设必要的业务机构；检察官员额较少的设区的市级人民检察院和基层人民检察院，可以设综合业务机构。同时，根据工作需要，检察院还可以设必要的检察辅助机构和行政管理机构。检察院的业务机构，是根据检察院具体的法律适用职能及其性质、不同职能工作量及办案人数等设立的。日本检察总长伊藤荣树将检察机关内设机构的目的概括为，“一是大体确定检察官相互之间的事务分工，根据业务分工以谋求提高工作效益，同时明确责任所在；二是对拥有多数检察官的检察厅，可以大体上把分担事务性质相同的检察官集中在一起，便于上级进行适当的指挥监督”。[①] 据此，检察院业务机构的设置，既能够明确检察院内部的业务分工，也能够顺畅上下级的领导指挥，在提升专业化以保障法律适用准确性的同时，也保障法律适用的效率。

我国检察院内部机构分为领导决策机构、业务机构、司法行政部门三种类型。领导决策机构包括检察长与检察委员会。其中，检察长领导本院检察工作，管理本院行政事务。检察官在检察长领导下开展工作，重大办案事项由检察长决定。检察长可以将部分职权委托检察官行使，可以授权检察官签发法律文书。检察委员会由检察长、副检察长和若干资深检察官组成，成员为单数，享有总结检察工作经验，讨论决定重大、疑难、复杂案件，讨论决定其他有关检察工作的重大问题的权力。司法行政部门一般包括负责政治工作、秘书与综合协调工作、财务工作等的部门。业务机构一般按职权类型或案件类型设置。我国 2018 年检察机关“捕诉合一”改革以来，按照上述两种原则设置的业务机构在检察院中均有。如各地检察院现一般设专门部门分别承担刑事检察、民行监督、公益诉讼、刑事执行监督与案件管理职能，其中刑事检察一般根据本院案件情况分为专门办理涉及公共安全、社会安全类的案件的部门，与专门办理职务犯罪案件、涉及社会主义市场经济秩序类案件的部门。此外，一些检察院还专门设有负责生态环境资源类案件、未成年人案件的部门。

我国 2014 年以来的检察院内设机构改革，秉持强化业务部门办案力量、减少内设机构数量、明确业务分工的原则，通过优化刑事检察职责、强化公益诉讼职责、加强民事行政检察职责、整合检察业务管理职责等途径，实现各项检察职能的优化配置。在改革检察院内设机构的同时，基于权责明确、让检察官有职有权有责的考虑，2018 年修订的《人民检察院组织法》对检察院办案组织也进行了明确，指出“人民检察院办理案件，根据案件情况可以由一名检察官独任办理，也可以由两名以上检察官组成

① ［日］伊藤荣树：《日本检察厅法逐条解释》，徐益出等译，中国检察出版社 1990 年版，第 134 页。

办案组办理。由检察官办案组办理的,检察长应当指定一名检察官担任主办检察官,组织、指挥办案组办理案件”。同时明确,人民检察院实行检察官办案责任制。检察官对其职权范围内就案件作出的决定负责。

(四)以法律适用主体名义行使检察权的检察官

根据《检察官法》的规定,检察官是依法行使国家检察权的检察人员,包括最高人民检察院、地方各级人民检察院和军事检察院等专门人民检察院的检察长、副检察长、检察委员会委员和检察员。因此,检察官是在个案中以法律适用主体名义行使检察权,适用法律的人。其基本职责是依法对由人民检察院直接受理的刑事案件进行侦查;对刑事案件进行审查逮捕、审查起诉,代表国家进行公诉;开展公益诉讼工作;开展对刑事、民事、行政诉讼活动的监督工作;以及履行法律规定的其他职责。检察官行使检察权适用法律,在职权范围内对所办理的案件负责。作为司法法律适用主体,检察官的任职条件、任免程序、在履行职责中应遵守的义务,以及检察官的履职保障,与法官一致。

检察官适用法律应遵循的职业伦理,由《检察官法》《检察官职业道德基本准则》《检察官职业行为基本规范(试行)》等规范性文件予以规定,包括检察官的职业信仰、履职行为、纪律、作风以及职业外行为等。检察官在履行职责过程中,应当遵守之职业道德的核心关键词是忠诚、为民、担当、公正、廉洁,秉持客观公正的立场履行职责、适用宪法和法律,维护社会公平正义。

三、公安机关

根据《公安机关组织管理条例》的规定,公安机关是我国人民民主专政的重要工具,人民警察是武装性质的国家治安行政力量和刑事司法力量。公安机关是各级人民政府的职能部门,由公安部、地方各级公安机关及专门公安机关组成。公安部在国务院领导下,主管全国公安工作,是全国公安工作的领导、指挥机关。县级以上人民政府公安机关依照法律、行政法规规定的权限和程序设置,在本级人民政府领导下,负责本行政区域的公安工作,包括:省、自治区、直辖市公安厅(局);地区、省辖市、自治州公安处(局);县、县级市、自治县公安局和市辖区公安分局。其中,市、县、自治县公安局根据工作需要设置公安派出所,作为派出机构。铁路、交通、民航、森林等按行业系统设立的公安部门,也是公安机关的组成部分。

公安机关作为武装性质的警察组织,通过行使职权、适用法律,实现保障国家安全、社会稳定,保护人民,服务经济社会发展的目的。具体而言,公安机关承担的职责包括:(1)预防、制止和侦查违法犯罪活动;(2)维护社会治安秩序,制止危害社会治安秩序的行为;(3)维护交通安全和交通秩序,处理交通事故;(4)组织、实施消防工作,实行消防监督;(5)管理枪支弹药、管制刀具和易燃易爆、剧毒、放射性等危险物品;(6)对法律、法规规定的特种行业进行管理;(7)警卫国家规定的特定人员,守卫重要的场所和设施;(8)管理集会、游行、示威活动;(9)管理户政、国籍、入境出境事务和外国人在中国境内居留、旅行的有关事务;(10)维护国(边)境地区的治安秩序;(11)对被判处拘役、剥夺政治权利的罪犯执行刑罚;(12)监督管理计算机信息系统的安全保护工作;(13)指导和监督国家机关、社会团体、企业事业组织和重点建设工程的治安保卫工作,指导治安保卫委员会等群众性组织的治安防范工作;(14)法律、法规规定的其他职责。为此,公安机关享有治安行政管理权、刑事执法权、警械武器使用权和紧急状态处置权,且主要通过治安行政管理权、刑事执法权实现法律适用。

(一)基于治安行政管理权而适用法律

公安机关是国务院和各级人民政府领导下的行政职能部门,是掌管社会治安,行使国家治安管理权的专门机关。其治安管理工作涉及:(1)户籍管理;(2)车站、码头、机场、文娱或体育场所、商场、集贸市场、展览馆厂以及公园、风景区等场所的公共秩序管理;(3)旅店业、刻字业、印刷业、旧物收购寄卖业等特定行业管理;(4)对管制刀具、枪支、弹药、易燃易爆物品、剧毒物品、放射性物品等民用危险物品管理;(5)对城乡道路交通实施的交通安全管理;(6)消防监督、火灾预防和扑救、审核建设工程的消防设施、查处火灾事故等消防工作;(7)边防治安与边防检查等边防工作;(8)对外国人在中国的入境、出境、居留、旅行,以及对出入境的中国公民、华侨、港澳台同胞、边境居民进行管理的工作;(9)对计算机信息系统安全实施保护的公共信息网络安全监察工作。

公安机关行使治安管理权适用法律,包括治安行政处置权、治安行政处罚权、治安监督检查权、治安行政强制权四项权力:

第一,治安行政处置权。该权力是指,公安机关基于对公共场所、道路交通、消防、特定行业、出入境、危险物品等的管理,依法对人、物、事、场所采取命令、禁止与取缔、许可,实现相关领域法律、法规规章适用。公安机关在对涉法事实予以调查的基础上,向负有特定义务的人发出作为、不作为和约束的指令,称为“命令”或“警察命令”。针对违反治安管理规定、扰乱社会秩序、妨害公安安全的行为,公安机关可以宣布禁止、予以取缔,并可以对违禁者依法予以制裁。许可则是公安机关通过审核批准、决定、登记、颁发证照、指挥等形式,对公民、法人或其他组织的请示,结合法律予以允许或否定的权力。

第二,治安行政处罚权。该权力是指,公安机关对扰乱公共秩序,妨害公共安全,侵犯公民人身权利、财产权利,妨害社会管理,具有社会危害性但尚不足以构成犯罪的行为，依照《治安管理处罚法》予以治安管理处罚的权力。根据《治安管理处罚法》的规定，公安机关行使治安管理处罚权适用法律，应当公开、公正，尊重和保障人权，保护公民的人格尊严；具体可采取的处罚种类有警告、罚款、行政拘留、吊销公安机关发放的许可证，对违反治安管理的外国人，还可以附加适用限期出境或者驱逐出境。

第三，治安监督检查权。公安机关享有监督检查依法负有治安责任的社会团体、组织及个人履行治安责任、预防治安问题发生的权力。通过治安监督检查权，公安机关对违法行为予以处置和制裁，并通过发现安全隐患、预防治安问题的发生。

第四，治安行政强制权。该权力包括强制传唤、强制带离现场、强制拘留、强制隔离、约束特定人、盘问检查等多项措施，是通过对不履行法定义务或不服从治安行政处罚的人采取人身、物品强制的手段保障依法进行的治安行政管理顺利实现的权力。

（二）基于刑事执法权而适用法律

公安机关作为刑事执法机关，在刑事诉讼中负责对大部分案件进行侦查，享有广泛的侦查权。根据《刑事诉讼法》的规定，人民法院、人民检察院和公安机关进行刑事诉讼，遵循分工负责、互相配合、互相制约原则，以保证准确有效地执行法律。在刑事诉讼中，对刑事案件的侦查、拘留、执行逮捕、预审，由公安机关负责。据此，公安机关行使刑事执法权适用法律，主要是通过参与刑事案件的侦查工作，围绕法律规定的构成要件对涉法事实予以查明、收集固定证据的方式展开。公安机关行使刑事执法权适用法律的具体职权包括：

第一，刑事案件立案权。刑事案件立案，是指专门机关依法对报案、控告、举报和自首等材料进行审查，结合法律规定决定是否将案件作为刑事案件予以侦查或审判的活动。除法律规定的情况外，我国大多数刑事案件由公安机关予以立案。立案是刑事诉讼的一个独立阶段，公安机关通过刑事案件立案权的行使，决定所涉事实是否通过刑事诉讼途径予以法律适用。

第二，侦查权。侦查，是指专门机关依照法律进行的收集证据、查明案情的工作和有关的强制性措施。公安机关的侦查权，涉及对依法立案的刑事案件通过采取一定的侦查行为，收集、调取犯罪嫌疑人有罪或者无罪、罪轻或者罪重的证据材料，由此决定撤销案件或侦查终结后将案件移送人民检察院审查起诉的权力；以及通过采取拘传、取保候审、监视居住、拘留、逮捕等限制或剥夺人身自由的强制措施，与搜查、扣押等限制财产权、隐私权的强制性侦查措施的方式，保障侦查工作乃至整个刑事诉讼程序顺利进行的权力。法律适用一般包括事实认定、法律获取与涵摄三个步骤，公安机关通过侦查权的行使，一方面本身即是实现刑事侦查阶段的法律适用，另一方面也是为刑事诉讼后续的起诉、审判阶段适用法律的事实认定做准备。

第三，刑罚执行权。刑罚执行，是指具有刑罚执行权的机关，将已经发生法律效力的刑事判决、裁定确定的内容交付实施及解决实施中出现的诸如变更执行等问题的活动。执行是刑事诉讼的最后一个阶段，法律适用主体通过刑事诉讼适用法律，只有通过执行才能真正实现法律、保障法律得以切实实施。公安机关作为刑罚执行机关，其刑罚执行权涉及：(1)对被判处拘役的罪犯，以及被判处有期徒刑，在被交付执行刑罚前，剩余刑期在3个月以下罪犯的执行；(2)对剥夺政治权利判决的执行；(3)对驱逐出境的执行。

公安机关通过行使侦查权在刑事诉讼程序适用法律，与之相关的法律适用主体还包括国家安全机关、军队保卫部门、中国海警局和监狱。其中，国家安全机关通过侦查危害国家安全的刑事案件的过程中适用法律；军队保卫部门适用法律，享有对军队内部发生的刑事案件进行侦查的权力；中国海警局履行海上维权执法职责，对海上发生的刑事案件行使侦查权以适用法律；监狱内部设立专门的侦查部门，负责监狱内发生之刑事案件的侦查工作。

(三)以法律适用主体名义行使职权的人民警察

人民警察是武装性质的国家治安行政力量和刑事司法力量，包括公安机关、国家安全机关、监狱的人民警察和人民法院、人民检察院的司法警察。公安机关的人民警察是以法律适用主体名义行使治安行政管理权、刑事执法权的人。根据公安机关享有的法律适用具体职权，公安机关内部设置了专门的业务部门，形成了人民警察的警种，包括治安警察、户籍警察、刑事警察、交通警察、巡逻警察、外事警察、网络警察、督查警察、边防警察、消防警察等。人民警察行使职权、适用法律，必须以宪法和法律为活动准则，忠于职守，清正廉洁，纪律严明，服从命令，严格执法。

担任人民警察应当具备如下条件：(1)年满18岁的人民；(2)拥护中华人民共和国宪法；(3)有良好的政治、业务素质和良好的品行；(4)身体健康；(5)具有高中毕业以上文化程度；(6)自愿从事人民警察工作，且不存在下列任一情形：(1)曾因犯罪受过刑事处罚的；(2)曾被开除公职的。人民警察按照国家规定，公开考试，严格考核，择优选用。人民警察必须执行上级的决定和命令，若认为决定和命令有错误，可以按照规定提出意见，但不得中止或者改变决定和命令的执行；提出的意见不被采纳时，必须服从决定和命令；执行决定和命令的后果由作出决定和命令的上级负责。但人民警察对超越法律、法规规定的人民警察职责范围的指令，有权拒绝执行，并同时向上级机关报告。人民警察依法执行职务，公民和组织应当给予支持和协助。

四、行政主体

行政法律适用，是指享有公共行政权力的行政主体，在行政管理活动中，通过具体行政行为的实施适用法律的活动。行政主体应当享有公共行政权力且能够以自己的名义进行行政活动,并独立承担由此产生的法律后果。① 依据行政主体享有之公共行政权力来源的不同,行政主体包括国家依照宪法和行政机关组织法成立的专门从事行政管理和服务的行政机关,以及根据宪法和组织法以外的单行法律、法规、规章授权的组织。

(一)行政机关的设置与体系

行政机关是依照宪法和行政组织法设立的行使国家行政职权、履行国家行政职能的专门国家机关,具有固定的行政组织机构及公务员编制。根据《宪法》的规定,中华人民共和国国务院,即中央人民政府,是最高国家权力机关的执行机关,是最高国家行政机关,统一领导全国地方各级国家行政机关的工作,规定中央和省、自治区、直辖市的国家行政机关的职权的具体划分。省、直辖市、县、市、市辖区、乡、民族乡、镇设立人民政府,地方各级人民政府是地方各级国家权力机关的执行机关,是地方各级国家行政机关。从广义来讲,行政机关还包括各级人民政府的职能部门。行政机关按照职能活动区域,一般被划分为中央行政机关、一般地方行政机关、民族区域自治机关、特别行政区行政机关。②

1. 中央行政机关

中央行政机关的行政活动及于全国,主要有:

第一,国务院。国务院在行政管理中享有领导、组织、指挥、协调相关事务的权力,通过履行领导管理职权,保障各行政主体法律适用的准确、正当。根据《国务院组织法》第 2 条的规定,国务院由总理、副总理、国务委员、各部部长、各委员会主任、审计长、秘书长组成。国务院实行总理负责制,总理领导国务院的工作,副总理、国务委员协助总理工作。

第二,国务院组成部门。国务院的组成部门是经国务院总理提出,由全国人民代表大会决定设立,享有管辖全国范围内某一方面事务的各部、委、行、署。《国务院组织法》第 9 条规定,各部设部长 1 人,副部长 2 ~ 4 人。各委员会设主任 1 人,副主任 2 ~ 4 人,委员 5 ~ 10 人。各部、各委员会实行部长、主任负责制。各部部长、各委员会主任领导本部门的工作,召集和主持部务会议或者委员会会议、委务会议,签署上报国务院的重要请示、报告和下达的命令、指示。副部长、副主任协助部长、主任工作。国务院组成部门包括外交部、国家发展和改革委员会、科学技术部、国家民族事

① 参见王学辉主编:《行政法与行政诉讼法学》(第 2 版),法律出版社 2016 年版,第 75 页。

② 本章重点介绍中央行政机关和一般地方行政机关。

务委员会、国家安全部、司法部、人力资源和社会保障部、生态环境部、交通运输部、农业农村部、文化和旅游部、退役军人事务部、中国人民银行、国防部、教育部、工业和信息化部、公安部、民政部、财政部、自然资源部、住房和城乡建设部、水利部、商务部、国家卫生健康委员会、应急管理部、审计署。

第三,国务院直属机构。《国务院组织法》第 11 条规定,国务院可以根据工作需要和精简的原则,设立若干直属机构主管各项专门业务,设立若干办事机构协助总理办理专门事项。因此,国务院直属机构是根据工作需要设立的主管各项专门业务的机构,在主管事务的范围内,具有行政主体资格,具有独立的职权和专门职责。我国国务院直属机构有海关总署、国家市场监督管理总局、国家体育总局、国家国际发展合作署、国务院参事室、国家税务总局、国家广播电视总局、国家统计局、国家医疗保障局、国家机关事务管理局。此外,国务院还设有国务院国有资产监督管理委员会,作为国务院直属特设机构。

第四,国务院各部委管理的国家局。这类行政机关有由国务院办公厅管理的国家信访局,由国家发展和改革委员会管理的国家能源局、国家粮食和物资储备局,由工业和信息化部管理的国家烟草专卖局、国家国防科技工业局,由自然资源部管理的国家林业和草原局,由交通运输部管理的中国民用航空局、国家铁路局、国家邮政局,由文化和旅游部管理的国家文物局,由应急管理部管理的国家煤矿安全监察局,由国家市场监督管理总局管理的国家药品监督管理局、国家知识产权局,由公安部管理的国家移民管理局,由国家卫生健康委员会管理的国家中医药管理局,由中国人民银行管理的国家外汇管理局。国务院各部委管理的国家局具有独立的法律地位,所行使的行政事务职权与对其进行管理之相应部委的职能存在联系。

2. 地方各级人民政府

地方各级人民政府,是国家依照宪法和组织法设立的对地方性事务进行管理和服务的机关,其组织由《地方各级人民代表大会和地方各级人民政府组织法》规定。省、自治区、直辖市、自治州、设区的市的人民政府分别由省长、副省长,自治区主席、副主席,市长、副市长,州长、副州长和秘书长、厅长、局长、委员会主任等组成。县、自治县、不设区的市、市辖区的人民政府分别由县长、副县长,市长、副市长,区长、副区长和局长、科长等组成。乡、民族乡的人民政府设乡长、副乡长。民族乡的乡长由建立民族乡的少数民族公民担任。镇人民政府设镇长、副镇长。地方各级人民政府,既是地方各级人民代表大会的执行机关,也是国务院统一领导下的国家行政机关。它们在各自的管辖区域内管理各项行政事务、适用法律,独立承担自己行政法律适用的后果。

地方各级人民政府根据工作需要和精干的原则，设立必要的工作部门；县级以上的地方各级人民政府设立审计机关。各级人民政府根据工作需要依法设立的职能部门，承担地方某一方面行政事务的管理职能，享有行政职权并以自己的名义承担法律后果。

经县级以上人民政府批准，在一定区域内可以设立派出机关，实施一定区域内所有行政事务的组织管理权。根据《地方各级人民代表大会和地方各级人民政府组织法》的规定，省、自治区的人民政府在必要的时候，经国务院批准，可以设立若干派出机关；县、自治县的人民政府在必要的时候，经省、自治区、直辖市的人民政府批准，可以设立若干区公所，作为它的派出机关；市辖区、不设区的市的人民政府，经上一级人民政府批准，可以设立若干街道办事处，作为它的派出机关。地方各级人民政府的派出机关，能够以自己的名义行使职权、独立承担法律责任。

(二)授权组织

除行政机关外，根据宪法和组织法以外的单行法律、法规、规章授权获得行政主体资格的组织，也是行政法律适用的主体。这类授权组织包括行政机构、公务组织、企业和社会组织。授权组织与行政机关不同，行政机关根据宪法、组织法的规定设立，自成立之日起便享有行政法律适用职权。授权组织作为行政主体适用法律，则必须得到法律、法规、规章的授权，在此之前这类组织并无法律适用权。法律、法规、规章授予相关组织法律适用权，必须符合法定的方式且必须对被授权者授予的内容、范围、时限等情况作出明确规定。授权方式一般包括两种，即由法律、法规、规章授予职权或由特定行政机关依法授予职权。具体而言，授权组织的类型包括：

第一，行政机构。行政机构是各级行政机关或其职能部门根据行政管理需要设置的办公和办事机构，其职责是协助行政机关处理和具体办理各项行政事务和机关内部事务。行政机构在未得到法律法规、规章授权的情况下，只能以所属机关的名义对外行使职权，不具有行政法律适用主体资格。经授权成为行政主体，以自己名义独立行使职权、适用法律的行政机构，主要有：(1)行政机关的某些内部机构，包括政府所属的内部机构和临时机构，以及各级政府职能部门的内部机构。(2)各级政府职能部门的派出机构，如公安机关的派出所。《治安管理处罚法》规定，警告、500元以下罚款的治安管理处罚，可以由公安派出所决定。(3)行政机关中依法授权设立的专门行政机构。这主要是为应对一些专业技术较强的行政法律适用情况，法律法规直接明确行政机关内应当设立的机构。

第二，其他社会组织。这类组织是指在行政组织之外，为应对带有社会性和专业性的公共行政事务，由法律法规和规章明确授权，允许其他组织以自己的名义通过行使一定的公共行政行为适用法律的组织。主要有:(1)行政性公司,如电力公司。这类组织具有公司的基本构成要件,在从事经济活动的同时,承担一定的行政职责。(2)事业单位,如大学、专门学院、高等职业技术学院、高等专科学校等高等院校。这类组织,在法律法规授权的范围内,享有一定领域的行政法律适用职权。(3)基层群众性自治组织,主要有农村村民委员会和城市居民委员会。(4)有行政职能的社会团体,如消费者协会、中国足球协会等。

行政法律适用主体,除行政机关、授权组织外,还有一类社会组织也可以成为行政主体。这类主体是通过行政机关的依法委托而适用法律的组织。需要注意的是,与行政机关、授权组织不同,这类主体虽也进行法律适用活动,但其是以委托机关的名义行使行政职权,且由委托机关承担法律责任。行政机关的依法委托,并不发生职权、职责、法律后果及行政主体资格的转移。

(三)行政机关的法律适用职权

行政机关的法律适用,涉及经济、教育、科学、文化、卫生、体育事业、环境和资源保护、城乡建设事业和财政、民政、公安、民族事务、司法行政、监察、计划生育等多项领域。为实现对这些领域国家和社会公共事务的有效管理,行政机关法律适用的职权主要包括:

第一,行政命令权。即行政机关向行政相对人发布命令,要求行政相对人为或不为一定行为的权力。从法律适用的角度而言,这里仅指行政机关针对特定相对人予以命令的情形。该命令是行政机关基于对涉法事实的判断,作出的法律适用决定,通常表现形式有通告、规定、决定、命令等。

第二,行政许可权。行政许可是指行政机关针对行政相对人提出的申请,通过颁发某种许可证或执照的方式赋予行政相对人从事某种事项的权力和资格。行政机关基于行政许可权适用法律,应遵守《行政许可法》的规定。

第三,行政确认权。行政机关依法对行政相对人的法律地位、权利义务或有关法律事实进行甄别,予以确定、认定等的行为,是行政确认。如交通警察对道路交通事故责任的认定,工商行政机关进行的企业登记等。

第四,行政裁决权。行政机关根据当事人申请,依法对与行政管理活动密切相关的民事纠纷进行裁处的行为,是行政裁决。这类民事纠纷除与行政管理事项有关外,还往往具有较强的专业技术特征,如知识产权侵权纠纷和补偿争议、政府采购活动争议、医疗事故纠纷、专利纠纷、运输纠纷、劳动就业纠纷、自然资源权属争议等。2018年年底,中共中央办公厅、国务院办公厅印发了《关于健全行政裁决制度加强行政裁决工作的意见》,强调行政机关应切实履行行政裁决职责,发挥行政裁决效率高、成本低、专业性强、程序简便的优势。行政机关通过行政裁决适用法律,有利于促成矛盾纠纷的快速解决,发挥化解民事纠纷的“分流阀”作用。

第五,行政强制权。行政强制权,是指行政机关对不履行法定义务或已生效行政规范性文件确定义务的行政相对人之人身、财产,采取强制措施的权力。行政强制的设定和实施,适用《行政强制法》。根据该法的规定,行政强制措施包括:限制公民人身自由,查封场所、设施或者财物,扣押财物,冻结存款、汇款,以及其他行政强制措施。

第六,行政处罚权。行政机关适用法律,享有对违反行政法规范、侵害行政管理秩序的相对人予以行政制裁的权力,即行政处罚权。《行政处罚法》规定,公民、法人或者其他组织违反行政管理秩序的行为,应当给予行政处罚的,由行政机关遵循公正、公开的原则依法实施,没有法定依据或者不遵守法定程序的,行政处罚无效。行政处罚的种类包括警告,罚款,没收违法所得、没收非法财物,责令停产停业,暂扣或者吊销许可证、暂扣或者吊销执照,行政拘留,以及法律、行政法规规定的其他行政处罚。

(四)代表行政机关适用法律的公务员

根据《公务员法》的规定,依法履行公职、纳入国家行政编制、由国家财政负担工资福利的工作人员,是公务员。公务员根据职位的性质、特点和管理需要,划分为综合管理类、专业技术类和行政执法类等类别。同时,法律、法规授权的具有公共事务管理职能的事业单位中除工勤人员以外的工作人员,经批准参照《公务员法》进行管理。国家公务员代表国家行政机关行使职权、履行职责的行为,是公务行为。据此,行政法律适用,具体以行政执法类公务员代表行政主体实施公务行为为表现形式。

我国公务员分为领导职务和非领导职务两种。非领导职务公务员的录用,采取公开考试、严格考察、平等竞争、择优录取的办法。满足具有中华人民共和国国籍,年满18周岁,拥护中华人民共和国宪法、拥护中国共产党领导和社会主义制度,具有良好的政治素质和道德品行,具有正常履行职责的身体条件和心理素质,以及具有符合职位要求的文化程度和工作能力等条件的人,可以报考公务员。但是曾因犯罪受过刑事处罚的,或曾被开除公职的,或存在法律规定不得录用为公务员的其他情形的人,不得录用为公务员。

公务员享有下列权利:(1)获得履行职责应当具有的工作条件;(2)非因法定事由、非经法定程序,不被免职、降职、辞退或者处分;(3)获得工资报酬,享受福利、保险待遇;(4)参加培训;(5)对机关工作和领导人员提出批评和建议;(6)提出申诉和控告;(7)申请辞职,以及法律规定的其他权利。在履行职责中,应当履行下列义务:

(1)忠于宪法,模范遵守、自觉维护宪法和法律,自觉接受中国共产党领导;(2)忠于国家,维护国家的安全、荣誉和利益;(3)忠于人民,全心全意为人民服务,接受人民监督;(4)忠于职守,勤勉尽责,服从和执行上级依法作出的决定和命令,按照规定的权限和程序履行职责,努力提高工作质量和效率;(5)保守国家秘密和工作秘密;(6)带头践行社会主义核心价值观,坚守法治,遵守纪律,恪守职业道德,模范遵守社会公德、家庭美德;(7)清正廉洁,公道正派等义务。

(五)行政法律责任

行政主体行使上述职权适用法律,必须严格遵守行政合法性原则,在准确认定事实的基础上,正确适用法律。行政机关、授权组织在行政法律适用中,违反行政法律规范、侵害受法律保护的行政关系,对社会造成一定程度的危害,但尚未构成犯罪时,应承担行政法律责任,也称行政责任。

行政责任在行政法上是确定的,具有补救性与惩罚性的双重属性。我国行政主体的行政责任形式包括:第一,停止侵害。即由有权机关对正在侵害行政相对人合法权益的行政行为予以终结,从而将违法行为造成的损害控制在一定范围内的责任形式。该责任形式是基于某些行政违法行为对权利的侵害具有持续性且损害程度会随时间延伸而增强的考虑设置的。第二,恢复原状。广义的恢复原状包括返还财产、恢复名誉、消除影响等,是一种补救性的责任形式。第三,赔偿。赔偿也是补救性的责任形式,是在不能适用恢复性责任形式或单纯适用恢复性责任形式不能实现预期目标时,通过金钱赔偿的方式对行政损害进行的补救。根据《国家赔偿法》第 32 条的规定,国家赔偿以支付赔偿金为主要方式,能够返还财产或恢复原状的,予以返还财产或者恢复原状。

行政责任的追究,由有权机关在坚持责任法定,责任与违法程度相一致,补救、惩戒和教育相结合等原则的前提下,依法予以认定、追究。有权追究行政责任的机关包括权力机关、司法机关、上级行政机关、行政复议机关、专门的审计机关、监察机关等。

五、法律适用主体之间的关系

各法律适用主体通过依法享有的职权适用法律,相互之间并不是孤立的状态,它们通过一定的制度途径,形成了监督、制约或配合的关系。这一方面与法律适用区分为司法法律适用与行政法律适用有关。司法是维护社会公平正义的最后一道防线,行政机关或授权组织在行政法律适用中若存在违反法律适用规则、侵犯公民或国家社会利益的情况,司法法律适用主体可通过一定的机制对此予以监督、纠正。另一方面,各法律适用主体之间发生关联与行政、司法对权力运行的正当化追求有关。行政权力运行强调合法行政、合理行政、程序正当、高效便民,司法权运行也坚持公正与效率的统一。分权制衡思想是权力正当化运行的一项重要理论,如在分权制衡基础上产生、发展起来的检察制度。检察机关作为法律适用主体即在检察制度框架内分割了法院通过刑事诉讼适用法律的权力,与法院形成监督制约关系。基于权力运行对效率的强调,在涉及部门法的交叉适用时,各法律适用主体之间又体现出一定程度的配合、协助关系。如在行刑交叉案件的审判中,法院对行政法、刑事法的适用,有可能依赖于行政机关在行政法律适用中收集的证据。

(一)刑事法律适用中的法律适用主体

刑事法律适用是指刑法及相关法律法规的适用,主要通过刑事诉讼程序实现。刑事法律适用中各法律适用主体间的关系主要存在两种情形:

第一,人民法院、人民检察院、公安机关之间的关系。《刑事诉讼法》第 7 条规定,人民法院、人民检察院和公安机关进行刑事诉讼,应当分工负责,互相配合,互相制约,以保证准确有效地执行法律。这是刑事诉讼的一项基本原则,它强调法院、检察院、公安机关基于职责、管辖的分工,在刑事法律适用中实现配合制约的关系。公安机关在刑事诉讼中,通过行使职权适用法律主要是围绕刑事实体法对犯罪构成要件的规定收集证据、查明案件事实,并在这一过程中适用诸如限制、剥夺人身自由或查封、扣押财物、文件的措施。检察机关通过检察权的行使适用法律,主要是对案件结合法律法规、政策等进行审查并决定是否将案件移送法院,同时对整个诉讼活动予以监督。法院则以对具体案件进行审理、判决的方式实现法律适用。一方面,除自诉案件外,经法院以审判方式实现法律适用的案件,都经历了公安机关、人民检察院对案件的法律适用。而且在控审分离原则下,法院法律适用的范围还受限于检察院。另一方面,刑事诉讼的各个阶段会出现一些特殊情况,要求各法律适用主体之间予以监督制约。如检察机关对立案、不立案、撤销案件的监督;法院、公安机关依法对检察机关不起诉决定的监督、救济;检察机关对法院判决通过抗诉进行的监督等。

第二,行政执法与刑事司法衔接中各法律适用主体之间的关系。行政执法与刑事司法相衔接的案件一般涉及行政主体在行政执法中将涉嫌犯罪的案件移送公安司法机关处理,以及公安司法机关对不作为犯罪处理或不需要判处刑罚或免除刑罚但需要对其予以行政处理的案件移送行政执法机关两种情形。在前一情形中,行政法律适用主体收集的证据、作出的行政认定等对公安司法机关的法律适用产生一定影响。在后一种情形中,公安司法机关在移送案件时的意见对行政法律适用主体产生一定影响。如检察机关作出不起诉决定,但认为对被不起诉人需要给予行政处罚、行政处分或需要没收违法所得的,则检察院应当提出检察意见,将其与不起诉决定书一并移送有关的主管机关。主管机关应当及时向检察机关通报处理情况。

（二）行政法律适用中的法律适用主体

行政法律适用，是法律适用主体对有关国家行政管理活动的各种法律法规等的适用。以行政主体将行政法律规范等适用于涉及特定行政相对人之权利义务的事实为主。行政法律适用区别于司法法律适用，具有单向性的特征。一般而言，行政主体的单方意思表示就可以对行政相对人的权利义务产生影响，且行政主体在法律适用中的裁量权幅度也较大。鉴于此，行政法律适用虽以行政法律适用主体为主，但基于监督行政主体依法行政、有效实现行政法律适用的目的，司法法律适用主体也通过一定的制度机制参与行政法律的适用，与行政主体在法律适用中产生关联：

第一，基于行政诉讼产生的关联。行政诉讼，是人民法院基于审判权的行使适用法律解决行政争议的法律适用活动。该行政争议，一般是公民、法人和其他组织认为行政法律适用主体的法律适用行为侵犯了他们的合法权益。因此，行政诉讼实质为一种司法审查制度。在行政诉讼中，法院这一法律适用主体对行政主体法律适用行为的合法性进行审查，评判行政法律适用主体在作出行政行为时的法律适用是否合法，与行政机关或授权组织形成监督与被监督关系。

第二，基于行政检察监督产生的关联。检察院是我国宪法规定的法律监督机关，行政检察监督工作也是检察院法律监督的重要职能。基于行政检察监督，检察院与其他法律适用主体之间通过行使以下三项职责发生关联：（1）对行政诉讼活动的法律监督。《行政诉讼法》第 11 条规定，人民检察院有权对行政诉讼实行法律监督。2016 年最高人民检察院《人民检察院行政诉讼监督规则（试行）》也指出，人民检察院通过抗诉、检察建议等方式，对行政诉讼实行法律监督，监督人民法院依法审判和执行。据此，在行政法律适用中，检察院通过行政诉讼监督与法院这一法律适用主体形成监督关系。（2）对行政违法行为的监督。党的十八届四中全会《中共中央关于全面推进依法治国若干重大问题的决定》指出，“检察机关在履行职责中发现行政机关违法行使职权或不行使职权的行为，应该督促其纠正”。检察机关监督行政法律适用主体的法律适用行为，一般以提出检察建议的方式进行。（3）履行行政公益诉讼职责。行政公益诉讼案件涉及生态环境和资源保护、国有资产保护、国有土地使用权出让等领域。根据《人民检察院提起公益诉讼试点工作实施办法》和最高人民法院、最高人民检察院《关于检察公益诉讼案件适用法律若干问题的解释》等规定，检察院履行公益诉讼职责，一方面可以通过诉前向行政机关提出检察建议的方式，督促其依法履行职责；另一方面在发出检察建议有关行政机关仍不依法履行职责时，可以公益诉讼起诉人的身份将其作为被告向人民法院提起公益诉讼。此外，前文所述刑事诉讼中检察院对被不起诉人认为需要给予行政处罚、行政处分或没收违法所得时，向主管部门提出检察意见的情况，也是检察院作为法律适用主体基于行政法律适用与行政法律适用主体产生关联的一种表现形式。

（三）民事法律适用中的法律适用主体

民事法律是调整作为平等主体的公民之间、法人之间、非法人组织之间及其相互之间权利义务状态、归属、责任等的法律规范。民事法律适用的主要途径有民事诉讼程序与行政机关具体行政行为：

第一，通过民事诉讼程序适用法律时的法律适用主体。民事诉讼程序是法院在当事人及诉讼参与人的参加下，依法适用法律的活动。在该程序中，法院是法律适用的主体。但检察院通过民事诉讼监督与民事公益诉讼制度，在特定情况下，与法院形成一定的关联。根据《民事诉讼法》《人民检察院民事诉讼监督规则（试行）》的规定，人民检察院有权对民事诉讼实行法律监督，对已经发生法律效力的民事判决、裁定、调解书或对民事审判程序中审判人员的违法行为或民事执行活动通过抗诉、检察建议等方式予以监督。在这种情况下，检察院作为法律适用主体与法院形成监督关系。在民事公益诉讼中，根据《人民检察院提起公益诉讼试点工作实施办法》的规定，检察机关是以公益诉讼起诉人身份对实施损害社会公共利益行为的公民、法人或者其他组织向法院提起控诉。此时，一方面检察机关通过公益诉讼起诉人的身份启动并限定了法院适用法律的范围；另一方面在提起公益诉讼的诉前程序中基于检察建议权的行使督促有关机关或组织履行义务，与法院在配合、制约中通过法律适用共同维护了社会公共利益。

第二，依行政机关具体行政行为适用法律时的法律适用主体。行政机关依具体行政行为适用民事法，表现为行政机关通过行政确认、行政裁决等方式对平等主体间的人身权益、财产权益等产生影响，如不动产物权的登记、变更、转让与消灭，婚姻收养关系的确认登记，以及自然资源所有权与使用权的确认及其权属纠纷的裁决等。在这一机制下，行政机关作为法律适用主体，在涉及与之相关事实的诉讼时，行政机关的法律适用行为或被作为诉讼中的证据协助法院查明事实以准确适用法律，或本身作为诉讼对象接受法院的司法审查。

参考文献

1. 胡建淼主编：《法律适用学》，浙江大学出版社 2010 年版。

2. 王学辉主编：《行政法与行政诉讼法学》，法律出版社 2016 年版。

3. 龙宗智：《检察制度教程》，中国检察出版社 2006 年版。

4. 柯良栋、李民真主编：《〈公安机关组织管理条例〉释义》，群众出版社2007年版。

5. 最高人民检察院民事行政检察厅：《行政检察工作的现状与发展》，载《国家检察官学院学报》2015年第5期。

思考题

1. 如何评价审判委员会在法院适用法律中的作用？

2. 如何理解检察院的法律监督权？

3. 谈谈你对检察院通过公益诉讼适用法律的理解。

4. 谈谈你对行政性公司作为授权组织适用法律的看法。

5. 试述司法法律适用主体与行政法律适用主体之间的关系。

延伸阅读

1. 宋远升：《法院论》，中国政法大学出版社2016年版。

2. 林钰雄：《检察官论》，法律出版社2008年版。

3. 秦前红：《两种"法律监督"的概念分野与行政检察监督之归位》，载《东方法学》2018年第1期。

4. 张智辉：《论司法责任制综合配套改革》，载《中国法学》2018年第2期。

5. 王明远：《论我国环境公益诉讼的发展方向：基于行政权与司法权关系理论的分析》，载《中国法学》2016年第1期。

6. 朱全宝：《论检察机关提起行政公益诉讼：特征、模式与程序》，载《法学杂志》2015年第4期。

第三章　法律适用客体

内容提要:法律适用客体包括法律规范与涉法事实。涉法事实也称法律事实,是法律适用主体在法律上对客观真实的认识或反映,是被认识或被反映的客体。客观真实是事件发生的真实情况,是法律真实的基础。法律事实虽然不是客观真实,但通过法律程序无限地接近客观真实。衡量正当程序和证据规则是否科学合理的重要标准在于多大程度上保证通过这些程序或规则认定法律事实尽可能接近客观真实,或者最大限度地发现客观真实。法律规范是由国家制定或认可,并由国家强制力保障实施的具有一般约束力的行为规范,由适用条件、行为模式和法律评价三部分构成,其划分主要考量立法主体地位的高低、层级性监督、相抵触与不一致的立法情形,以及效力的单向优先性等因素。法律适用中的裁决机制,是指有权机关对相互冲突的法律规范进行审查,确定各自的法律效力,以解决彼此之间的矛盾和冲突的一种法律制度。我国法律裁决机制以有权机关对法律的裁决为主,包括提请批准、备案审查与送请裁决制度。法律规范与纠纷事实的互动通常从对纠纷事实进行语言描述着手;然后,运用证据规则对纠纷事实的语言描述的真实性进行鉴定,确认纠纷事实与法律规范的事实构成要件之间具有关联性;最后,对已形成的法律事实进行合法性的审视,排除非法证据所支持的纠纷事实,以实现事实认定过程中合法性认定,经过事实认定过程的纠纷事实就是法律事实。

核心概念:法律事实;客观事实;法律规范;法律裁决;事实发现

一、法律事实的概述

(一)概念界定

法律适用客体是法律适用活动的客观要素,包括涉法事实与法律规范。涉法事实也称法律事实,是指以法律概念和术语对生活事实进行界定,使其成为具有法律意义的事实。当生活事实发生争议后,法律所关注的仅是具有法律意义、能够产生法律效果的事实。很显然,它不是生活事实的简单重复,而是与法律规则相连接,能够引起法律关系变动的事实和行为。具体到司法活动中,法律适用客体表现为待审案件,主要有刑事案件、民事案件和行政案件三种类型。在行政执法领域,法律适用客体则是行政主体的行政法律活动以及行政相对人的可被行政法评价的社会活动。

（二）本质特征

1. 生活事实的选取

在现实生活中，每天发生大量的生活事实，形成各种生活关系。其中，事实主要是由时间、地点、人物，事情的起因、经过和结果等要素构成。客观地说，生活事实应当与争议相关，凡是与纠纷争议无关的生活事实均应从事实中剔除。作为一种社会规范，法律规范的适用应当针对纠纷争议的生活事实进行，具有法律意义，能够产生法律效果，事实关涉两个及其以上的法律主体的利益，这就使对纠纷事实的法律适用应当在独立的第三方主持下进行裁断。应当予以承认，在大陆法系国家，法律适用主体在裁决中对纠纷事实的分析与裁决不完全相同。在法国，法律适用主体对纠纷事实的分析较为简略，而对法典和法条的分析较为详细；而德国法律适用主体对纠纷事实分析更为详尽。然而，无论如何，对纠纷事实的选取是两大法系主要国家法律适用主体的一项重要工作。

2. 生活事实的评价

法律事实是指对纠纷事实赋予法律方面的意义或者作法律方面的评价。生活事实是纷繁复杂的，不将无关的生活事实予以排除，则可能影响法律分析的有序推进。从法律规范的逻辑结构分析角度来看，只有部分生活事实才具有法律意义，该部分事实的选取与法律规则相连接，引起规范所预设的法律效果。由于不同的法律规范选择体现法律适用主体不同的价值判断，纠纷要件事实上升至要件纠纷事实的过程也体现法律适用主体进行的主观上的筛选，这其中也涉及价值判断的过程。当然，在不同的法律适用过程中，法律适用客体的个别性程度不同。其中，司法适用的个别性最明显。

3. 生活事实的求真

生活事实应当是已发生的法律事实。在司法适用中，法律适用的客体是已发生的案件。对于与当事人诉讼请求无关的事实、与特定的法律认定无关的事实，以及因法律关系变动而丧失法律意义的事实均应当予以剔除。在行政执法法律适用中，法律适用的客体必须是已发生的具有行政法律效果的涉法事实。单纯的面向未来的行政规划只能以自身作为一种已发生的行政法律活动成为行政监察机关等行政法律适用的对象。在实践中，法律适用主体通常会根据当事人提出的陈述或者诉讼请求，初步选择大前提，并判断在具体纠纷中哪些事实具有法律意义，并要求当事人依据证据规则，证明这些事实的真实性，证据证明的事实则构成特定纷争的要件事实，这就需要从生活事实提升到规范事实的高度，通过证据作为媒介，使纠纷事实得以证明。在这一环节中，主要涉及证据的证明力问题。在具体的法律适用中，当事人证明了法律适用主体要求其证明的事实后,法律适用主体可能会改变初始选择的大前提,提出新的需要证明的事实,或者认为还有其他事实与大前提相关,需要当事人补充证明。此时,当事人仍需要依据证据规则予以证明,以满足司法三段论对纠纷事实的判定。

二、法律事实的判定

(一)客观事实与法律事实

长期以来,理论界主流观点认为,涉法的生活事实指的是客观事实。该理论以辩证唯物主义认识论为基础,认为业已发生的纷争,必定在外界遗留物品、痕迹或为某些人所感知,这些证据为查明纠纷事实提供依据,加之法律适用主体为纠纷事实的发现提供组织保证。然而,在实践中,一方面,争议事实一旦成为过去,就不可能完整地得以再现,法律适用主体通过证据来重建这些事实,只能最大限度地还原或者再现这些事实。在法律适用过程中,根据有限的证据资料,借助人的有限理性去推断这些过往事实的存在样态,用证据证明的事实最大限度地还原或者接近已发生的客观事实,很难完全重现客观事实。另一方面,负有提供证据责任的当事人出于趋利避害的本能,在提供证据或陈述纠纷过程时往往只提供对己有利的材料或者只陈述对己有利的事实,而对于那些不利于自己的证据材料,则往往采取刻意隐瞒甚至销毁的方式予以处理。同时,证人的感知能力、记忆能力以及表达能力方面的不足也会影响其证言的可信度,负有事实认定责任的法律适用主体也是普通人,他们在认定事实时也易受到个人情绪的影响,且不同人认知能力的差异也会导致对同一事实作出不同的判定。可见,由于受待证材料、科技手段、处理本案的法官知识和经验、当事人抗辩水平、证人的可信程度和社会形象、法律是否强制规定掌握于己不利的证据的一方当事人应当出示证据、法官认定事实的过程是否受种种非法因素的干扰以及社会公众可接受的认识方法或评判方式等限制,使法律适用主体发现纠纷事实具有不确定性。美国现实主义代表人物杰罗姆·弗兰克将此归纳为:诉讼中用来证明事实的证据可能是不可靠的,会有作伪证的、受人指使的、有偏见的、发生误解的证人;会有证人失踪、物证灭失或被毁的情况;有为非作歹和愚蠢的律师;陪审官特别是法官的不可预测的特性均会导致对案件的处理带有很大的主观性,使人们无法预测其结果。客观真实论是从人类整体的认识能力的角度来看,而具体到个体纷争,由于主体思维、文化水平、认知能力、经验和素质的影响和制约,其认识能力是有限的。由此可见,客观真实是法律真实的基础,法律事实是法律适用主体在法律上对客观真实的认识或反映,是被认识或被反映的客体。从人类发展阶段的现实角度出发,仍有许多尚未认知的领域。在纠纷产生后,在特定条件和时空下,纠纷事实的发现不可能总是符合客观真实,只能是接近客观真实。加之,人的主观认识与客观世界之间固有的对立性,人们不能将已经发生的纠纷完全重演，法律适用主体为了查明纠纷事实而一味无限拖延期限，会导致审理的迟延。

在承认对纠纷事实认识的非至上性的前提下，通过公正的程序使这种非至上性走向法律事实，对这种纠纷事实的认识是通过法律程序进行的，其事实的重现又是通过实体法加以规定。这种事实应当通过客观的证据证明，并通过法律适用主体主观思维、判断而形成。因此，法律事实虽然不是客观真实，但通过法律程序无限地接近客观真实。从立法者角度来看，通过对社会的分析与论证、价值的考量和利益衡量进行最终的权衡与取舍，以及通过正当法律程序对调整对象进行类型化、抽象化的描述，以达到立法调整的目的。从法律适用角度来看，法律适用主体更加关注的是该事实是否为法律所调整、是否有证据支持、证据是否确实充分，证据与事实之间的关联程序以及证据取舍的合法与否等。在通过正当程序、证据规则以及其他法律手段发现法律事实中，除了政策或价值考虑之外，尽管法律适用主体对客观事实的认识与发现会受到各种限制，但法律适用主体仍以追求客观真实为目标，研究和把握法律适用规律，尽量设计科学合理的法律适用规则，确保客观真实的发现。因而，衡量正当程序和证据规则是否科学合理的重要标准在于多大程度上保证通过这些程序或规则认定法律事实尽可能接近客观真实，或者最大限度地发现客观真实。

（二）证明对象

在法律适用中，证明对象包括证明的接收者和承受者两种含义。前者是指证明活动说服的对象，自向证明的证明对象是证明主体本身，则可能不存在证明的接收者；后者是指需要证明的事实，也就是纠纷的事实。就一般意义而言，证明对象是指在法律适用中应当用证据证明的纠纷事实。由于解决的纠纷内容不同，证明对象亦不尽相同。具言之，在司法法律适用中，刑事案件的证明对象是被告人的行为是否构成犯罪以及罪行的严重程度，民事案件的证明对象是当事人主张的事实和权利是否成立，行政案件的证明对象则是作为被告的行政机关或者其他组织的具体行政行为是否具有合法性。

1. 刑事审判的证明对象

从我国法律规定来看，刑事案件的证明对象比较具体、明确，主要涵盖犯罪构成的要件事实、作为罪行轻重的量刑情节的事实、排除某行为之违法性和可罚性的事实、免除或减轻刑事责任的事实，以及刑事诉讼程序事实五个方面。

（1）犯罪构成的要件事实。犯罪构成的要件事实是关涉检察机关指控的危害社会的具体行为是否确已发生，以及被告人是否实施了被指控的危害社会的行为，被告人是否达到刑事责任年龄，有无刑事责任能力，在主观上有无故意或过失，以及实施这一行为的动机和目的等。每一种犯罪行为均有独立的构成要件,使犯罪得以确认。通常来说,犯罪行为从犯罪客体、犯罪主体、犯罪的客观方面和犯罪的主观方面进行判断。

(2)作为罪行轻重的量刑情节的事实。作为罪行轻重的量刑情节的事实,包括法定情节和酌定情节两个方面:法定情节是法律明确规定的直接影响被告人刑事责任和刑罚裁量的情节,主要关涉累犯、主犯、教唆不满18周岁的人犯罪,预备犯、未遂犯、中止犯、从犯、胁从犯、未成年人犯罪、又聋又哑的人或者盲人犯罪、自首、坦白、立功等情节的判断;酌定情节尽管在法律上无明文规定,但是法官在确定被告人刑事责任时,主要从被告人在犯罪后的态度和表现,如认罪悔罪还是潜逃、毁证、灭迹、订立攻守同盟、阻止同案犯交代,以及被告人的身份情况,有无前科、劣迹等方面进行判断。

(3)排除某行为之违法性和可罚性的事实。排除某行为之违法性、可罚性的事实主要包括排除行为违法性的事实,如正当防卫、紧急避险等;排除可处罚性的事实,如已过追诉时效,经特赦令免除刑罚、告诉才处理的犯罪,受害人未告诉或者告诉后又撤诉,被告人已死亡等。

(4)免除或减轻刑事责任的事实。免除或减轻刑事责任的事实主要包括行为人未达到法定刑事责任年龄,或者实施犯罪行为时处于精神不正常的主观状态。对可以判处死刑处罚的责任年龄,应当在实施犯罪时已满18周岁。

(5)刑事诉讼程序事实。刑事诉讼程序事实主要包括对犯罪嫌疑人、被告人采取强制措施的事实,有关回避的事实,诉讼进程是否超过法定期限的事实,公安、司法机关是否存在侵犯犯罪嫌疑人、被告人诉讼权利的事实,有关管辖争议的事实,以及与执行刑罚的合法性相关的事实等。总而言之,需要用证据证明的案件事实,主要包括被告人身份,被指控的犯罪行为是否存在,被指控的行为是否为被告人所实施,被告人有无罪过,行为的动机、目的,实施行为的时间、地点、手段、后果以及其他情节,被告人的责任以及与其他同案人的关系,被告人的行为是否构成犯罪,有无法定或者酌定从重、从轻、减轻处罚以及免除处罚的情节等。

2. 民事审判的证明对象

民事案件的证明对象同样包括实体法的事实和程序法的事实两个部分。前者是指能够引起民事实体法律关系发生、变更和消灭的事实,如合同签订、履行的事实,违约的事实,侵权损害结果发生的事实,以及当事人之间因民事权利义务的享有、履行发生争议、解决纷争和诉诸人民法院的事实。后者是当事人主张的诉讼程序事实,一般不涉及实体法问题,但可以影响民事诉讼程序的开启、推进和终止,间接地对审判结果产生影响，主要包括当事人主张的程序法事实和法院依职权查明的程序法事实。其中，当事人主张的程序法事实主要有仲裁协议、管辖权协议、管辖异议的事实等，法院依职权查明的程序法事实包括当事人是否适格、法院是否具有管辖权等。值得注意的是，在适用外国法律法规和其他地方性法规、习惯时，这些法律、法规和习惯均可能成为证明对象。

我国《民事诉讼法》及其司法解释规定了一系列无须用证据证明的免证事实：一是自认的事实，即一方当事人在审判中承认对方当事人所主张的事实为真实，这是辩论主义和处分原则的产物，也体现了审判经济的原则。二是众所周知的事实、自然规律及定理。法官作为一定区域的成员，当然了解该区域内一般人都知悉的事实，当事人没有必要再通过证明的方式来说服法官。自然规律和定理的正确性和可靠性已经得到科学证明，无须当事人证明。三是推定的事实。推定就是根据法律规定或者经验法则，从已经存在的事实推断出的另一假定的事实，推定可以免除主张推定事实的当事人的证明责任，但审判中允许当事人进行反驳，提出相反的证据推翻推定事实。四是预决的事实，即已为生效裁判确定的事实。对于主张预决事实的当事人，对该事实不再承担证明责任，但需要证明该事实已为生效裁判所确认，对方当事人有权提供证据推翻预决事实。

3. 行政审判的证明对象

基于每个行业的行政案件具有相异的证明对象，且被诉具体行政行为存在行政处罚、行政许可、行政合同等多种样态，每一种具体行政行为的证明对象也存在一定差异。从我国法律规定来看，行政审判证明对象包括被诉行政行为合法性与合理性相关的事实、与行政赔偿构成要件相关的事实和行政诉讼程序事实等。

（1）被诉行政行为合法性与合理性相关的事实。被诉行政行为合法性与合理性相关的事实由被诉具体行政行为合法性与合理性相关的事实和被诉抽象行政行为合法性与合理性相关的事实两个部分构成。前者主要包括被告行政机关的行政主体资格和权限、原告是否实施了被处罚行为或者是否符合法定条件、被诉具体行政行为是否符合法定程序、被告作出被诉具体行政行为时是否有正当目的，以及被诉具体行政行为的处理与案件的事实、情节和性质是否相适应等内容构成。后者基于行政法规和规章以外的抽象行政行为可能成为行政诉讼的审查对象，与其合法性相关的事实也就成为一般行政诉讼的证明对象，具体包括作出抽象行政行为的行政机关是否具有实施该抽象行政行为的行政职权、实施抽象行政行为的程序是否合法，以及抽象行政行为的适用范围和效力情况等事实。

（2）行政赔偿构成要件相关的事实。行政赔偿构成要件相关的事实具体包括侵权行为是否由作为被告的行政机关及其工作人员实施、侵权行为是否是行政机关及其工作人员在行使行政职权过程中实施、侵权行为是否违法，包括对程序法和行政法、民法等实体法的违反，侵权行为是否给原告造成人身权或者财产权的损害及其损害后果，以及侵权行为与损害之间是否具有直接的因果关系五个事实，对于原告提起行政赔偿请求的，人民法院应当查清赔偿义务机关作出处理的情况。

(3)行政诉讼程序事实。行政诉讼程序事实包括当事人资格的事实、法院主管与管辖的事实、有关审判组织的事实、采取排除妨害行政诉讼强制措施的事实、诉讼期间的事实、被告及其诉讼代理人是否在诉讼中自行向原告和证人取证的事实，以及行政诉讼执行程序是否合法的事实等。

4. 行政执法的证明对象

行政执法证明对象是行政法律关系主体在行政程序中需要运用证据证明的特定事实。从性质上来看，行政执法证明对象与民事审判证明对象相同，分为实体性事实和程序性事实。前者是实体法规定的，涉及定性处理和当事人实体权利义务的事实。它主要包括有关当事人与执法活动有关主体事实的信息，如自然人的姓名、年龄、性别、身份、责任能力等；有关主体是否实施了法律肯定或否定的行为，如何实施的时间、地点、手段、方式、过程等事实；有关主体实施的行为是否造成了结果，结果如何，是否给社会带来了重大利益；以及行为与结果之间的因果关系。后者是程序法规定的，有关当事人程序性权利义务的事实。在行政诉讼和行政复议程序中，程序性事实主要是具体行政行为是否违反了法定程序。而在行政执法程序中，由于认定事实的主体是行政主体，通常情况下，行政主体无须证明自己遵守了法定程序。因此，程序性事实主要是行政相对人参与行政执法程序的事实，主要包括有关管辖权的事实、有关程序形式的事实、有关程序步骤的事实，以及有关程序时限的事实。

实际上，并非所有的事实都需要证据证明。从节约资源、提高执法效率的角度考虑，对众所周知的事实或者根据日常生活经验法则推定的事实、自然规律及定理、按照法律规定推定的事实、已经依法证明的事实，除了当事人有相反证据足以推翻外，一般来说无须证明，执法者可以直接认定。

(三) 证明责任

证明责任概念的界定见仁见智，我国学者把它归结为行为责任说、结果责任说和双重含义说三种观点，其中，双重含义说得到学界的认同，但具体表述仍存在差异。一般意义来说，证明责任是指当事人提供证据证明其主张的纠纷事实的责任。由此可见，证明责任是针对他向证明，主要表现在审判阶段，与事实主张相关联的一种程序法上的义务。它包括提供证据的行为责任、说服事实裁判者的行为责任和承担不利后果的责任三个方面。依照法律规定承担举证责任的一方当事人如果不能提供证据证明其诉讼主张,将承担不利的审判后果。"谁主张,谁证明"是审判活动中证明责任分配的一般原理,要求提出主张者对于自己的诉求提供充足的证据证明,否则,其主张将不被人民法院承认和接受。在"谁主张,谁证明"这一基本原理之上,基于纠纷的性质和内容不同,法律对刑事案件、民事案件和行政案件的证明责任分别作出不同规定。

1. 刑事审判的证明责任

刑事案件中的证明是公安机关、检察机关、人民法院和有关当事人查清、阐明和确定案件事实的诉讼活动。证明活动是一项复杂的诉讼活动,它包括收集证据、审查判断证据、推定与认定案件事实等内容。刑事诉讼任务的完成有赖于证明活动的完成。

(1)一般规则

无罪推定原则是解决刑事证明责任分配或者分担的首要原则,它贯穿于刑事审判始终。基于一定价值取向而规定的不可反驳的立法推定,控方承担证明责任。按照我国《刑事诉讼法》第 51 条"公诉案件中被告人有罪的举证责任由人民检察院承担,自诉案件中被告人有罪的举证责任由自诉人承担"的规定,公诉机关对公诉案件承担证明责任。在公诉案件中,人民检察院作为国家的公诉机关,代表国家行使对犯罪的控诉权,指控被告人犯罪及其罪行轻重、刑事责任大小,请求人民法院对被告人定罪量刑。人民检察院作为公诉人承担控诉职能,当然必须同时承担证明被告人有罪的证明责任,这是理所当然的。如果公诉机关提不出证据证明被告人构成犯罪,或者公诉人提供的证据达不到认定被告人犯罪的确实、充分的证明标准,人民法院将作出证据不足、指控的犯罪不能成立的无罪判决。自诉人对其提起自诉案件承担证明责任。自诉人是自诉案件的原告人,他对于提起自诉的案件,有责任提供证据予以证明,自诉人提起自诉的案件主要事实不清,或者没有足够的证据,法院则不会受理。法院受理案件后,经审查证据不足,可以要求自诉人提出补充证据。对自诉人提不出补充证据,法院有权说服自诉人撤回自诉,或者裁定驳回自诉。

(2)特殊规则

从举证便利和诉讼效率的角度出发,在特殊情况下,证明责任也可以向辩方转移。在公诉案件中,对辩方提出积极意义的具体事实主张时,通常包括被告人责任能力的事实主张,如被告人有精神病或者在案件发生时处于精神不正常状态,被告人在案发时未达到法定刑事责任年龄等;被告人行为合法性或者正当性事实主张,如被告人的行为属于正当防卫、紧急避险;侦查人员或执法人员行为违法性的事实主张,如被告人实施被指控的犯罪行为是公安人员的侦查陷阱，审讯人员实施刑讯逼供；被告人根本不可能实施指控犯罪行为的事实主张，如被告人不在犯罪现场，被告人不可能实施犯罪行为，证明责任转移到辩方。辩方的证明标准无须达至证据确实充分或者排除合理怀疑，类似于英美法系国家在民事诉讼中使用的优势证明标准。辩方完成举证后，证明责任又转移到控方。对于辩方消极否认控方的事实主张，无须承担证明责任。在自诉案件中，证明责任的转移是一种常态，对辩方提出具体的积极事实主张反驳自诉人的指控时，证明责任便转移至辩方，辩方提供充分证据证明其事实主张后，证明责任又回到自诉人一方。

在特殊情况下，法律规定由辩方或者主张具体事实的相对方承担证明责任。最为常见的有巨额财产来源不明犯罪、非法持有型犯罪以及刑讯逼供犯罪。在英美法系国家，诸如存在于食品销售、房屋登记、使用假的或者易混淆的商业说明等问题的管理性法规中的犯罪，以及道路交通法规中的许多犯罪和某些财政金融法规条款中的犯罪，被认为适用严格责任犯罪的证明责任。从本质上来看，证明责任倒置与转移同“谁主张，谁举证”原则不一致，且证明责任倒置的证明标准高于证明责任的转移。

2. 民事审判的证明责任

(1)一般法则

我国《民事诉讼法》第64条第1款规定，当事人对自己提出的主张，有责任提供证据。最高人民法院《关于适用〈中华人民共和国民事诉讼法〉的解释》第90条、第91条进一步规定，当事人对自己提出的诉讼请求所依据的事实或者反驳对方诉讼请求所依据的事实，应当提供证据加以证明，但法律另有规定的除外。在作出判决前，当事人未能提供证据或者证据不足以证明其事实主张的，由负有举证证明责任的当事人承担不利的后果。人民法院应当依照下列原则确定举证证明责任的承担，但法律另有规定的除外：主张法律关系存在的当事人，应当对产生该法律关系的基本事实承担举证证明责任；主张法律关系变更、消灭或者权利受到妨害的当事人，应当对该法律关系变更、消灭或者权利受到妨害的基本事实承担举证证明责任。

(2)特殊规则

一般来说，提出证据的行为责任可以频繁发生转移，而结果责任则始终固定一方当事人。

在现代社会中，由“谁主张，谁证明”这一基本标准来分配证明责任，已不能适应社会生活和审判实际需要。在高风险、高技术领域发生的民事案件，按照“谁主张，谁证明”的一般规则，很难兼顾双方当事人之间的实质公平，在倾向于追求实质正义和保护弱者的现代民事审判理念的指引下，证明责任倒置原则应运而生。证明责任倒置，又称为证明责任转换，是指一方当事人对于自己提出的有利于己方的案件事实，不承担提供证据予以证明的责任，而由对方当事人承担提供证据证明该事实不存在或者虚假的责任，对方当事人不能证伪该事实，则法院认定这个事实为真实存在的事实。证明责任倒置一般应当在法律有明文规定的情形下才可以适用，主要适用于侵权领域，尤其是医疗事故和产品责任领域。

最高人民法院《关于民事诉讼证据的若干规定》第 4 条就一些侵权案件的证明责任分配作出特别规定，例如，因新产品制造方法发明专利引起的专利侵权诉讼，由制造同样产品的单位或者个人对其产品制造方法不同于专利方法承担举证责任；因环境污染引起的损害赔偿诉讼，由加害人就法律规定的免责事由及其行为与损害结果之间不存在因果关系承担举证责任；建筑物或者其他设施以及建筑物上的搁置物、悬挂物发生倒塌、脱落、坠落致人损害的侵权诉讼，由所有人或者管理人对其无过错承担举证责任；因共同危险行为致人损害的侵权诉讼，由实施危险行为的人就其行为与损害结果之间不存在因果关系承担举证责任；因医疗行为引起的侵权诉讼，由医疗机构就医疗行为与损害结果之间不存在因果关系及不存在医疗过错承担举证责任。

最高人民法院《关于适用〈中华人民共和国民事诉讼法〉的解释》第 105 条规定，人民法院应当按照法定程序，全面、客观地审核证据，依照法律规定，运用逻辑推理和日常生活经验法则，对证据有无证明力和证明力大小进行判断，并公开判断的理由和结果。这实际赋予了法官在没有法律明文规定的情形下，对于证明责任的分配具有自由裁量权。由于这一规定较为概括和抽象，一旦适用，往往会引起争议，在审判实务中，法官很少适用，只有在如果不适用这一规定，案件就无法作出判决的极其特殊的案件中，才不得已审慎适用。

3. 行政审判的证明责任

(1)分配原则

在行政审判中，遵循“谁主张，谁举证”原则和公平原则，要求证明责任的分配结果与当事人的权利义务相一致，同当事人的举证能力相适应。

(2)分配规则

我国《行政诉讼法》第 34 条规定，被告对作出的行政行为负有举证责任，应当提供作出该行政行为的证据和所依据的规范性文件。被告不提供或者无正当理由逾期提供证据，视为没有相应证据。但是，被诉行政行为涉及第三人合法权益，第三人提供证据的除外。被告对其作出的具体行政行为负有证明责任，是“谁主张，谁举证”的一般证明责任原则在行政审判中的特殊体现。

在行政争议中，无论是被告所实施的行政行为的合法性，还是原告行为的违法均是被告的主张,被告之所以要给予原告行政处罚,对原告采取强制措施,或拒发许可证、执照等,通常都是认为原告行为违法或不合法,为此,它就应当提供证据证明原告行为违法或不合法。对被告不能提供证据证明其主张,法院则推定原告行为合法,原告无须为自己的行为合法提供证据加以证明。被告证明了原告行为违法或不合法,并不等于证明了其行政行为合法,被告还应当进一步提供其行政行为合法的证据。被告不能提供充分确凿的证据证明自己的行为合法,法院就推定被告的行为违法,原告无须为被告的行为违法承担证明责任。只有被告已提供充分确凿的证据证明其行为合法后,原告还主张被告行为违法,例如,提出被告滥用职权,侵犯其合法权益,这时才应由原告承担证明责任,原告不能证明自己的主张,就要承担不利的法律后果。

对起诉超过诉讼时效的事实,由被告承担证明责任。最高人民法院《关于行政诉讼证据若干问题的规定》第 4 条第 3 款规定,被告认为原告起诉超过法定期限的,由被告承担举证责任。

对起诉行政不作为的案件中,对提出申请的事实由原告承担证明责任。我国《行政诉讼法》第 38 条第 1 款规定,在起诉被告不履行法定职责的案件中,原告应当提供其向被告提出申请的证据,但由被告应当依职权主动履行法定职责的和原告因正当理由不能提供证据的情形除外。

在行政赔偿案件中,对具体行政行为造成损害的事实由原告承担证明责任。我国《行政诉讼法》第 38 条第 2 款规定,在行政赔偿、补偿的案件中,原告应当对行政行为造成的损害提供证据。因被告的原因导致原告无法举证的,由被告承担举证责任。行政赔偿诉讼与行政诉讼明显不同之处在于,举证责任通常由原告承担而不是由被告承担。最高人民法院《关于适用〈中华人民共和国行政诉讼法〉的解释》第 47 条规定,根据《行政诉讼法》第 38 条第 2 款的规定,在行政赔偿、补偿案件中,因被告的原因导致原告无法就损害情况举证的,应当由被告就该损害情况承担举证责任。对于各方主张损失的价值无法认定的,应当由负有举证责任的一方当事人申请鉴定,但法律、法规、规章规定行政机关在作出行政行为时依法应当评估或者鉴定的除外;负有举证责任的当事人拒绝申请鉴定的,由其承担不利的法律后果。当事人的损失因客观原因无法鉴定的,人民法院应当结合当事人的主张和在案证据,遵循法官职业道德,运用逻辑推理和生活经验、生活常识等,酌情确定赔偿数额。

4. 行政执法的证明责任

从总体上来说"谁主张,谁举证",是行政执法举证责任分配的基本原则。具体到行政程序,在依职权的行政行为中,总体上来说,行政主体负证明责任;在依申请的行政行为中,通常由申请人承担证明责任。

在行政处罚程序中，我国采取职权主义原则，由行政主体依职权主动作出。原则上来说，行政主体应当收集并证明当事人存在违法行为并依法应当受到处罚，否则就不能对当事人作出处罚。在一般情况下，行政相对人不承担证明责任。这是“无罪推定”原则在行政法领域的要求和体现。然而，在一些特定的违法行为中，如果由行政主体承担全部证明责任，将会大大增加行政成本。在此种情况下，行政主体只需证明基本事实就完成了证明责任，也就可以推定行政相对人实施了违法行为。对行政相对人有反对意见，则应当由其就反对意见承担证明责任。例如，根据《道路交通安全法》的规定，在非现场处罚程序中，道路交通管理机关可以根据电子监控设施记录的违法行为，对存在道路交通违法行为的机动车车主进行处罚。机动车车主如果主张发生道路交通违法时，不是本人驾驶的机动车，则其应当承担举证责任。对其无法证明发生道路交通违法行为时不是本人驾驶机动车，则应当接受处罚。行政相对人承担证明责任的例外情况主要是阻却违法行为及其处罚的事由。例如，不作为（不履行法定义务）违法行为中，行政主体只要证明行政相对人存在不作为的情形即可，行政相对人则需要承担不作为（不履行法定义务）是出于法定事由或者合理事由的证明责任。在持有型违法行为中，如非法持有违禁品，行政主体只要证明其持有的物品属于违禁品即可，而行政相对人则需要承担证明其持有违禁品属于合法的责任。另外，在行政处罚程序中，除非法律有明确的规定，行政主体一般无须对行政相对人的主观过错承担证明责任，而是根据行政相对人的违法行为推定其存在主观过错。对行政相对人提出其主观上没有过错，则其需要对没有主观过错承担证明责任。需要说明的是，行政处罚程序中行政相对人承担证明责任只能是行政主体完成证明责任之后的推进责任，绝不能把证明自己没有违法行为或者不应当受处罚的责任从一开始就推给行政相对人，这是现代法治所不允许的。

在行政许可程序中，行政许可程序因当事人的申请而发动，因此，行政许可程序中的证明责任原则上首先由申请人提供证据证明其申请符合法定条件，否则就无法取得许可。当然，行政主体需要承担不批准的证明责任。特别是在竞争性许可或者有名额限制的许可程序中，行政主体必须对不批准当事人许可申请说明充足理由。

在行政裁决程序中，行政裁决行为尽管也属于依申请的行政行为，但行政裁决行为不同于行政许可行为。行政许可法律关系是双方关系，即只有行政主体和许可申请人；而行政裁决法律关系则是三方或者多方关系，即行政主体居间裁定两方或者多方当事人争议的行为。行政主体的地位类似于法院在民事诉讼中的地位，一般不承担证明责任。行政裁决的证明责任一般按照“谁主张，谁举证”的原则，由当事人承担。当然，对法律规定行政主体可以调查取证的情形，行政主体在法定范围内承担证明责任。

(四)证明标准

1. 概念界定

证明标准是指承担证明责任的一方当事人运用证据成功证明待证事实所需要达到的程度,当证明达到证明标准时,法律适用主体应当认定待证事实,将其作为判定依据。反之,则应当认定待证事实不存在或者真伪不明。从这种意义上说,证明标准是一种客观标准。

2. 证明标准的确定依据

在英美法系国家,证明标准通常刑民有别且呈现多元化特征,美国的证明标准由实体法规定,采用排除合理怀疑、明晰可信和证据优势标准。英国刑事诉讼中证实被告人有罪,应当达到超出合理怀疑的标准,而民事诉讼应当达到盖然性占优势的标准。大陆法系国家的证明标准可以概括为内心确信,但根据不同的证明对象明确各异的证明标准。如德国证据法上的证明标准为信服、释明和表面证明。其中,信服是指法官对当事人主张的案件事实的完全确信,是法院的实体裁判标准;释明是指法官确信当事人主张的事实具有相当的可能性,是程序裁定标准;表面证明因民事诉讼和刑事诉讼不同,是初步认定的标准。在民事诉讼中,表面证明是对证明责任的分配规则的修正,只是根据一般生活经验则可认定哪一方当事人有过错;在刑事诉讼中,表面证明的适用限于证据审查判断之范围,通过经验法则警示法官注意其他可能性。日本的证明活动适用确信标准,一般来说,刑事诉讼证明标准高于民事诉讼,且释明活动适用率低于确信标准。

长期以来,我国三大诉讼法对证明标准的规定,采用的是一元化的证明标准,统一规定为"案件事实清楚,证据确实、充分"。之所以采用这种一体化的证明标准,主要原因在于我国的司法制度特别重视对于实体正义的追求,从认识论出发,认为物质世界是客观的,可认知的,案件发生后必然会留下这样或那样的证据材料,只要依法正确收集和审查判断证据,则可对案件事实作出较为符合客观实际的认定。因此,在立法上未根据案件性质对证明标准进行区分。事实上,刑事诉讼涉及被告人的声誉、人身自由以及生命等基本人身权利,一旦发生错误,往往难以补救。民事诉讼解决的主要是民事主体之间的人身或财产纠纷,错判、误判发生在民事审判中,相对于刑事案件更能得到补救。因此,民事案件的证明标准应当低于刑事案件的证明标准。不同证明主体在证据收集方面的能力差异也要求实行不同的证明标准。与民事案件的证据收集相比较,在刑事审判和行政审判中,公安机关、检察机关以及行政机关和其工作人员在调查收集证据方面拥有强大的政治、社会、法律、人力、财力、技术资源,证据收集能力更强，与此相适应，刑事案件、行政案件中的证明标准一般应当高于仅靠当事人个人收集证据的民事案件的证明标准。不同性质的审判对案件事实有着不同要求，也决定了有必要采用不同的证明标准。刑事审判和行政审判因为更多地牵涉人的基本权利和国家、社会的公共利益，对案件事实的要求往往比较高。而民事审判是为解决私人权益纠纷，根据当事人意思自治的基本原则，在有些情况下只要能够妥善解决纠纷，即使案件事实尚未完全查清，也是可以接受的。在刑事审判中，为了保障被告人的基本人权，需要坚持无罪推定，如果只有被告人的供述而没有其他证据，就不能认定被告人有罪。民事审判中不涉及国家利益和社会公共利益，对于当事人的自认，法院则是可以接受的。

我国学界认为，证明标准有客观真实说、主观真实说和法律真实说三种学说。客观真实说源于大陆法系国家的实质真实，在诉讼中，司法工作人员运用证据所认定的案件事实符合案件发生的客观真实情况，查明案件事实真相，主观符合客观的真实。主观真实说主张，案件事实的认定是主观思维的过程，判决所依据的事实只是法官主观上确认的事实。法律真实说认为，案件认定的事实应当符合实体法和程序法的有关规定，应达到从法律角度可以确认的真实。考虑到三大审判的诉讼性质上差异性，我国法律对证明标准的规定也有所不同。

3. 刑事审判的证明标准

我国《刑事诉讼法》第 55 条规定，对一切案件的判处都要重证据，重调查研究，不轻信口供。只有被告人供述，没有其他证据的，不能认定被告人有罪和处以刑罚；没有被告人供述，证据确实、充分的，可以认定被告人有罪和处以刑罚。证据确实、充分，应当符合以下条件：定罪量刑的事实都有证据证明；据以定案的证据均经法定程序查证属实；综合全案证据，对所认定事实已排除合理怀疑。也就是说，对被告人犯罪事实的认定，要求控方提供的证据达到确实、充分的程度。具言之，是指定罪量刑的事实都有证据予以证明；每一个据以定案的证据均已经法定程序查证属实；证据与证据之间、证据与案件事实之间不存在矛盾或者矛盾得到合理排除；根据证据认定案件事实的过程符合逻辑和经验规则，得出的结论是唯一的，排除了其他可能性。这四点必须同时具备，才能认为证据已达到确实、充分的程度。这个标准在理论上被概括为排除合理怀疑标准，要控方证明被告人确定无疑就是实施了犯罪行为的人，不存在任何其他可能，如果根据事实和证据，不能排除被告人没有实施犯罪的可能性，就不能认定被告人犯罪。

4. 民事审判的证明标准

最高人民法院《关于适用〈中华人民共和国民事诉讼法〉的解释》第 108 条和第

109 条规定,对负有举证证明责任的当事人提供的证据,人民法院经审查并结合相关事实,确信待证事实的存在具有高度可能性的,应当认定该事实存在。对一方当事人为反驳负有举证证明责任的当事人所主张事实而提供的证据,人民法院经审查并结合相关事实,认为待证事实真伪不明的,应当认定该事实不存在。法律对于待证事实所应达到的证明标准另有规定的,从其规定。当事人对欺诈、胁迫、恶意串通事实的证明,以及对口头遗嘱或者赠与事实的证明,人民法院确信该待证事实存在的可能性能够排除合理怀疑的,应当认定该事实存在。由此可见,我国民事审判确立"高度可能性"+"排除合理怀疑"的证明标准,即对负有举证证明责任的当事人提供的证据,法院经审查并结合相关事实,确信待证事实的存在具有高度可能性的,应当认定该事实存在。对一方当事人为反驳负有举证证明责任的当事人所主张事实而提供的证据,法院经审查并结合相关事实,认为待证事实真伪不明的,应当认定该事实不存在。当事人对欺诈、胁迫、恶意串通事实的证明,以及对口头遗嘱或者赠与事实的证明,人民法院确信该待证事实存在的可能性能够排除合理怀疑的,应当认定该事实存在。

5. 行政审判的证明标准

我国《行政诉讼法》未对证明标准作出明确规定,但从该法第 5 条"人民法院审理行政案件,以事实为根据,以法律为准绳",第 69 条"行政行为证据确凿,适用法律、法规正确",第 89 条"原判决、裁定认定事实清楚,适用法律、法规正确的"表述来看,证据确实充分可以被看作行政诉讼案件的证明标准,但无法满足实践发展之客观需要。基于案件的性质、行政法律关系的特殊性和举证责任的特殊性的考虑,根据行政案件所涉及的权益大小和所适用的程序繁简,通说认为,可以考虑行政案件采取多元性的行政审判证明标准:以清楚和具有说服力的证明标准为原则,以优势证明标准和排除合理怀疑证明标准为补充。对涉及财产权或者人身权纷争的行政裁决案件适用优势证明标准,对拘留、责令停产停业和吊销执照等限制人身或者依听证程序作出的其他行政案件,适用排除合理怀疑的证明标准。

6. 行政执法的证明标准

相对于刑事诉讼、行政诉讼和民事诉讼证明标准来说,行政执法证明标准是行政程序中证明主体提出证据证明特定事实需要达到的要求,也是行政主体认定特定事实的标准。它具有三个显著特点:一是行政证明标准与行政诉讼证明标准具有一致性。二是行政证明标准的中间性。从各国法律规定看,刑事案件由于涉及对被告人的定罪处罚,所要求的证明标准最高,一般采取"排除一切合理怀疑"的证明标准;而民事案件一般采取"优势证据"证明标准。行政证明标准一般是介于二者之间的一种标准。三是行政证明标准的多元性。不同类型的行政行为涉及的权益大小、程序适用的繁简程度，以及证明对象和证明主体不尽相同，因此证明标准不能以一划之。

行政处罚是对违法行为的一种制裁。对违法行为的制裁基本上分为行政处罚和刑事处罚。一般违法行为与犯罪行为在违法性和危害性上具有同质性，只是严重程度不同；同样地，行政处罚与刑法在处罚性上是一致的，只是严厉程度不同。因此，行政处罚案件在总体上应当适用与刑事案件一致的证明标准，即排除合理怀疑标准，至少应当是接近排除合理怀疑的标准。当然，排除合理怀疑标准的认定因案而异，对一些事实清楚、简单的案件，易于排除合理怀疑；而对案情重大、复杂的案件，排除合理怀疑的标准随之提高。例如，在适用简易程序的当场处罚中，由于执法人员一般目睹了案件事实，很容易形成内心确信，而且许多违法行为具有即时性，收集、固定证据比较困难、成本较高，而当场处罚又比较轻微，对当事人权益影响不大，证明标准比较低。一般来说，当场处罚可以没有证据材料，执法人员只要不滥用职权，则可以直接认定事实。因此，有人将当场处罚的证明标准称为"排除滥用职权标准"，而在确定执法人员是否滥用职权时，仅需要优势证据标准即可。

在行政许可的案件中，证明标准是许可申请人提供符合许可条件所应达到的证据要求，也是行政许可机关对申请人的审查标准。一般来说，对于没有名额限制，且许可机关只需要进行形式审查的行政许可，申请人只需要做到申请材料齐全、符合法定形式即可。对没有相反证据证明材料不真实，行政机关就会作出许可决定。这类许可的标准比较低，可以适用"优势证据标准"。对有名额限制或者法律规定许可机关需要进行实质性审查的行政许可，申请人不仅要做到申请材料齐全、符合法定形式，而且要证明申请材料反映的事实真实可靠，或者比其他申请人有更好的优势。这类许可应当适用"清楚而有说服力"的证明标准。行政登记一般只作形式审查，因此适用"优势证据标准"。

行政强制分为行政强制措施和行政强制执行。行政强制措施在时间上一般都有紧迫性，特别是突发事件应对措施和调查取证措施，对拖延时间将会给社会公共利益带来损害、给执法办案带来被动，证明标准不能过高；对一些紧急措施，比如警察为追捕犯罪嫌疑人而临时征用公民的交通工具，只需要表明身份即可。对于非紧急情况，只要有合理根据即可。行政强制执行的依据是已生效的行政决定，只要其他人对生效的行政决定和没有履行的事实提出异议，执行机关则可依法强制执行，因此，行政强制执行达到"优势证明标准"即可。

在行政裁决的案件中，行政裁决一般是行政机关对双方当事人民事权益争议进行裁决，是一种行政司法行为，应当适用民事诉讼的"优势证明标准"。

三、法律规范的发现

（一）概念界定

为了区分整体意义上的法律规范与其他规范体系，西方的分析实证主义法学，从奥斯汀的“主权者的命令”，经哈特的“主要规则与次要规则的结合”、凯尔森的“客观的法令，由此特定的行为被指令、容许或者授权”、拉兹的“法律体系论”、科尔曼的“原则的实践论”，到德沃金的“法律整体论”，历经二百余年的法律原则与法律规则的论战从未停止过。其主要原因在于，对法律规范的本质属性难以描述和揭示，以及所揭示规范实质内容的途径难以界定法律规范的属概念。在我国，通说认为，法律规范是指由国家制定或认可，并由国家强制力保障实施的具有一般约束力的行为规范。

（二）构成要素

关于法律规范的构成要素，域外有两种代表性观点：一种观点是法律适用角度的构成要素说。该观点认为，一个完整独立的法律规范由构成要件、法律效果和把法律效果归入构成要件所组成，是从法律适用角度对法律规范的结构、功能作出评价。从实质上说，把法律规范结构看作具有法律适用功能构成的最小的独立单位。另一种观点是概念分析层面的构成要素说。该观点认为，作为一种规范类型具有性质、内容、适用条件、设立权威、规范对象和时机六个要素，其中，性质、内容和适用条件是规范要素的核心，另外还有颁布和制裁两个要素虽然属于每个规定，但与上述六个要素并不等同。

我国学者提出假定、处理与制裁说，行为模式与法律效果说和其他三要素说三种观点。其中，假定、处理与制裁说是20世纪50年代从苏联法学中移植而来的传统的三要素说，认为：假定是规范发生作用的必要前提，即法律规范生效或适用的情况和条件；处理是规范的具体规定，指明在假定条件下，可以、应当或者禁止如何行为；制裁是对违反法律规定，国家所采取的惩罚性的或者恢复补救性的强制措施。行为模式与法律效果说认为，在逻辑结构上，法律规范由行为模式和法律后果两部分构成。前者从大量实际行为抽象出来作为行为的理论概括、基本框架或标准，归结为可以、应该和不得三种类型。后者是指法律对具有法律意义的行为赋予某种结果，可分为肯定性和否定性两种。肯定性是指法律认可并给予保护、奖励的合法、有效的行为，否定性是法律不予认可并加以撤销和制裁的行为。其他三要素说认为，规则是指具体规定的权利和义务，以及具体法律后果的准则，或者说是对一个事实状态赋予一种确定的具体后果的各种指示和规定。规则是由假定、行为模式和法律后果三部分构成的逻辑结构，假定是法律规范不可或缺的要素，该学说得到德国主流观点的支持。

有学者将该学说的三要素改为条件预设、行为导向和处置措施三个方面。其中，条件预设是法律规则所适用的时间、空间、主体和客体等条件，行为导向涵盖放任性、倡导性、必行性和禁止性四种，处置措施分为肯定性与否定性，或者明示和隐示两种。

上述观点从逻辑角度探求法律规范的构成要素，均认为法律规范的核心要素是权利义务的规定，且法律后果是法律规范的必要的逻辑结构。为此，我们认为法律规范的构成要素由适用条件、行为模式和法律评价三部分构成：在适用条件方面，适用条件是法律规范中涉及适用该规范的条件和情况的部分，即法律规范在何时、何地、对何人适用，以及在何情境下发生作用。实践中，法律规范的适用条件或单列法律条文的一部分，这是法律规范适用条件的常态情形；或包含于行为模式的叙述中。在一些法律规范中并未直接把适用条件表达出来，并非意味没有该部分，虽未明确叙述但被包含在行为模式中。或者，一部分被单列出来，另一部分包含在行为模式中。

在行为模式方面，行为模式是法律规范中规定主体如何具体行为的方式或标准部分，它是从法律的角度在主体大量行为中总结、归纳、概括、抽象出来的行为要求。它是法律规范的核心部分，从行为的内容和性质来看，法律规范中行为分为可为、应为和禁止三种形态。(1)可为形态。行为主体作出的行为，完全由主体根据法律规定和自身需要作出决定。既不得强令主体应当作出一定行为，也不禁止主体不得作出一定行为。在可为的形态下，主体具有决定自己如何行为的权利和要求他人行为或者不怎样行为的权利；尽管某些行为由法律主体自己选择，但是法律出于一种弘扬或者鼓励社会公德的角度，通过法律倡导具有高尚行为的人。(2)应为形态。应为形态是根据法律规定，行为主体应当或者必须作出一定行为，而不能对该种行为要求自我取舍。在应为形态下，主体在法定条件下必须作出某种行为，否则将会由国家强制力予以强制。除作为性义务外，法定权利规范和责任规范也是命令性规范，属于应为形态的范畴。应为行为或义务既可以是法定的，也可以是约定的。法定的义务在法律上具有强制力，必须有法律的明定，约定的义务一般是合同上的约定。(3)禁止形态。禁止形态是指根据法律规定，行为主体禁止或者不得作出某种行为。在法律规范中，凡是出现不得、禁止、严禁等句式，即为禁止性形态，它指向的是国家和社会难以容忍的行为。

在法律评价方面，法律评价是指法律规范主体在履行或者违反行为模式的要求时所承担的结果部分，是法律对人们具有法律意义的行为所持的态度。法律规范中法律评价与行为模式相适应，有什么样的行为模式即有相应的法律评价。从主体的行为是否合法的角度来看，法律评价分为肯定性(合法性)和否定性(违法性)两种。在肯定性评价中，法律规范中规定主体按照行为模式要求行为而在法律上予以肯定的评价,主要是法律规则对人们行为的保护、许可或奖励。无论权利人是否行使该权利,只要未违反法律禁止规定,均属于合法行为,法律只能对其作出肯定性法律评价。否定性法律评价是指法律规范中规定主体不按照行为模式的要求而在法律上予以否定的评价,是为法律规则对人们行为的制裁、不予保护、撤销、停止或者要求恢复、补偿等。在立法实践中,采取明示和隐示的方式进行法律评价。明示的法律评价是指在法律规范中直接对主体及其行为的法律评价予以明示。通常来说,只有在对主体的行为作出奖励或者制裁的法律评价时,法律规范才明示地规定具体的法律评价方式。隐示法律评价则是法律规范并不明确固定法律评价的内容,而是将其通过推理或者常识予以评价。在立法中,通常对于权利行使的法律评价采取隐示的方式予以处理。

(三)规范位阶

1. 概念界定

法律位阶理论率先由奥地利法学家梅尔克提出,经凯尔森继承和发展,之后科殷、拉伦茨和弗里德曼等均对法律位阶有过经典论述,即并非一切的法律规范均处于同一位阶,高位阶法决定着低位阶法的内容,并控制低位阶法及其效力。因此,法律规范的位阶是指法律规范的效力等级,效力等级高的是上位法,效力等级低的是下位法。

我国《立法法》第 87 ~ 94 条规定,宪法具有最高的法律效力,一切法律、行政法规、地方性法规、自治条例和单行条例、规章都不得同宪法相抵触。法律的效力高于行政法规、地方性法规、规章。行政法规的效力高于地方性法规、规章。地方性法规的效力高于本级和下级地方政府规章。省、自治区的人民政府制定的规章的效力高于本行政区域内的设区的市、自治州的人民政府制定的规章。自治条例和单行条例依法对法律、行政法规、地方性法规作变通规定的,在本自治地方适用自治条例和单行条例的规定。经济特区法规根据授权对法律、行政法规、地方性法规作变通规定的,在本经济特区适用经济特区法规的规定。部门规章之间、部门规章与地方政府规章之间具有同等效力,在各自的权限范围内施行。同一机关制定的法律、行政法规、地方性法规、自治条例和单行条例、规章,特别规定与一般规定不一致的,适用特别规定;新的规定与旧的规定不一致的,适用新的规定。法律、行政法规、地方性法规、自治条例和单行条例、规章不溯及既往,但为了更好地保护公民、法人和其他组织的权利和利益而作的特别规定除外。法律之间对同一事项的新的一般规定与旧的特别规定不一致,不能确定如何适用时,由全国人民代表大会常务委员会裁决。行政法规之间对同一事项的新的一般规定与旧的特别规定不一致,不能确定如何适用时,由国务院裁决。

2. 划分标准

关于法律规范位阶的划分标准，较有代表性的观点有立法主体和程序说，法的位阶和效力等级说，权力等级性、事项包容性和权力同质性说，以及实质标准和形式标准说四种学说。其中，立法主体和程序说认为，以立法主体的地位高低和立法程序的限制多少为划分法律规范位阶的标准，立法主体的地位越高，立法程序限制越严，法律规范位阶越高。法的位阶和效力等级说认为，法的位阶和效力等级决定于制定机关所代表的人民利益的层次和范围。直接表现为制定机关的地位和立法权的性质。因而以制定机关的地位和立法权的性质为标准来衡量某种法的位阶和效力等级，即法的效力等级原则上与制定机关地位是一致的。在一些特殊情况下，判断效力等级时，需要采取立法权性质的标准来衡量法的效力等级。权力等级性、事项包容性和权力同质性说认为，权力等级性、事项的包容性和权力的同质性是法律位阶划分的标准。其中，权力等级性是制定法律文件的权力机关的权力大小不同，所制定的法律文件效力等级不同；事项的包容性是指上下位阶关系的规范性法律文件，下位法所规定的内容已为上位法的内容所包含，下位法只是按照上位法确定的框架进行具体与细化的工作；权力同质性是指在法律位阶制度中，上级高于下级，并非因为拥有更高的政治地位，而是以权力之间的同质性为基础。实质标准和形式标准说认为，制定机关的地位是划分位阶的形式标准，行使合法性审查是划分位阶的实质标准。其中，合法性审查主要有上位法制定机关可以改变或撤销下位法，下位法报上位法制定机关批准才能生效等机制。

综合学界的观点，根据《立法法》的规定，我国法律规范位阶划分参考如下因素：

(1) 立法主体地位的高低。弗里德曼认为，效力更大并非指规则在道德方面更完美，只表明制定者在政府金字塔中处于更高地位。从一定意义来说，法律规范位阶的高低与立法主体的地位高低相一致。在我国，享有立法权的主体在地位上有高低之分。人民代表大会的地位高于作为其常设机构的人民代表大会常务委员会，人民代表大会及其常务委员会的地位高于作为其执行机关的同级人民政府，上级人民政府的地位高于下级人民政府等。这些地位上的差异即可作为法律规范位阶划分的参考因素。因此，宪法具有最高法律位阶，一切法律、行政法规、地方性法规、自治条例和单行条例、规章均不得同宪法相抵触。法律位阶高于行政法规、地方性法规和规章，行政法规的位阶高于地方性法规和规章，地方性法规的效力高于本级和下级地方政府规章，省、自治区的人民政府制定的规章的效力高于本行政区域内的较大的市的人民政府制定的规章，部门规章之间、部门规章与地方政府规章之间具有相同位阶，在各自的权限范围内施行，法律与法律解释具有相同位阶。

(2)层级性监督。按照《立法法》规定,全国人民代表大会有权改变或者撤销它的常务委员会制定的不适当的法律,有权撤销全国人民代表大会常务委员会批准的违背宪法和本法第75条第2款规定的自治条例和单行条例;全国人民代表大会常务委员会有权撤销同宪法和法律相抵触的行政法规,有权撤销同宪法、法律和行政法规相抵触的地方性法规,有权撤销省、自治区、直辖市的人民代表大会常务委员会批准的违背宪法和本法第75条第2款规定的自治条例和单行条例;国务院有权改变或者撤销不适当的部门规章和地方政府规章;省、自治区、直辖市的人民代表大会有权改变或者撤销它的常务委员会制定的和批准的不适当的地方性法规;地方人民代表大会常务委员会有权撤销本级人民政府制定的不适当的规章;省、自治区的人民政府有权改变或者撤销下一级人民政府制定的不适当的规章;授权机关有权撤销被授权机关制定的超越授权范围或者违背授权目的的法规,必要时可以撤销授权。这实际上表明的是上位法对下位法的层级性监督,可以作为法律规范位阶高低判断的重要参考因素。

(3)相抵触与不一致的立法情形。从《立法法》涉及的"不一致""相抵触"表述的规定中,可以发现在同位阶的法律规范之间,对"同一机关制定的新的一般规定与旧的特别规定不一致时,由制定机关裁决;地方性法规与部门规章之间对同一事项的规定不一致,不能确定如何适用时,由国务院提出意见,国务院认为应当适用地方性法规的,应当决定在该地方适用地方性法规的规定;认为应当适用部门规章的,应当提请全国人民代表大会常务委员会裁决;部门规章之间、部门规章与地方政府规章之间对同一事项的规定不一致时,由国务院裁决"规定中,《立法法》采用"不一致"的表述;对两个法律规范之间的关系时使用的表述方式是"相抵触",则可考虑两者是上下位阶关系。

(4)效力的单向优先性。梅克认为,两个规范之间存在冲突,其中一个规范可以否定另一个规范的效力,则这两个规范就存在位阶的高低。根据这种理解,结合我国《立法法》的规定,具有单向性效力等级高低的规范之间具有上下位阶,对于这些规范可以直接按照上位法高于下位法的原则予以适用。而具有双向性效力优先的规范,属于同位规范。对于他们之间的冲突,上位法优于下位法的规则无法发挥作用,需要借助诸如裁决机制、变通法优于被变通法的规则、特别法优于普通法的规则和新法优于旧法的规则等机制予以适用。

(四)法律规范的分类

1.权利性规范、义务性规范与复合性规范

权利性规范是指规定主体可以为或者不为一定行为,以及要求他人为或者不为

一定行为的法律规范。

义务性规范是指主体必须为或者不为一定的法律规范。可细分为命令性规范和禁止性规范两类,作为义务由命令性规范设定,不作为义务由禁止性规范设定。

复合性规范是具备权利规范和义务规范性质的规范,是权利义务规范的集合。

2. 强制性规范与任意性规范

从性质上来说,调整性规则可以分为强制性规范与任意性规范。强制性规范是指法律规范的适用不能通过约定的方式予以排除或变更的情形。在对强制性规范的各种分类中,影响较大的分类方式将强制性规范分为效力性强制性规范与管理性的强制性规范。效力性的强制性规范是指对违反强制性规范的私法上的行为,在效力后果上以私法的方式予以一定制裁的强制性规范。当事人所预期的私法上的法律效果会受到一定的消极影响。管理性的强制性规范是指它被违反后,当事人所预期的私法上的效果不一定会受到私法上的制裁的强制性规范。在司法实践中,强制性规范的分类直接影响法律行为的效力,通常从以下几个方面判断:

(1)规范结构表述。根据法律规范所明确的法律后果进行判断,对于明确规定的违反法律规范将导致合同无效,则可以直接依据其内容判断合同无效;对于法律规范未明确规定违反该规范导致合同无效,只规定了公法上的责任,或者未规定任何法律后果或责任的,则需要结合规范的立法目的等因素作进一步判断。

(2)规范的立法目的。规范立法目的只是管理或者处罚违反规定的行为,则该规范属于管理性强制措施,违反该规定不必然导致合同无效。规范旨在处罚违反行为,且否定其在民商法上的效力,则为效力性强制性规范,违反规定将导致合同无效。

(3)规范的内容指向。强制性规范是对合同本身的否定,而非对合同存续以及履行前提条件的规范,这涉及合同无效问题。反之,则合同有效。

(4)规范的调整对象。合同本身不损及国家、社会公共利益以及第三人的利益,仅是对国家交易秩序管理的破坏,违反该规范后,合同继续有效,也并不损及国家或社会公共利益,则为管理性强制性规范。

任意性规范是指通过主体的意思或者相互之间的协商而排除适用的规范。我国学者以任意性规范发挥作用场合和功能的不同,将其分为补充性的任意性规范和解释性的任意性规范。补充性的任意性规范是在当事人未就相关事项作出自主决定时,替代当事人自主决定的任意性规范,是当事人得经由特别约定而排除该项法律规范适用的规范。在当事人对其利益关系未作出安排,也没有作出补充安排时,法律规则作为一种替代的安排方式,成为法官解决纷争的裁判规范。解释性的任意性规范是指详细说明当事人所期待和所表示的法律效果,以消除意思表示中不清楚或者不精确内容的任意性规范。

实践中,除了下述三种情形适用合同法设定的任意性规范:一是当事人就相关事项在合同中特别约定,且与任意性规范不一致的,应根据当事人之间的约定进行裁判;二是当事人就纠纷事项进行协议补充,并达成补充协议的,根据补充协议进行裁判;三是当事人未在合同中作出特别约定,也未表示要对纠纷事项进行协议补充或补充协议没有达成的,法官对当事人订立的合同进行补充解释。补充解释无法得出确定结论时,当事人之间存在特殊的交易习惯,应根据交易习惯进行裁判。

现行法律中还有一些倡导性规范,意在提倡和诱导当事人采取特定行为模式,规范中出现的应当并非必须。通常以"应当……"的方式表述,以求最大限度地实现自身的利益。对于倡导性规范的违反,并非必然导致法律上的事实或者行为无效。

3. 行为规范与裁判规范

行为规范是指影响、改变人们惯常生活或行为目的,而法官在裁判中适用的裁判纠纷的规范。在法治国家,法律规范是裁判规范的前提,若无行为法律规范,裁判规范则失去了合法依据。从行为规范与裁判规范的关系来看,法官裁判应当以行为规范为标准,因此行为规范也是裁判规范,但裁判规范并非当然表现为行为规范。从动态的角度来看,行为规范与裁判规范存在明显差异:行为规范自身的抽象性,可能存在模糊性,以及当事人基于个案事实所产生的主观理解和认识的差异,法官在法律适用中不会直接采纳某一方的法律适用主张,而是结合案件事实,寻找法律规范,并把其作为裁判规范。同时,审判是一种行为,应当遵循人类社会沟通的法律准则,但裁判规范与一般的法律规范,或把法律当成行为指南的规范不同,它要解决纠纷,对复杂的法律事实进行识别和论证,对众多的法律性资料进行选择、解释和说明,以使个案与法律规定结合起来,这种需要法官具有创造性的法律适用活动。

(五)法律规范的竞合

1. 概念界定

法律规范的竞合是现代社会中常见的法律现象,是指两个以上的法律规范在构成要件上重合或者交叉,从而使同一法律事实可以同时适用的情形。由此可见,法律规范竞合的前提条件是一个法律事实的出现;实质要件是一个法律事实导致两个或两个以上法律规范的适用,例如,产品质量不合格造成消费者人身伤害,既触犯《消费者权益保护法》的相关规定,又触犯《产品质量法》的规定,导致侵权责任和违约责任的出现;适用两个或两个以上的法律规范之间存在竞合关系(重叠或冲突)。在重叠中,数规范之间同时存在包容或吸收关系,例如,行为人返还原物后不足弥补受害人损失的,可要求行为人承担损赔责任。规范冲突时,只能选择其一。从规范关系的不同角度来看,法律规范的竞合可以分为冲突性的竞合和非冲突性的竞合。前者是指数个法律规范之间相互排斥,不能同时并用,只能选择其一;后者是指数个法律规范可以同时适用,根据不同法律规范产生的数个法律后果并行不悖,可以共存。

2. 适用规则

法律规范竞合的法律后果主要有三种情况:不同法律规范的法效果相同,不同法律规范的法效果不同但彼此并不排斥,以及不同法律规范的法效果不同且彼此相互排斥。对于法律竞合的不同法律规范的法效果不同且彼此相互排斥的情形,如何确定法律适用问题,实质上是法律规范冲突的解决,通常适用下述规则予以解决。

(1)上位法优于下位法。这是以法律规范的位阶关系对法律规范进行的划分,其出发点旨在解决法律规范并非均处于同一位阶,在出现价值评判矛盾时,上位阶的法优于下位阶的法。对于上位法与下位法相抵触的判定,主要从适用条件、行为模式和法律评价三个方面考量。其中,适用条件主要包括下位法对上位法有关规范适用的时间、空间、主体和客体等条件的扩张或限制;根据法律规范中行为模式的分类,行为模式有诸如下位法扩大或缩小行为的范围,下位法对上位法必须为一定行为的规定作出了任意为该行为的规定,下位法扩大了上位法授予的权利范围,违反授权性质或上位法的授权意图,下位法剥夺或限制上位法赋予的权利等相抵触情形;下位法超出范围标准、下位法超越职权以及下位法在追究法律责任的时效上与上位法不一致等,属于法律评价相抵触的情形。对于上位法优于下位法规则的适用主体,属于法律规范适用主体在个案中的法律适用权的问题,本身就是法律适用的应有之义,法律适用主体认为下位法的规定与上位法相抵触,即可直接适用上位法的规定作出裁判,但无权在裁判文书中直接宣布该下位法无效。

(2)特别法优于一般法。这是以法律规范适用范围的不同而对法律规范作出划分。特别法是指对某个一般规范加以变通的个别规范,而一般法是在狭小的例外范围之外而被适用的一般规范。从特别法与一般法的关系来看,主要涉及同位法和异位法中的特别法与一般法的法律适用问题。

在同位法中,从立法层面来看,包括同一机关就一般情况和特殊情形分别制定了法律规范,在两种规定同时存在的情况下应适用特别法,以及同一机关就一般情况作出了规定,在同一部法律的其他条文或者另外部一部法律中作出的特别情况下的规定适用特别法两种情形。但需要注意的是,下位法的特别规定与上位法的一般规定不一致,除非上位法另有规定,应当按照上位法优于下位法的规则处理。不同机关制定的同位法虽然有同等位阶,但它们之间不具有特别法与一般法之分,不能适用这一规则。

在异位法中,下位法对上位法的有关规定作出特别性规定,一般是不同立法主体制定的特别法与一般法的关系,下位法是在不与上位法相抵触的情况下,对上位法作出的规定。当行政法规、地方性法规和规章作出下位法时,其权限或内容是对上位法的具体化,以增强其可操作性。同时,下位法可以对上位法的规定进行变通。从《立法法》的规定来看,民族自治地方的自治条例和经济特区的法规是对法律、行政法规作出变通的规定。不过,下位法变通上位法时,下位法的优先适用是有条件的。例如,我国《立法法》第75条第2款规定,自治条例和单行条例可以依照当地民族的特点,对法律和行政法规的规定作出变通规定,但不得违背法律或者行政法规的基本原则,不得对宪法和民族区域自治法的规定以及其他有关法律、行政法规专门就民族自治地方所作的规定作出变通规定,因为法律的基本原则是法律、法规之灵魂所在。

(3)新法优于旧法。这是以法律规范的生效时间为标准作出的区分,当新法与旧法对同一事项有不同规定时,新法的效力优于旧法,在新的法律生效后,与新法内容相抵触的原法律内容终止生效、不再适用。但在新法未明确旧法被废止的场合,就是适用新法优于旧法规则。从我国《立法法》规定来看,新法优于旧法,符合以下条件:一是同位法适用新法优于旧法,不同位阶的法律规定不适用该项规则;二是同一机关制定的法律规范,不是同一层级、同一系统或者同一职能的机关,制定的部分规章也具有同等的法律效力,但不是同一个机关;三是新的规定与旧的规定不存在于同一法律规范中,同一法律规范中条文的修改或者增加,新修改或者增加的条文虽然与其他条文在形式上存在新旧之分,但实质上不构成新法与旧法的关系。

同一机关制定的新法与旧法、特别法与一般法之间的不一致可以分为新的一般规定与旧的一般规定不一致、新的特别规定与旧的特别规定不一致、新的特别规定与旧的一般规定不一致、新的一般规定与旧的特别规定不一致四种情形。对于上述前三种情形,适用新法毋庸置疑。对于最后一种情形,从我国《立法法》的规定来看,法律之间对同一事项的新的一般规定与旧的特别规定不一致,不能确定如何适用时,由全国人民代表大会常务委员会裁决;行政法规之间对同一事项的新的一般规定与旧的特别规定不一致,不能确定如何适用时,由国务院裁决。实践中,对新的一般规定允许旧的特别规定继续适用的,适用旧的特别规定,新的一般规定废止了旧的特别规定,适用新的一般规定。

总体来说,法律规范的竞合大多存在于上位法与下位法、一般法与特别法、新法与旧法之间的冲突。其中,上位法与下位法之间的差异,只处于较低的位阶层次,上位规范仍可能与更高级规范的立法目的不符;一般法与特别法、新法与旧法之间的差异也只是相对的。在上位法优于下位法规则中,对法律规范的解释应当尽可能与宪法、上位法相适应；特别法优于一般法规则中，应当根据法律解释的方法进行比较；新法是一种优先适用的效力，应当运用法律解释方法直接去除旧法的适用。

四、法律裁决机制

法律裁决机制是对法律的裁决，以解决法律适用中存在不一致或相互矛盾甚至冲突的法律规范如何选择适用为目的。据此，法律适用中的裁决机制，是指有权机关对相互冲突的法律规范进行审查，确定各自的法律效力，以解决彼此之间的矛盾和冲突的一种法律制度。① 法律裁决机制的核心，是审查法律规范有无违反宪法等上位法的规定而导致无效的情形，涉及合宪性审查与合法性审查两个方面。在我国，“合宪性审查”首次出现在党的正式文件中，是党的十九大报告提出的“加强宪法实施和监督，推进合宪性审查工作，维护宪法权威”。2018 年 3 月中共中央印发的《深化党和国家机构改革方案》以及第十三届全国人民代表大会第一次会议审议通过的《宪法修正案》将“全国人民代表大会法律委员会”更名为“全国人民代表大会宪法和法律委员会”。全国人民代表大会宪法和法律委员会在继续承担统一审议法律草案工作的基础上，增加推动宪法实施、开展宪法解释、推进合宪性审查、加强宪法监督、配合宪法宣传等职责。根据《立法法》及相关法律规定，我国法律裁决机制以有权机关对法律的裁决为主，包括提请批准、备案审查与送请裁决。

（一）提请批准制度

我国法律裁决机制中的提请批准制度，强调特定法规、规章等的生效，必须依法报请有权机关批准。如根据《立法法》的规定：(1)设区的市的人民代表大会及其常务委员会根据本市的具体情况和实际需要，在不同宪法、法律、行政法规和本省、自治区的地方性法规相抵触的前提下，可以对城乡建设与管理、环境保护、历史文化保护等方面的事项制定地方性法规。设区的市的地方性法规须报省、自治区的人民代表大会常务委员会批准后施行。省、自治区的人民代表大会常务委员会对报请批准的地方性法规，应当对其合法性进行审查，同宪法、法律、行政法规和本省、自治区的地方性法规不抵触的，应当在 4 个月内予以批准。省、自治区的人民代表大会常务委员会在对报请批准的设区的市的地方性法规进行审查时，发现其同本省、自治区的人民政府的规章相抵触的，应当作出处理决定。(2)民族自治地方的人民代表大会有权依照当地民族的政治、经济和文化的特点，制定自治条例和单行条例。自治区的自治条例和单行条例，报全国人民代表大会常务委员会批准后生效。自治州、自治县的自

① 参见胡建淼：《法律适用学》，浙江大学出版社 2010 年版，第 555 页。

治条例和单行条例，报省、自治区、直辖市的人民代表大会常务委员会批准后生效。自治条例和单行条例可以依照当地民族的特点，对法律和行政法规的规定作出变通规定，但不得违背法律或者行政法规的基本原则，不得对宪法和民族区域自治法的规定以及其他有关法律、行政法规专门就民族自治地方所作的规定作出变通规定。

（二）备案审查制度

备案审查制度，是指行政法规、地方性法规、自治条例、单行条例、规章、司法解释等法律规范在制定、批准或者通过以后，由制定或批准机关在法定期限内报送上级立法机关或行政机关备案，同时由接受备案的国家机关对其进行审查以确定相关法律规范是否存在与宪法、法律等上位法相冲突的情形。备案审查制度涉及备案与审查两个方面。

根据《立法法》的相关规定，备案审查的适用范围包括国务院制定的行政法规，省级及设区的市的人民代表大会及其常务委员会制定的地方性法规，自治州和自治县人民代表大会制定的自治条例和单行条例，全国人民代表大会及其常务委员会授权制定的法规、部门规章和地方政府规章，以及最高人民法院和最高人民检察院通过的司法解释。

第一，行政法规、地方性法规、自治条例和单行条例、规章的备案。这类法律规范应当在公布后的30日内依照下列规定报有关机关备案。（1）行政法规报全国人民代表大会常务委员会备案。（2）省、自治区、直辖市的人民代表大会及其常务委员会制定的地方性法规，报全国人民代表大会常务委员会和国务院备案。设区的市、自治州的人民代表大会及其常务委员会制定的地方性法规，由省、自治区的人民代表大会常务委员会报全国人民代表大会常务委员会和国务院备案。（3）自治州、自治县的人民代表大会制定的自治条例和单行条例，由省、自治区、直辖市的人民代表大会常务委员会报全国人民代表大会常务委员会和国务院备案。自治条例、单行条例报送备案时，应当说明对法律、行政法规、地方性法规作出变通的情况。（4）部门规章和地方政府规章报国务院备案，地方政府规章应当同时报本级人民代表大会常务委员会备案。设区的市、自治州的人民政府制定的规章应当同时报省、自治区的人民代表大会常务委员会和人民政府备案。（5）根据授权制定的法规应当报授权决定规定的机关备案；经济特区法规报送备案时，应当说明对法律、行政法规、地方性法规作出变通的情况。

第二，最高人民法院、最高人民检察院司法解释的备案。最高人民法院、最高人民检察院作出的属于审判、检察工作中具体应用法律的解释，应当自公布之日起30日内报全国人民代表大会常务委员会备案。

《立法法》第 99 条对法律规范审查程序的启动作了规定，包括：(1)经要求审查。国务院、中央军事委员会、最高人民法院、最高人民检察院和各省、自治区、直辖市的人民代表大会常务委员会认为行政法规、地方性法规、自治条例和单行条例同宪法或者法律相抵触的，可以向全国人民代表大会常务委员会书面提出进行审查的要求，由常务委员会工作机构分送有关的专门委员会进行审查、提出意见。(2)经建议审查。前述规定以外的其他国家机关和社会团体、企业事业组织以及公民认为行政法规、地方性法规、自治条例和单行条例同宪法或者法律相抵触的，可以向全国人民代表大会常务委员会书面提出进行审查的建议，由常务委员会工作机构进行研究，必要时，送有关的专门委员会进行审查、提出意见。此外，有关的专门委员会和常务委员会工作机构可以对报送备案的规范性文件进行主动审查。

2017 年中国十大宪法事例之“潘某某案”，即涉及《立法法》第 99 条的适用：

2015 年 10 月 10 日 9 时许，杭州市民潘某某驾驶一辆电动自行车，行驶到环城北路莫干山路路口时，杭州市公安局交通警察支队拱墅大队民警以潘某某“实施了驾驶营运人力三轮车和公安机关交通管理部门规定的其他非机动车在禁止通行的道路上行驶”为由，依据《杭州市道路交通安全管理条例》第 48 条第 1 款将潘某某的电动自行车扣留。对此，潘某某向人民法院提起行政诉讼，要求认定拱墅大队民警扣押其电动自行车的行政强制措施违法，并返还被扣留的电动自行车、承担自己因车被扣留期间产生的误工费。潘某某认为，《杭州市道路交通安全管理条例》在《道路交通安全法》只规定行人及非机动车违反道路通行规定的，给予警告或 5 元以上 50 元以下罚款，拒不接受处罚才能扣车的情形下，直接规定扣留非机动车并托运回原籍的行政强制手段，涉嫌违反上位法。上位法在非机动车违反道路通行的规定的情况下，没有规定可以采取扣车和托运回原籍的强制措施或者需要同时符合拒不接受处罚才能采取扣车的强制措施，而地方法规却规定直接扣车及托运回原籍的强制措施是违反了《行政强制法》第 10 条、第 11 条关于地方法规设立行政强制措施的权限的规定。

潘某某在一审、二审败诉，再审被驳回申请之后，于 2016 年 4 月致信全国人民代表大会常务委员会提出审查建议。2017 年 1 月，潘某某收到了全国人民代表大会常务委员会法工委的书面答复“该条例扣车的有关规定与行政强制法相关规定的立法原意不尽一致”。2017 年 3 月杭州市人民代表大会常务委员会决定将《杭州市道路交通安全管理条例》的修改列入 2017 年立法计划。

(三)送请裁决制度

相比于备案审查制度主要针对行政法规、地方性法规等规范性文件开展审查研究，纠正其中存在的违宪违法问题，送请裁决制度是指，执法机关在处理案件过程中，不能确定如何适用相互冲突的法律规范时，送请有权机关裁决或者处理的程序。[①] 送请裁决制度的适用对象不限于行政法规、地方性法规、自治条例、单行条例、规章，还包括法律。该制度旨在明确相互冲突的法律规范的效力，在执法者不能确定如何适用时，确定具体案件中的法律规范如何适用，以保证法律适用的一致性，从而正确处理案件。送请裁决制度的内容主要规定在《立法法》第94～97条。

第一，送请裁决的裁决机关与适用情形。(1)对法律的裁决。法律之间对同一事项的新的一般规定与旧的特别规定不一致，不能确定如何适用时，由全国人民代表大会常务委员会裁决。(2)对行政法规的裁决。行政法规之间对同一事项的新的一般规定与旧的特别规定不一致，不能确定如何适用时，由国务院裁决。(3)对地方性法规、规章的裁决。地方性法规、规章之间不一致时，如系同一机关制定的新的一般规定与旧的特别规定不一致时，由制定机关裁决。地方性法规与部门规章之间对同一事项的规定不一致，不能确定如何适用时，由国务院提出意见，国务院认为应当适用地方性法规的，应当决定在该地方适用地方性法规的规定；认为应当适用部门规章的，应当提请全国人民代表大会常务委员会裁决。部门规章之间、部门规章与地方政府规章之间对同一事项的规定不一致时，由国务院裁决。(4)根据授权制定的法规与法律规定不一致，不能确定如何适用时，由全国人民代表大会常务委员会裁决。

第二，送请裁决的处理。有权机关对送请的法律规范进行审查后，应当视具体情况作出决定：(1)如果认为送请裁决的法律规范之间不存在冲突的，则予以驳回；(2)如果认为送请裁决的法律规范之间确实存在冲突的，应当改变或者撤销。改变或撤销应由有权机关依权限予以处理，具体涉及《立法法》第96条规定的五种情形：超越权限的；下位法违反上位法规定的；规章之间对同一事项的规定不一致，经裁决应当改变或者撤销一方的规定的；规章的规定被认为不适当，应当予以改变或者撤销的；以及违背法定程序的。

第三，送请裁决的权限。《立法法》第97条就有权机关针对送请裁决予以改变或撤销的权限作了规定，即(1)全国人民代表大会有权改变或者撤销它的常务委员会制定的不适当的法律，有权撤销全国人民代表大会常务委员会批准的违背宪法和本法第75条第2款规定的自治条例和单行条例；(2)全国人民代表大会常务委员会有权撤销同宪法和法律相抵触的行政法规，有权撤销同宪法、法律和行政法规相抵触的地方性法规，有权撤销省、自治区、直辖市的人民代表大会常务委员会批准的违背宪法和本法第75条第2款规定的自治条例和单行条例；(3)国务院有权改变或者撤

---

① 参见胡建淼：《法律适用学》，浙江大学出版社2010年版，第574页。

销不适当的部门规章和地方政府规章;(4)省、自治区、直辖市的人民代表大会有权改变或者撤销其常务委员会制定的和批准的不适当的地方性法规;(5)地方人民代表大会常务委员会有权撤销本级人民政府制定的不适当的规章;(6)省、自治区的人民政府有权改变或者撤销下一级人民政府制定的不适当的规章;(7)授权机关有权撤销被授权机关制定的超越授权范围或者违背授权目的的法规,必要时可以撤销授权。

五、纷争事实与法律规范的互动

(一)小前提的建构

德国法学家恩吉施将小前提建构分作具体的生活事实,即实际上已发生案件事实的想象,该纠纷事实确实发生的确认,以及将案件事实作如下评价:其确实具备法律的过程要素,或者更精准地说,具有大前提第一个构成部分的构成要素三个组成部分。其中,第一步是对纠纷事实进行语言描述;第二步运用证据规则对纠纷事实的语言描述的真实性进行鉴定;第三步确认纠纷事实与法律规范的事实构成要件之间具有关联性;第四步对已形成的法律事实进行合法性的审视,排除非法证据所支持的纠纷事实,以实现事实认定过程中合法性认定,经过事实认定过程的纠纷事实就是法律事实,进而实现法律规范与纠纷事实的互动。

T→R 大前提:具备 T 的要件,适用 R 的法律效果。

S=T 小前提:特定纠纷事实 S 符合 T 的要件。

A1、A2、A3……=S1、S2、S3(证明事实构成特定的纠纷事实要件)。

S1、S2、S3……=T1、T2、T3(特定纠纷事实要件符合证据规则要件)。

S→R 得出结论:S 适用 R 的法律效果。

证明事实构成特定的纠纷事实要件需要对生活事实进行选取并进行法律评价,其中,证据的证明效力尤为关键。对纠纷事实的发现,既要在生活事实与证据规则之间往返,又要在证据规则与价值判断之间行走。克服“谁主张,谁举证”的简单做法,摈弃证据不足或事实真伪不明的纠纷,由法律适用主体放弃事实真相的发现的偏见。确立以规范要件的相应主张作为举证责任的划分标准和证明活动的指向,使证明责任分配与主张责任分配保持一致。通过法律适用主体释明,促进当事人清晰、完整地提出要件事实主张,并使当事人竭尽证明资源,在证明范围、程度和方法方面进行弥补,以及避免有理无据的当事人因不知如何举证而承担不利后果。保障当事人的主体性地位和诉讼参与程度,引导当事人将摆事实、讲道理、明证据贯穿于诉讼始终,并使纠纷事实集中展现，让法律适用主体精准地作出判断。当然，在对纠纷事实的建构中，应当需要满足三个条件：(1)大前提，法律规范T所有要素被穷尽描述；(2)小前提，法律事实S被具有T所描述要素刻画；(3)保证语言、思想与现实具有相同的逻辑一致性。

(二)刑事案件事实的发现

在刑事审判中，法律规范与涉法事实的互动，一方面，需要把握关键事实。在事实相对复杂的案件中，关键事实和非关键事实混杂在一起，法律适用者应当把握案件的关键事实，按照构成要件的要求，将案件事实进行规范表述。既要全面把握构成要素所对应的主客观方面的事实要素，也要全面把握对行为个数在刑事法律规范意义上的评价，避免事实裁剪不当或重复评价所导致的定性不准或者遗漏罪行等情况的发生。另一方面，坚守先客观事实、后主观事实的判定原则，依据客观事实对被告人的主观目的、动机进行判断，并得出相应结论。善于从案件侵犯的法益着手，全面把握案件事实的性质，不拘泥于最初的判定，而是根据案件事实的实质，反复对事实进行梳理和归纳，直至找到最贴切的构成要件对案件事实进行评价。在事实的表述上，应当尽可能全面地反映构成要件和情节，展现犯罪事实的真相。在必要的情况下，如部分作案事实难以查清时，只要满足犯罪构成要件的基本要素，对无法查清的事实要素，应当以模糊的方式进行表述。此外，事实的表述应当字斟句酌，力求言简意赅、简洁明了，叙事的逻辑顺序和层次明确、清晰。对一人犯数罪的，应当按照罪行主次的顺序叙述。一般共同犯罪的案件应当以主犯为线索进行叙述。集团犯罪案件可以先综述集团的形成和共同犯罪行为，再按照首要分子、主犯、从犯、胁从犯或者罪重、罪轻的顺序分别叙述各被告人的犯罪事实。

(三)民事案件事实的发现

在民事审判中，大前提是证据规则或者是证明标准，当证据被提交，法律适用主体面临是否认可该证据的问题，即对证据的真实性、关联性和合法性，以及证据形成、确认的判定。因此，以当事人提交的证据材料为小前提，以民事证据规则或者民事证明的一般规则为大前提，对符合民事诉讼证据规则的要求，最终得出认定的法律事实，这是认定事实的第一步；法律适用主体把经过确认的事实为小前提，判断是否符合成文法规则中法律规范的构成要件的要求。在事实认定阶段，是以当事人举示的证据为基础，判断其是否符合民事证据规则的要求。对符合民事证据规则要求的，则判定当事人所主张的事实存在；再判定事实是否符合法律规范本身的过程要件。按照大陆法系的传统理论，一个完整的法律规范逻辑上由构成要件和法律后果两部分构成。从当事人角度来看，事实发现的风险主要来自当事人提交证据材料的不完备和法律适用主体认识的差异性。因而亟待解决当事人提交证据材料的完备性和法律适用主体对证据主观认识标准的统一性和科学性问题。实践中，案件事实认定发生分歧主要集中在证明标准的把握、证明责任如何分配，以及新证据的认定三个方面。

（四）行政案件事实的发现

在行政审判中，为了发现案件事实，我国《行政诉讼法》及其司法解释规定了一系列程序规则和证据规则。程序规则包括诉讼程序规则和证明程序规则，诉讼程序规则是程序法规定的诉讼管辖、起诉和受理、审理和裁判以及执行等，证明程序规则是规范证据运用的程序规范，包括举证、质证和认证等。在英美法系国家，证据规则是指那些在庭审中或审理中对证据的可采性问题起支配作用的规则。在我国，证据规则通常认为是收集、采用、核实和运用证据时所遵守的一系列准则。案件事实的发现主要通过开庭陈述、举证质证和法庭辩论等环节发现，其中，举证质证环节至关重要。我国《行政诉讼法》规定，被告对其作出的具体行政行为负举证责任，但非意味原告不承担举证责任。在根据原告、被告诉答意见举证后，双方当事人进行质证。举证质证程序的意义在于通过对事实主张的论证，强化行政相对人与行政主体对抗，使法律事实内容建立在合法证据基础之上，更加增强事实认定的公开、透明度，使法律事实的内容更具有可接受性。按照我国《行政诉讼法》及其司法解释规定，证据应当在法庭上出示，并由当事人互相质证。对涉及国家秘密、商业秘密和个人隐私的证据，不得在公开开庭时出示；人民法院应当按照法定程序，全面、客观地审查核实证据。对未采纳的证据应当在裁判文书中说明理由。以非法手段取得的证据，不得作为认定案件事实的根据；能够反映案件真实情况，与待证事实相关联，来源和形式符合法律规定的证据，应当作为认定案件事实的根据。

（五）行政执法事实的发现

行政行为种类繁多，有类似于司法活动的行政裁判，有依申请作出的行为，有依职权作出的行为，有赋予权利的行为，也有剥夺或限制权利的行为。因此，行政程序证明要求的确定远比诉讼程序要复杂。

大陆法系国家行政程序法一般都规定由行政机关依职权调查案件事实。英美法系国家虽然规定行政机关和当事人双方均负有调查案件事实之责，但实际上还是行政机关承担确定案件事实的主要责任。从我国行政管理体制和实践来看，我国行政管理更接近于大陆法系国家，应当确立行政程序中行政机关依职权调查案件事实的制度。这就要求行政机关要尽量了解案件事实，更多地考虑客观真实要求。例如，我国《行政处罚法》规定，设定和实施行政处罚必须以事实为根据，与违法行为的事实、性质、情节和社会危害程度相当。从这一规定来看，我国行政程序要达到客观真实的证明要求。正如前面所分析一样,行政程序证明要求是一个复杂的问题。与诉讼中的证明不一样,行政程序证明要求确定要考虑行政程序中证明的规律。行政机关工作人员不是不能看到或感知违法事实,部分情况下行政机关工作人员直接接触违法事实,对违法事实有清楚的了解,如行政机关工作人员可以直接看到环境污染的过程和危害后果,可以直接看到交通违章的情况等。但也有部分案件行政机关工作人员不接触案件事实,只能通过调查和收集证据来认定案件事实。

参考文献

1. 沈志先主编:《法律方法论》,法律出版社 2012 年版。
2. 朱福勇主编:《审判学》,法律出版社 2012 年版。
3. 宋大涵主编:《行政执法教程》,中国法制出版社 2011 年版。
4. 王利明:《法学方法论》,中国人民大学出版社 2011 年版。
5. 胡建淼:《法律适用学》,浙江大学出版社 2010 年版。
6. 陈金钊:《法律方法论》,北京大学出版社 2013 年版。

思考题

1. 如何理解法律事实?它有哪些本质特征?
2. 如何认识客观事实与法律事实之间的关系?
3. 如何看待刑事、民事和行政审判的证明对象、证明责任和证明标准?
4. 强制性规范与任意性规范、行为规范与裁判规范如何界分?
5. 什么是法律规范的竞合?出现法律规范的竞合情形时,如何适用?

案例分析

1. 2012 年 5 月 28 日,原告罗某某向被告某市物价局邮寄一份申诉举报函,对 J 电信公司向原告收取首次办理手机卡卡费 20 元进行举报,要求被告责令 J 电信公司退还非法收取原告的手机卡卡费 20 元,依法查处并没收所有电信用户首次办理手机卡被收取的卡费,依法奖励原告和书面答复原告相关处理结果。2012 年 5 月 31 日,被告收到原告的申诉举报函。2012 年 7 月 3 日,被告作出《关于对罗某某 2012 年 5 月 28 日〈申诉书〉办理情况的答复》,并向原告邮寄送达。

答复内容为:2012 年 5 月 31 日我局收到您反映 J 电信公司新办手机卡用户收取

20 元手机卡卡费的申诉书后,我局非常重视,及时进行调查,经调查核实:江西省通管局和江西省发改委联合下发的《关于江西电信全业务套餐资费优化方案的批复》(赣通局〔2012〕14 号)规定:UIM 卡收费上限标准:入网 50 元/张,补卡、换卡:30 元/张。我局非常感谢您对物价工作的支持和帮助。原告收到被告的答复后,以被告的答复违法为由诉至法院。

江西省某市吉州区人民法院认为,关于某市物价局举报答复行为的可诉性问题。根据《行政诉讼法》(1989 年 4 月 4 日通过)第 11 条第 1 款第 5 项规定,申请行政机关履行保护人身权、财产权的法定职责,行政机关拒绝履行或者不予答复的,人民法院应受理当事人对此提起的诉讼。本案中,某市物价局依法应对罗某某举报的某市 J 电信公司收取卡费行为是否违法进行调查认定,并告知调查结果,但其作出的举报答复将《关于江西电信全业务套餐资费优化方案的批复》中规定的 UIM 卡收费上限标准进行了罗列,未载明对举报事项的处理结果。此种以告知上述批复有关内容代替告知举报调查结果行为,未能依法履行保护举报人财产权的法定职责,本身就是对罗某某通过正当举报途径寻求救济的权利的一种侵犯,不属于最高人民法院《关于执行〈中华人民共和国行政诉讼法〉若干问题的解释》(以下简称《行政诉讼法解释》)第 1 条第 6 项规定的“对公民、法人或者其他组织权利义务不产生实际影响的行为”的范围,具有可诉性,属于人民法院行政诉讼的受案范围。关于罗某某的原告资格问题。根据《行政诉讼法》第 2 条、第 24 条第 1 款及最高人民法院《关于适用〈中华人民共和国行政诉讼法〉的解释》第 12 条的规定,举报人就举报处理行为提起行政诉讼,必须与该行为具有法律上的利害关系。本案中,罗某某虽然要求某市物价局“依法查处并没收所有电信用户首次办理手机卡被收取的卡费”,但仍是基于认为 J 电信公司收取卡费行为侵害其自身合法权益,向某市物价局进行举报,并持有收取费用的发票作为证据。因此,罗某某与举报处理行为具有法律上的利害关系,具有行政诉讼原告主体资格,依法可以提起行政诉讼。关于举报答复合法性的问题。2004 年《价格违法行为举报规定》第 14 条规定:“举报办结后,举报人要求答复且有联系方式的,价格主管部门应当在办结后五个工作日内将办理结果以书面或者口头方式告知举报人。”本案中,某市物价局作为价格主管部门,依法具有受理价格违法行为举报,并对价格是否违法进行审查,提出分类处理意见的法定职责。罗某某在申诉举报函中明确列举了三项举报请求,且要求某市物价局在查处结束后书面告知罗某某处理结果,该答复未依法载明某市物价局对被举报事项的处理结果,违反了《价格违法行为举报规定》第 14 条的规定,不具有合法性,应予以纠正。综上,故判决:撤销某市物价局《关于对罗某某 2012 年 5 月 28 日〈申诉书〉办理情况的答复》,限其在 15 日内重新作出书面答复。宣判后，当事人未上诉，判决已发生法律效力。

2. 原告雷某某（女）和被告宋某某于2003年5月19日登记结婚，双方均系再婚，婚后未生育子女。双方婚后因琐事感情失和，于2013年上半年产生矛盾，并于2014年2月分居。雷某某曾于2014年3月起诉要求与宋某某离婚，经法院驳回后，双方感情未见好转。2015年1月，雷某某再次诉至法院要求离婚，并依法分割夫妻共同财产。宋某某认为夫妻感情并未破裂、不同意离婚。雷某某称宋某某名下在中国邮政储蓄银行的账户内有共同存款37万元，并提交存取款凭单、转账凭单作为证据。宋某某称该37万元，来源于婚前房屋拆迁补偿款及养老金，现尚余20万元左右（含养老金14,322.48元），并提交账户记录、判决书、案款收据等证据。宋某某称雷某某名下有共同存款25万元，要求依法分割。雷某某对此不予认可，一审庭审中其提交在中国工商银行尾号为4179账户自2014年1月26日起的交易明细，显示至2014年12月21日该账户余额为262.37元。二审审理期间，应宋某某的申请，法院调取了雷某某上述中国工商银行账号自2012年11月26日开户后的银行流水明细，显示雷某某于2013年4月30日通过ATM转账及卡取的方式将该账户内的19.5万元转至案外人雷某齐名下。宋某某认为该存款是其婚前房屋出租所得，应归双方共同所有，雷某某在离婚之前即将夫妻共同存款转移。雷某某提出该笔存款是其经营饭店所得收益，开始称该笔款已用于夫妻共同开销，后又称用于偿还其外甥女的借款，但雷某某对其主张均未提供相应证据证明。另雷某某在庭审中曾同意各自名下存款归各自所有，其另行支付宋某某10万元存款，后雷某某反悔，不同意支付。

C区人民法院于2015年4月16日作出民事判决：准予雷某某与宋某某离婚；雷某某名下中国工商银行尾号为4179账户内的存款归雷某某所有，宋某某名下中国邮政储蓄银行账号尾号为7101账户、9389账户及1156账户内的存款归宋某某所有，并对其他财产和债务问题进行了处理。宣判后，宋某某提出上诉，提出对夫妻共同财产雷某某名下存款分割等请求。Z中级人民法院认为，婚姻关系以夫妻感情为基础。宋某某、雷某某共同生活过程中因琐事产生矛盾，在法院判决不准离婚后，双方感情仍未好转，经法院调解不能和好，双方夫妻感情确已破裂，应当判决准予双方离婚。关于雷某某是否转移夫妻共同财产和夫妻双方名下的存款应如何分割，根据《婚姻法》第17条第2款规定："夫妻对共同所有的财产，有平等的处理权。"第47条规定："离婚时，一方隐藏、转移、变卖、毁损夫妻共同财产，或伪造债务企图侵占另一方财产的，分割夫妻共同财产时，对隐藏、转移、变卖、毁损夫妻共同财产或伪造债务的一方，可以少分或不分。离婚后，另一方发现有上述行为的，可以向人民法院提起诉讼，请求再次分割夫妻共同财产……"即一方在离婚诉讼期间或离婚诉讼前，隐藏、转移、变卖、毁损夫妻共同财产,或伪造债务企图侵占另一方财产的,侵害了夫妻对共同财产的平等处理权,离婚分割夫妻共同财产时,应当依照《婚姻法》第47条的规定少分或不分财产。本案中,关于双方名下存款的分割,结合相关证据,宋某某婚前房屋拆迁款转化的存款,应归宋某某个人所有,宋某某婚后所得养老保险金,应不属夫妻共同财产。雷某某名下中国工商银行尾号为4179账户内的存款为夫妻关系存续期间的收入,应作为夫妻共同财产予以分割。雷某某于2013年4月30日通过ATM转账及卡取的方式,将尾号为4179账户内的19.5万元转至案外人名下。雷某某始称该款用于家庭开销,后又称用于偿还外债,前后陈述明显矛盾,对其主张亦未提供证据证明,对钱款的去向不能作出合理的解释和说明。结合案件事实及相关证据,认定雷某某存在转移、隐藏夫妻共同财产的情节。根据上述法律规定,对雷某某名下中国工商银行尾号4179账户内的存款,雷某某可以少分。宋某某主张对雷某某名下存款进行分割,符合法律规定,予以支持。故判决宋某某婚后养老保险金14,322.48元归宋某某所有,对于雷某某转移的19.5万元存款,由雷某某补偿宋某某12万元。故判决:维持一审判决其他判项,撤销一审判决第3项,改判雷某某名下中国工商银行尾号为4179账户内的存款归雷某某所有,宋某某名下中国邮政储蓄银行尾号为7101账户、9389账户及1156账户内的存款归宋某某所有,雷某某于本判决生效之日起7日内支付宋某某12万元。

3.被告人于某的母亲苏某在山东省冠县工业园区经营源大工贸有限公司(以下简称源大公司),于某系该公司员工。2014年7月28日,苏某及其丈夫于某1向吴某、赵某1借款100万元,双方口头约定月息10%。至2015年10月20日,苏某共计还款154万元。其间,吴某、赵某1因苏某还款不及时,曾指使被害人郭某1等人采取在源大公司车棚内驻扎、在办公楼前支锅做饭等方式催债。2015年11月1日,苏某、于某1再向吴某、赵某1借款35万元。其中10万元,双方口头约定月息10%;另外25万元,通过签订房屋买卖合同,用于某1名下的一套住房作为抵押,双方约定如逾期还款,则将该住房过户给赵某1。2015年11月2日至2016年1月6日,苏某共计向赵某1还款29.8万元。吴某、赵某1认为该29.8万元属于偿还第一笔100万元借款的利息,而苏某夫妇认为是用于偿还第二笔借款。吴某、赵某1多次催促苏某夫妇继续还款或办理住房过户手续,但苏某夫妇未再还款,也未办理住房过户。2016年4月1日,赵某1与被害人杜某2、郭某1等人将于某1上述住房的门锁更换并强行入住,苏某报警。赵某1出示房屋买卖合同,民警调解后离去。同月13日上午,吴某、赵某1与杜某2、郭某1、杜某7等人将上述住房内的物品搬出,苏某报警。民警处警时,吴某称系房屋买卖纠纷,民警告知双方协商或通过诉讼解决。

民警离开后,吴某责骂苏某,并将苏某头部按入坐便器接近水面位置。当日下午,赵某1等人将上述住房内物品搬至源大公司门口。其间,苏某、于某1多次拨打市长热线求助。当晚,于某1通过他人调解,与吴某达成口头协议,约定次日将住房过户给赵某1,此后再付30万元,借款本金及利息即全部结清。4月14日,于某1、苏某未去办理住房过户手续。当日16时许,赵某1纠集郭某2、郭某1、苗某、张某3到源大公司讨债。为找到于某1、苏某,郭某1报警称源大公司私刻财务章。民警到达源大公司后,苏某与赵某1等人因还款纠纷发生争吵。民警告知双方协商解决或到法院起诉后离开。李某3接赵某1电话后,伙同么某、张某2和被害人严某、程某到达源大公司。赵某1等人先后在办公楼前呼喊,在财务室内、餐厅外盯守,在办公楼门厅外烧烤、饮酒,催促苏某还款。其间,赵某1、苗某离开。20时许,杜某2、杜某7赶到源大公司,与李某3等人一起饮酒。20时48分,苏某按郭某1要求到办公楼一楼接待室,于某及公司员工张某1、马某陪同。21时53分,杜某2等人进入接待室讨债,将苏某、于某的手机收走放在办公桌上。杜某2用污秽言语辱骂苏某、于某及其家人,将烟头弹到苏某胸前衣服上,将裤子褪至大腿处裸露下体,朝坐在沙发上的苏某等人左右转动身体。在马某、李某3劝阻下,杜某2穿好裤子,又脱下于某的鞋让苏某闻,被苏某打掉。杜某2还用手拍打于某面颊,其他讨债人员实施了揪抓于某头发或按压于某肩部不准其起身等行为。22时7分,公司员工刘某打电话报警。22时17分,民警朱某带领辅警宋某、郭某3到达源大公司接待室了解情况,苏某和于某指认杜某2殴打于某,杜某2等人否认并称系讨债。22时22分,朱某警告双方不能打架,然后带领辅警到院内寻找报警人,并给值班民警徐某打电话通报警情。于某、苏某想随民警离开接待室,杜某2等人阻拦,并强迫于某坐下,于某拒绝。杜某2等人卡于某颈部,将于某推拉至接待室东南角。于某持刃长15.3厘米的单刃尖刀,警告杜某2等人不要靠近。杜某2出言挑衅并逼近于某,于某遂捅刺杜某2腹部一刀,又捅刺围逼在其身边的程某胸部、严某腹部、郭某1背部各一刀。22时26分,辅警闻声返回接待室。经辅警连续责令,于某交出尖刀。杜某2等四人受伤后,被杜某7等人驾车送至冠县人民医院救治。次日2时18分,杜某2经抢救无效,因腹部损伤造成肝固有动脉裂伤及肝右叶创伤导致失血性休克死亡。严某、郭某1的损伤均构成重伤二级,程某的损伤构成轻伤二级。

山东省聊城市中级人民法院认定被告人于某犯故意伤害罪,判处无期徒刑,剥夺政治权利终身,并赔偿附带民事原告人经济损失。宣判后,被告人于某及部分原审附带民事诉讼原告人不服,分别提出上诉。山东省高级人民法院经审理认为,被告人于某持刀捅刺杜某2等四人,属于制止正在进行的不法侵害,其行为具有防卫性质;其防卫行为造成一人死亡、二人重伤、一人轻伤的严重后果，明显超过必要限度造成重大损害，构成故意伤害罪，依法应负刑事责任。鉴于于某的行为属于防卫过当，于某归案后如实供述主要罪行，且被害方有以恶劣手段侮辱于某之母的严重过错等情节，对于某依法应当减轻处罚。原判认定于某犯故意伤害罪正确，审判程序合法，但认定事实不全面，部分刑事判项适用法律错误，量刑过重，遂依法改判于某有期徒刑5年。

本案在法律适用方面的争议焦点主要有于某的捅刺行为性质，即是否具有防卫性、是否属于特殊防卫、是否属于防卫过当，以及如何定罪处罚两个方面。关于于某的捅刺行为性质，《刑法》第20条第1款规定："为了使国家、公共利益、本人或者他人的人身、财产和其他权利免受正在进行的不法侵害，而采取的制止不法侵害的行为，对不法侵害人造成损害的，属于正当防卫，不负刑事责任。"由此可见，成立正当防卫必须同时具备以下五项条件：一是防卫起因，不法侵害现实存在。不法侵害是指违背法律的侵袭和损害，既包括犯罪行为，又包括一般违法行为；既包括侵害人身权利的行为，又包括侵犯财产及其他权利的行为。二是防卫时间，不法侵害正在进行。正在进行是指不法侵害已经开始并且尚未结束的这段时期。对尚未开始或已经结束的不法侵害，不能进行防卫，否则即是防卫不适时。三是防卫对象，即针对不法侵害者本人。正当防卫的对象只能是不法侵害人本人，不能对不法侵害人之外的人实施防卫行为。在共同实施不法侵害的场合，共同侵害具有整体性，可对每一个共同侵害人进行正当防卫。四是防卫意图，出于制止不法侵害的目的，有防卫认识和意志。五是防卫限度，尚未明显超过必要限度造成重大损害。这就是说正当防卫的成立条件包括客观条件、主观条件和限度条件。客观条件和主观条件是定性条件，确定了正当防卫中"正"的性质和前提条件，不符合这些条件的不是正当防卫；限度条件是定量条件，确定了正当防卫中"当"的要求和合理限度，不符合该条件的虽然仍有防卫性质，但不是正当防卫，属于防卫过当。防卫过当行为具有防卫的前提条件和制止不法侵害的目的，只是在制止不法侵害过程中，没有合理控制防卫行为的强度，明显超过正当防卫必要限度，并造成不应有的重大损害后果，从而转化为有害于社会的违法犯罪行为。根据本案认定的事实、证据和我国刑法有关规定，于某的捅刺行为虽然具有防卫性，但属于防卫过当。首先，于某的捅刺行为具有防卫性。案发当时杜某2等人对于某、苏某持续实施着限制人身自由的非法拘禁行为，并伴有侮辱人格和对于某推搡、拍打等行为；民警到达现场后，于某和苏某想随民警走出接待室时，杜某2等人阻止二人离开，并对于某实施推拉、围堵等行为，在于某持刀警告时仍出言挑衅并逼近，实施正当防卫所要求的不法侵害客观存在并正在进行；于某是在人身自由受到违法侵害、人身安全面临现实威胁的情况下持刀捅刺，且捅刺的对象都是在其警告后仍向其靠近围逼的人。因此,可以认定其是为了使本人和其母亲的人身权利免受正在进行的不法侵害,而采取的制止不法侵害行为,具备正当防卫的客观和主观条件,具有防卫性质。其次,于某的捅刺行为不属于特殊防卫。《刑法》第 20 条第 3 款规定:"对正在进行行凶、杀人、抢劫、强奸、绑架以及其他严重危及人身安全的暴力犯罪,采取防卫行为,造成不法侵害人伤亡的,不属于防卫过当,不负刑事责任。"根据这一规定,特殊防卫的适用前提条件是存在严重危及本人或他人人身安全的暴力犯罪。本案中,虽然杜某 2 等人对于某母子实施了非法限制人身自由、侮辱、轻微殴打等人身侵害行为,但这些不法侵害不是严重危及人身安全的暴力犯罪。其一,杜某 2 等人实施的非法限制人身自由、侮辱等不法侵害行为,虽然侵犯了于某母子的人身自由、人格尊严等合法权益,但并不具有严重危及于某母子人身安全的性质。其二,杜某 2 等人按肩膀、推拉等强制或者殴打行为,虽然让于某母子的人身安全、身体健康权遭受了侵害,但这种不法侵害只是轻微的暴力侵犯,既不是针对生命权的不法侵害,又不是发生严重侵害于某母子身体健康权的情形,因而不属于严重危及人身安全的暴力犯罪。其三,苏某、于某 1 系主动通过他人协调、担保,向吴某借贷,自愿接受吴某所提 10% 的月息。既不存在苏某、于某 1 被强迫向吴某高息借贷的事实,又不存在吴某强迫苏某、于某 1 借贷的事实,与司法解释以借贷为名采用暴力、胁迫手段获取他人财物以抢劫罪论处的规定明显不符。可见杜某 2 等人实施的多种不法侵害行为,符合可以实施一般防卫行为的前提条件,但不具备实施特殊防卫的前提条件,故于某的捅刺行为不属于特殊防卫。最后,于某的捅刺行为属于防卫过当。《刑法》第 20 条第 2 款规定:"正当防卫明显超过必要限度造成重大损害的,应当负刑事责任,但是应当减轻或者免除处罚。"由此可见,防卫过当是在具备正当防卫客观和主观前提条件下,防卫反击明显超越必要限度,并造成致人重伤或死亡的过当结果。认定防卫是否"明显超过必要限度",应当从不法侵害的性质、手段、强度、危害程度,以及防卫行为的性质、时机、手段、强度、所处环境和损害后果等方面综合分析判定。本案中,杜某 2 一方虽然人数较多,但其实施不法侵害的意图是给苏某夫妇施加压力以催讨债务,在催债过程中未携带、使用任何器械;在民警朱某等进入接待室前,杜某 2 一方对于某母子实施的是非法限制人身自由、侮辱和对于某拍打面颊、揪抓头发等行为,其目的仍是逼迫苏某夫妇尽快还款;在民警进入接待室时,双方没有发生激烈对峙和肢体冲突,当民警警告不能打架后,杜某 2 一方并无打架的言行;在民警走出接待室寻找报警人期间,于某和讨债人员均可透过接待室玻璃清晰看见停在院内的警车警灯闪烁,应当知道民警并未离开;在于某持刀警告不要逼过来时,杜某 2 等人虽有出言挑衅并向于某围逼的行为,但并未实施强烈的攻击行为。因此,于某面临的不法侵害并不紧迫和严重,而其却持刃长15.3厘米的单刃尖刀连续捅刺四人,致一人死亡、二人重伤、一人轻伤,且其中一人系被背后捅伤,故应当认定于某的防卫行为明显超过必要限度造成重大损害,属于防卫过当。

关于定罪量刑。首先,关于定罪。本案中,于某连续捅刺四人,但捅刺对象都是当时围逼在其身边的人,未对离其较远的其他不法侵害人进行捅刺,对不法侵害人每人捅刺一刀,未对同一不法侵害人连续捅刺。可见,于某的目的在于制止不法侵害并离开接待室,在案证据不能证实其具有追求或放任致人死亡危害结果发生的故意,故于某的行为不构成故意杀人罪,但他为了追求防卫效果的实现,对致多人伤亡的过当结果的发生持听之任之的态度,已构成防卫过当情形下的故意伤害罪。认定于某的行为构成故意伤害罪,既是严格司法的要求,又符合人民群众的公平正义观念。其次,关于量刑。《刑法》第20条第2款规定:“正当防卫明显超过必要限度造成重大损害的,应当负刑事责任,但是应当减轻或者免除处罚。”综合考虑本案防卫权益的性质、防卫方法、防卫强度、防卫起因、损害后果、过当程度、所处环境等情节,对于某应当减轻处罚。被害方对引发本案具有严重过错。本案案发前,吴某、赵某1指使杜某2等人实施过侮辱苏某、干扰源大公司生产经营等逼债行为,苏某多次报警,吴某等人的不法逼债行为并未收敛。案发当日,杜某2等人对于某、苏某实施非法限制人身自由、侮辱及对于某间有推搡、拍打、卡颈部等行为,于某及其母亲苏某连日来多次遭受催逼、骚扰、侮辱,导致于某实施防卫行为时难免带有恐惧、愤怒等因素。尤其是杜某2裸露下体侮辱苏某对引发本案有重大过错。案发当日,杜某2当着于某之面公然以裸露下体的方式侮辱其母亲苏某。虽然距于某实施防卫行为已间隔约20分钟,但于某捅刺杜某2等人时难免带有报复杜某2辱母的情绪,故杜某2裸露下体侮辱苏某的行为是引发本案的重要因素,在刑罚裁量上应当作为对于某有利的情节重点考虑。杜某2的辱母行为严重违法、亵渎人伦,应当受到惩罚和谴责,但于某在民警尚在现场调查,警车仍在现场闪烁警灯的情形下,为离开接待室摆脱围堵而持刀连续捅刺四人,致一人死亡、二人重伤、一人轻伤,且其中一重伤者系于某从背部捅刺,损害后果严重,且除杜某2以外,其他三人并未实施侮辱于某母亲的行为,其防卫行为造成损害远远大于其保护的合法权益,防卫明显过当。于某及其母亲的人身自由和人格尊严应当受到法律保护,但于某的防卫行为明显超过必要限度并造成多人伤亡的严重后果,超出法律所容许的限度,依法也应当承担刑事责任。根据我国刑法规定,故意伤害致人死亡的,处10年以上有期徒刑、无期徒刑或者死刑;防卫过当的,应当减轻或者免除处罚。如上所述,于某的防卫行为明显超过必要限度造成重大伤亡后果,减轻处罚依法应当在3~10年有期徒刑的法定刑幅度内量刑。鉴于于某归案后如实供述主要罪行，且被害方有以恶劣手段侮辱于某之母的严重过错等可以从轻处罚情节，综合考虑于某犯罪的事实、性质、情节和危害后果，遂判处于某有期徒刑5年。综上所述，故判决：驳回附带民事上诉，维持原判附带民事部分；撤销原判刑事部分，以故意伤害罪改判于某有期徒刑5年。

请结合上述案情，分析纷争事实与法律规范的互动过程。

延伸阅读

1. 南英、高憬宏：《刑事审判方法》，法律出版社2015年版。
2. 李纬华：《行政案件法律适用方法》，法律出版社2011年版。
3. 郑成良：《司法推理与法官思维》，法律出版社2010年版。
4. 刘成安：《论裁判的规则：以法官适用法律的方法为视角》，法律出版社2012年版。
5. 韩锦霞、王永慧：《检察理论与实务》，法律出版社2014年版。

第四章　法律适用行为

内容提要：法律适用中的适格包括主体适格、客体适格与程序适格三个方面。法律适用的表现形式分为司法法律适用的表现形式与行政法律适用的表现形式。其中，司法法律适用的表现形式涉及审判权、检察权的运行以及公安机关作为刑事执法机关在刑事诉讼中的侦查权运行，行政法律适用的表现形式则体现为行政法律适用主体的行政执法权运行。我国法律适用中的推理以演绎推理为核心，归纳推理主要通过案例指导制度作用于法律适用，类比推理则体现为法律规范的类推适用。法律适用中的论证，强调法律适用主体对法律适用理由与结论之正当性、合法性或合理性的论证过程，以证成为主要形式。法律适用结论是法律适用主体在法律适用活动中所得出的结论，一般以适用法的各类书面文书为载体，包括判决书、裁定书、决定书、批复等。

核心概念：法律适用行为；法律适用适格；表现形式；推理；论证；法律适用结论

法律适用行为是法律适用主体运用法律规范评价涉法事实的具体法律行为。除了国家机关依法实施法律行为的具体形式，还涉及法律适用适格、法律适用中的推理与论证，以及法律适用结论的作出及实现。

一、法律适用中的适格

适格，强调满足特定的资格要求。如在民事诉讼中，任何具有民事诉讼权利能力的人，包括公民、法人和非法人团体、组织，都可以成为民事诉讼当事人。但是在具体个案中，以自己的名义要求法院通过审理对所涉民事权利义务关系作出裁判的当事人，则需要满足对发生争议的民事法律关系有实施诉讼的具体权能这一条件，即民事诉讼当事人适格，或称正当当事人。① 法律适用中的适格，涉及主体适格、客体适格、程序适格三个方面。

（一）主体适格

法律适用主体包括法院、检察院、公安机关、行政机关以及授权组织。本书第二

① 参见张进德：《诉讼法通义》，中国法制出版社2013年版，第134页。

章法律适用主体部分已论及各法律适用主体的职权与任务。针对特定涉法事实进行法律适用活动时,司法法律适用的主体还需要满足立法对管辖的规定,行政法律适用主体依合法行政原则的要求,需要满足主体、权限的合法性。这就是法律适用主体适格的内容,其本质是一种权力分配与约束机制,旨在通过对主体适格性的要求明确个案法律适用的分工与责任。

1. 司法法律适用中的管辖规定

司法法律适用以刑事诉讼、民事诉讼、行政诉讼三大诉讼程序为主,我国三大诉讼法均对其管辖作了规定。

第一,刑事诉讼中的管辖。刑事诉讼中的管辖涉及职能管辖与审判管辖两个内容。其中,职能管辖,又称立案管辖或部门管辖,旨在解决人民法院、人民检察院与公安机关之间的在直接受理刑事案件上的权限划分。根据相关法律规定,人民法院通过直接受理刑事案件适用法律的情况有:(1)告诉才处理的案件。即尚未达到"严重危害社会秩序和国家利益"程度的侮辱、诽谤案,尚未导致被害人重伤、死亡的暴力干涉婚姻自由案,尚未致人重伤、死亡的虐待案,普通侵占案。(2)被害人有证据证明的轻微刑事案件。这类案件,如果检察院没有提起公诉,被害人直接向人民法院起诉的,人民法院应当受理。(3)被害人有证据证明对被告人侵犯自己人身、财产权利的行为应当依法追究刑事责任,但公安机关或人民检察院作出了不予追究被告人刑事责任之书面决定的案件。这类案件本应为通过公诉程序向法院移送的案件,即"公诉转自诉案件",立法对此规定法院的管辖权旨在拓宽被害人的救济渠道。人民检察院在对诉讼活动实行法律监督中发现的司法工作人员利用职权实施的非法拘禁、刑讯逼供、非法搜查等侵犯公民权利、损害司法公正的犯罪案件,可以由人民检察院立案侦查并据此将案件移送法院适用法律。公安机关作为刑事执法机关,其核心任务即通过行使立案、侦查权在刑事诉讼程序中适用法律。因此,除人民法院、人民检察院直接立案侦查的案件,以及由国家安全机关立案侦查的危害国家安全的刑事案件、由军队保卫部门立案侦查的军队内部发生的刑事案件、由监狱立案侦查的罪犯在监狱内犯罪的案件、由中国海警局立案侦查的海上发生的刑事案件、由海关走私侦查部门立案侦查的海关走私案件外,其余刑事案件的立案侦查权由公安机关享有。

审判管辖,旨在解决各级人民法院之间以及同级人民法院之间关于第一审刑事案件的审判权分配问题。具体包括:(1)级别管辖。级别管辖的内容涉及《刑事诉讼法》第20~24条的内容:危害国家安全、恐怖活动案件与可能判处无期徒刑、死刑的案件由中级人民法院管辖;全省(自治区、直辖市)性的重大刑事案件由高级人民法院管辖;全国性的重大刑事案件由最高人民法院管辖;除此以外的其他刑事案件,由基层人民法院管辖。同时,“上级人民法院在必要的时候,可以审判下级人民法院管辖的第一审刑事案件;下级人民法院认为案情重大、复杂需要由上级人民法院审判的第一审刑事案件,可以请求移送上一级人民法院审判”。(2)地区管辖。地区管辖即同一级人民法院之间关于审判第一审刑事案件的权限分工。一般来讲,刑事案件由犯罪地的人民法院管辖,如果由被告人居住地的人民法院审判更为适宜的,可以由被告人居住地的人民法院管辖。另外,如果几个同级人民法院都有管辖权,则由最初受理的人民法院管辖,必要的时候,可以移送主要犯罪地的人民法院管辖。(3)指定管辖。指定管辖即在案件管辖不明或有管辖权的法院不宜行使管辖权时,由上级人民法院通过指定的方式将案件交给某一法院管辖的情况。(4)专门管辖。专门管辖即普通人民法院与专门人民法院之间、各专门人民法院之间在审理第一审刑事案件方面的权限分工。主要涉及军事法院、铁路运输法院对刑事案件的管辖。

第二,民事诉讼中的管辖。民事诉讼中的管辖,涉及上下级法院之间或同级法院之间通过受理第一审民事案件适用法律的权限与分工,包括:(1)级别管辖。与刑事诉讼的级别管辖一样,民事诉讼级别管辖也指四级法院之间的管辖分工:基层人民法院对大多数民事案件享有一审审判权;中级人民法院管辖的案件一般是重大涉外案件、在本辖区内有重大影响的案件,以及最高人民法院确定由中级人民法院管辖的诸如专利纠纷案件、海事海商案件等;高级人民法院管辖的是在省、自治区、直辖市内有重大影响的案件;最高人民法院除管辖在全国范围有重大影响的案件外,其认为应当由本院管辖的案件也可以直接受理。(2)地域管辖。民事诉讼的地域管辖,包括以当事人住所地与法院辖区的关系、案件事实与法院辖区的管辖、诉讼标的或争议标的物与法院的关系为基础确定的管辖分工。以当事人住所地与法院辖区的关系确定管辖,一般是以被告所在地法院管辖为主,在特殊情况下由原告住所地法院管辖。对于合同纠纷,保险合同纠纷,票据纠纷,公司设立、确认股东资格、分配利润、解散等纠纷,铁路、公路、水上、航空运输和联合运输合同纠纷,侵权行为纠纷,铁路、公路、水上、航空事故请求损害赔偿,船舶碰撞或其他海事损害事故请求赔偿,海难救助费用等特殊案件的管辖,依照《民事诉讼法》第23～32条及相关法律、解释的规定进行管辖。(3)专属管辖。专属管辖强调某些案件只能由特定的人民法院管辖,主要涉及不动产纠纷案件的管辖、因港口作业发生纠纷案件的管辖和继承遗产纠纷的管辖。(4)协议管辖。协议管辖是基于民事诉讼处分原则对当事人选择案件管辖法院意愿的尊重,包括明示协议管辖与默示协议管辖,其适用以不违反级别管辖、专属管辖的规定为前提。(5)裁定管辖。裁定管辖即法院在个案中通过裁定的形式确定案件的管辖法院,包括人民法院在受理案件后,发现本院对案件无管辖权时依照法律规定将案件移送给有管辖权的法院,以及上级人民法院在特殊情况下指定某一法院对案件进行管辖两种情况。(6)专门管辖。专门管辖即专门法院对民事案件的管辖,涉及海事法院对海事、海商案件的管辖,军事法院对特定民事案件的管辖,铁路运输法院对特定民事案件的管辖等情况。

第三,行政诉讼中的管辖。《行政诉讼法》第 14 ~ 24 条对各法院通过行政诉讼适用法律的管辖进行了规定。鉴于专门人民法院不受理行政案件,行政诉讼管辖包括:(1)级别管辖。与刑事、民事案件一样,基层人民法院管辖大多数行政诉讼案件的一审。中级人民法院一般管辖对国务院部门或县级以上地方人民政府所作的行政行为提起诉讼的案件,海关处理的案件,以及在本辖区内发生的重大、复杂的案件。高级人民法院管辖在省、自治区、直辖市内重大、复杂的案件。最高人民法院管辖全国范围内重大、复杂的案件。(2)地域管辖。行政案件一般由最初作出行政行为的行政机关所在地法院管辖,若是经过复议的案件也可以由复议机关所在地的人民法院管辖。但若是涉及对限制人身自由的强制措施不服提起诉讼的,则既可以由被告所在地人民法院管辖,也可以由原告所在地人民法院管辖,包括原告户籍所在地、经常居住地和被限制人身自由地;若是涉及因不动产提起的诉讼,则由不动产所在地人民法院管辖。此外,为了防止人民法院在行政诉讼法律适用中受到地方保护、行政干预的影响,经最高人民法院批准,高级人民法院还可以根据审判工作的实际情况,确定若干人民法院跨行政区域管辖特定行政案件。(3)裁定管辖。行政诉讼的裁定管辖包括三种情形:已受理行政案件的法院发现所受理案件不属于本院管辖时,将案件移送给有管辖权的法院;有管辖权的法院不宜、不能行使管辖权或法院之间对管辖权有争议时,上级法院裁定指令具体案件由某一法院管辖;上级人民法院基于特定情况管辖下级人民法院管辖的案件。

2. 行政法律适用主体、权限的合法性

按照合法行政原则的要求,行政法律适用主体适格涉及行政主体合法与行政权限合法性两项内容。行政主体合法包括行政主体资格、权力来源和公务员身份的合法。行政主体必须是依法设立,并基于宪法、组织法及其他法律法规的授权而享有行政职权、履行公共行政管理职责的组织。宪法、法律在对行政机关组织地位、权力予以规定的同时,也对行政机关的法律地位即其与其他国家机关的关系予以规定。行政主体在适用法律时,必须对此予以遵守,按照法定的行政主体资格行为。同时,代表行政主体实施行政行为的公职人员,也必须是按照法律规定合法取得公职人员身份的人员。行政权限合法,强调合法行政主体法律适用权力符合立法对其权力边界的设定。一方面,行政主体适用法律应当有法律依据;另一方面,行政主体适用法律的行为必须是在法律授予的行政职权范围内，包括时间、空间的限制，职能管辖范围的限制，手段、方法的限制，以及权力运用程度的限制等。

对此，《行政许可法》《行政处罚法》《行政强制法》等对行政机关实施行政许可、行政处罚、行政强制等法律适用职权时的主体资格、权限都进一步作了规定。

第一，《行政许可法》的相关规定。行政主体实施行政许可，审查公民、法人或者其他组织的申请并准予其从事特定的活动，应当依照法定的权限、范围、条件和程序。行政机关、法律法规授权组织和行政机关委托的组织，都有权实施行政许可。其中，具有行政许可权的行政机关在其法定职权范围内实施行政许可；法律、法规授权的具有管理公共事务职能的组织，在法定授权范围内，以自己的名义实施行政许可；行政机关在其法定职权范围内，依法委托其他行政机关实施行政许可，委托机关应当将受委托行政机关和受委托实施行政许可的内容予以公告，对受委托行政机关实施行政许可的行为负责监督，并对该行为的后果承担法律责任。受委托行政机关在委托范围内，以委托行政机关名义实施行政许可，不得再委托其他组织或者个人实施行政许可。

第二，《行政处罚法》的相关规定。公民、法人或者其他组织违反行政管理秩序的行为，应当给予行政处罚的，由行政机关依照《行政处罚法》规定的程序实施。国务院或者经国务院授权的省、自治区、直辖市人民政府可以决定一个行政机关行使有关行政机关的行政处罚权，但限制人身自由的行政处罚权只能由公安机关行使；法律、法规授权的具有管理公共事务职能的组织可以在法定授权范围内实施行政处罚；行政机关在法定权限内可以委托符合条件的组织实施行政处罚，委托行政机关对受委托的组织实施行政处罚的行为应当负责监督，并对该行为的后果承担法律责任，受委托组织在委托范围内，以委托行政机关名义实施行政处罚，不得再委托其他任何组织或者个人实施行政处罚。其中，受委托实施行政处罚的组织必须满足下列条件：(1)依法成立的管理公共事务的事业组织；(2)具有熟悉有关法律、法规、规章和业务的工作人员；(3)对违法行为需要进行技术检查或者技术鉴定的，应当有条件组织进行相应的技术检查或者技术鉴定。除此之外，行政机关不得委托其他组织或者个人实施行政处罚。此外，除法律、行政法规另有规定外，行政处罚由违法行为发生地的县级以上地方人民政府具有行政处罚权的行政机关管辖；对管辖发生争议的，报请共同的上一级行政机关指定管辖。

第三，《行政强制法》的相关规定。行政强制包括行政强制措施与行政强制执行，作为法律适用内容的行政强制主要是行政强制措施的适用，即行政机关在行政管理过程中，为制止违法行为、防止证据损毁、避免发生危害或控制危害扩大等情形，依法对公民人身自由实施的暂时性限制,或对公民、法人或者其他组织的财物实施暂时性控制的行为。根据《行政强制法》的规定,行政强制的实施,应当依照法定的权限实施,行政强制权不得委托。据此,行政强制措施的实施,只能由法定的行政机关实施,未经法律法规授权的主体,无权实施。不仅如此,限制人身自由的行政强制措施也只能由公安机关、海关等特定行政机关行使。

此外,《税收征收管理法》《社会抚养费征收管理条例(送审稿)》等法律法规,对行政征收行为的主体也作了规定,强调行政征收主体只能是行政机关,且需由法律明确、具体的规定。如税收由国家税务机关和海关征收。

行政主体适格,作为合法行政的要求之一,在行政主体不明确或明显超越相应行政主体职权时实施的行为,是无效行政行为。同时,根据《行政诉讼法》的规定,被诉行政行为存在超越职权、滥用职权的情形,人民法院有权予以撤销或者部分撤销。

(二)客体适格

法律适用活动即法律适用主体依据法定程序适用抽象的法律规范评价具体的涉法事实。据此,法律适用客体,包括法律依据与涉法事实两个内容。法律适用客体适格,也涉及法律依据的适格与涉法事实的适格,即具体法律适用规范、事实应当满足的属性与特点。

1.法律依据适格

法律依据适格,强调具体应用于个案涉法事实的法律依据满足法律援引、适用的具体要求。

第一,满足我国法的渊源的客观要求。我国法的渊源主要有:制定法、国家政策、习惯和惯例以及法律原则等。其中,制定法包括:(1)宪法。(2)法律。(3)行政法规。(4)地方性法规、民族自治法规、经济特区的规范性行文。(5)特别行政区的法律。(6)我国参加的国际条约。(7)权威国家机关的决定。(8)立法解释、行政解释、司法解释等法律解释。制定法作为法律适用的依据,必须是属于我国法的渊源。同时,《宪法》虽然是属于法律渊源的制定法,但是根据我国关于裁判文书引用法律、法规等规范性文件的规定,人民法院的裁判文书不得直接引用宪法。这一方面是因为《宪法》条款一般都是较原则性的规定,需要通过下位法的转化才能适用。在这种情况下,法律适用直接援引下位法的具体规定即可,无须引用宪法。另一方面则是因为法院无权解释宪法。法律适用过程包括法律论证,即法律适用主体向法律适用行为相对人证明其法律适用结论的合法性、正当性。这就需要法律适用主体对为什么会适用某一具体法律条款、为何得出如此适用结论进行说明。受法律解释权限的制约,法律适用主体在个案中不具有适用宪法的可能性。鉴于此,我国相关法律规定也明确,在遵守不能引用宪法这一规定的前提下,宪法所体现的原则和精神可以在说理部分予以阐述。就法律解释而言,立法解释是由有权创制法律、法规的国家机关对其所创制的法律、法规所作的解释。据此,立法解释视为与被解释的法律、法规具有同等的法律效力。立法解释,包括全国人民代表大会常务委员会对法律所作的解释和国务院及相关主体对其制定的行政法规、规章、地方性法规等所作的解释,能够直接作为裁判依据,也是适格的法律渊源。行政解释,是指国家行政机关在依法行使职权时,对非由其创制的有关法律、法规如何具体应用问题所作的解释。因此,需要注意的是,行政解释不是一种独立的法律渊源,其对司法裁判无约束力,只有经司法审查认定合法后才承认其效力。

国家政策,是指执政党或政府为实现社会目标、解决社会问题而制定并实施的除法律外的活动策略和行为准则。国家政策作为法律渊源,具有重要意义。如我国刑罚适用中,对"保留死刑,严格控制死刑"这一基本死刑政策的贯彻。在刑事案件审判中,法院基于依法严厉打击严重刑事犯罪的考虑,对极少数罪行极其严重的犯罪分子,坚决依法判处死刑。同时,根据构建社会主义和谐社会和维护社会稳定的要求,法院在适用死刑时要严谨审慎,凡是可杀可不杀的,一律不杀,在保证事实认定准确、定罪准确、量刑适当的基础上,做到少杀、慎杀,逐步减少死刑的适用。国家政策作为法律适用依据,是对宪法和法律必要、有益的补充,在党和国家经济社会发展中发挥重要作用。

习惯和惯例作为我国法的渊源,是指在社会生活领域,经社会公众普遍认可、遵守并具有一定约束力的行为规范。习惯与惯例的适用,必须遵循制定法适用上的直接性与优先性,经法院认可的习惯与惯例可以直接作为个案的裁判依据,与制定法相互对应、相互调适、相互同化。我国《物权法》《合同法》《婚姻法》及其司法解释对此皆有规定。如《物权法》第 85 条涉及对相邻关系的处理时规定,"法律、法规对处理相邻关系有规定的,依照其规定;法律、法规没有规定的,可以按照当地习惯"。《合同法》第 61 条、第 92 条、第 125 条和第 293 条,在涉及合同履行、合同终止后的义务、合同解释,以及运输合同的解释等方面,也都明确在特定情况下,遵从交易习惯的规定。最高人民法院《关于适用〈中华人民共和国婚姻法〉若干问题的解释(二)》第 10 条关于当事人请求返还按照习俗给付之彩礼的规定,也是对习惯在个案法律适用中适用的规定。

法律原则,是能够作为法律规则基础或本源的原理或准则。它在法律规则中占有至上地位,是其他一切规则产生的基础,具有权威性。法律原则作为法律适用的依据,即在个案法律适用中作为直接的行为规则而被选用,具有可操作性的特征。我国台湾地区学者黄茂荣指出,法律原则具有多样性特征:(1)法律原则可以作为法律明规原则,直接存在于宪法、法律甚至习惯法之中;(2)作为法律基础的原则,是宪法、法律的规范基础;(3)作为法哲学基本价值的法律原则,它高居于法律之上,给予现代法治国家对于法律基本价值的要求而有可规范上的意义,诸如正义、自由、公平、秩序等。

第二,符合我国法律位阶制度的要求。法律位阶制度,是指在统一的法律体系内,确定不同类别规范性法律文件之间的效力等级与适用顺序的制度。[①]《立法法》专门就法律适用的效力等级与顺序进行了规定,并由此确立了我国法律位阶制度关于法律规范效力等级与适用顺序所遵循的原则。[②]

第三,符合法律规范效力范围的设定。法律规范效力范围,相对于法律位阶制度中法律效力等级对法律适用的限制,是从横向维度限定法律适用依据的制度。具体而言,法律规范效力范围受四个方面的限制:(1)对象效力。法的对象效力限定了针对具体法律适用相对人,哪些法律能够被选择适用。对象效力一般应遵守属人原则、属地原则、保护主义原则以及综合原则。属人原则又称国籍原则,强调以人的国籍为标准,只要是本国公民,无论涉法事实发生在何处,均适用本国法律。属地原则又称领土原则,强调基于国家主权,任何发生在本国本土领域内的涉法事实,均适用本国法律。保护主义原则又称自卫原则,强调从保护本国国家或公民利益的角度出发,任何与之相关的涉法事实,不论是否为本国公民实施或本国领土内发生的事实,均适用本国法律。综合主义原则,强调根据国际惯例、国际法原则、主权原则等,综合考虑属人、属地、保护主义原则,由此确定法的对象效力。综合主义原则,有利于减少国际主权争端,切实维护国家及公民的利益。在坚持前述原则的基础上,我国法律适用的对象效力具体来讲,一方面,中国公民的法律适用:在中国领域内,一律适用中国法;在境外时如果该东道国法律与中国法律不冲突则适用中国法,如果两者相冲突则依据国际法规定或原则以及国内法的有关规定进行裁定。另一方面,中国法对外国公民、无国籍人的适用:外国公民、无国籍人在中国境内的,一律适用中国法,但享有外交豁免权的人除外;外国人、无国籍人在中国境外的,一般不适用中国法律,但若所涉法律事实涉及我国刑法规定最低刑为 3 年以上有期徒刑的适用,则可以适用中国法。(2)空间效力。法的空间效力,强调法律规范本身所能适用的地域范围。法律适用依据适格基于空间效力的考虑,应遵循的原则有:其一,全国性法律在国家主权及主

---

① 参见胡建淼:《法律适用学》,浙江大学出版社 2010 年版,第 266 页。

② 详见第三章三、(3)规范位阶的内容。

权所及的范围，均适用，包括陆地、水域及其底土、上空，以及驻外使领馆、本国船舶、航空器等延伸意义上的领土。其二，地区性法律一般适用于地区性法律管辖的空间，如民族自治条例仅在该民族自治区域空间范围适用。其三，国际法、国际条约和协定等的空间效力，在其缔约国之间当然生效，对于非缔约国则有参酌适用的效力，但缔约国声明保留的条款除外。(3)时间效力。法的时间效力关注法的生效、失效，以及法律规范能否对生效前涉法事实予以适用的问题。法律规范生效时间的确定，有法律文件本身明确规定、法律文件未作规定，以及由特定机关专门颁发文件予以确定三种情况。针对法律文件明确规定生效时间的情况，一般有规定公布之日生效、规定公布后特定时间生效以及特定情况出现后生效三种情况。此时，法律适用依据的适格，应满足法律文件明确规定的生效时间或条件。针对法律文件未对生效时间进行规定的情况，一般推定法律文件的生效时间为自公布之日起。由特定机关专门颁发文件予以确定生效时间，如全国人民代表大会专门发布文件规定了《澳门特别行政区基本法》的生效时间。与法律规范生效时间的确定相对应，法律规范失效时间的确定基本上也存在前述三种情况。法律规范生效前发生的涉法事实，能否适用该法律规范，则是法的溯及力问题，一般坚持“从旧兼从轻原则”。即法律生效前发生的涉法事实，从法律适用依据适格的角度，应选择涉法事实发生之时适用的法律；但是如果涉法事实发生之后生效的法律对该问题的处理较发生之时较轻的，则适用涉法事实发生之后生效的法律。(4)事项效力。法律的事项效力，则涉及法律体系中各部门法的适用，由各个部门法予以明确规定。如《民法总则》第2条规定，“民法调整平等主体的自然人、法人和非法人组织之间的人身关系和财产关系”。

2. 涉法事实适格

涉法事实适格强调法律适用所针对的事实所具体的特点与应当满足的条件，一般从两个方面进行考量，即存在法律适用的可能，以及满足法律适用的具体要求。

第一，事实存在法律适用的可能。法律适用是将一般性法律应用于涉法事实的评判过程。因此，事实能够被法律适用首先要求事实必须是客观存在的、已然发生的事实。在这一前提之下，已然发生的事实必须能够被法律评价且需要被法律评价。法律是诸多社会评判体系中的一种，社会秩序的实现除了法律评判之外，还涉及道德、礼仪评判，宗教评判等。已然发生的事实能够被法律评判，正是基于“法律有所为有所不为”的考量，强调法律适用遵循“法无明文规定不为罪、法无明文规定不处罚”的原则。社会客观事实能够被法律评价，关键在于社会事实基于法律规范所规定的事实要件能够被涵摄。如法律针对的是人的行为，则有关人的内心信念与思想方面的事实，无法找到相应法律规范事实要件，不属于能够被法律评价的事实。又如季节更替、潮涨潮落、花谢花开等自然规律事实,不以人的意志为转移,法律难以对其进行评判,也不会纳入法律规范调整,此类事实也不可能被法律评判。此外,事实存在法律适用的可能,还强调能够被法律评价的客观事实有法律评价的需要。诸如买卖合同行为、道路交通行为等是法律评判的对象,且在特定情况下有相应的法律规范事实要件与之涵摄。但是在当事人没有违反相关法律规定,或在特定争议出现之后,当事人基于和解解决了问题、不需要法律适用的情况下,该类事实也不是法律适用所针对的涉法事实。例如,甲以60公里/小时的速度驾车行驶,并未违反交通法律规定的时速限定,则此时并不需要法律适用,甲驾车行驶的社会事实不是适格的法律适用对象。又如,甲乙双方签订买卖合同,后甲因特殊原因无法按照合同要求履行义务,在与乙商量后达成了解决方案,并顺利解决了该问题。此时,虽然该案所涉甲不按约定履行合同义务的事实满足已然发生、能够被法律评价的条件,但因其通过甲乙双方的协商得到了解决,也不存在法律适用的需要,该事实也不是适格的法律适用对象。

第二,事实满足法律适用的具体要求。法律适用过程涉及事实认定、法律获取与涵摄三个过程。在具体法律适用中,涉法事实需满足的条件即通过事实认定所获得的用于与特定法律规范进行涵摄的事实,应当符合的条件。一般来讲,这包括:(1)涉法事实被用法律概念予以描述。法律适用按照三段论的法律方法,需要对作为小前提的事实进行确定。在事实确定中,我们需要对一般的社会事实结合实体法规范设定的要件事实予以描述,将其涵摄进入法律规范所确定的要件中。如针对一起民事争议事实,法律适用主体要在当事人双方的争论中对所涉事实提炼出诸如当事人双方主体资格,包括原告是否适格、被告是否明确,具体争议事项所对应的法律关系,以及与之相关的诉讼请求等。(2)涉法事实基于证据裁判原则,其真实性能够被确认。法律适用强调"以事实为根据",法律适用主体适用法律处理案件,必须以案件事实为根据,实事求是,以事实作为法律适用的基础。据此,法律适用中的事实应当是准确、真实的。现代司法、行政基于证据裁判规则,强调个案中适用法律的事实必须有合法、相关、真实的证据予以证明,且遵循证明规则的要求,通过举证、质证等程序,实现了相应的证明标准。如法院通过刑事审判适用法律,就要求经审理认定的事实达到证据确实、充分的要求,包括定罪量刑的事实都有证据证明,据以定案的证据均经法定程序查证属实,以及综合全案证据,对所认定事实已排除合理怀疑三项内容。

(三)程序适格

法律适用程序,强调将法律规范适用于具体涉法事实这一活动所需遵循的步骤、方式、手续等。诸如行政法律适用,有专门的行政处罚程序、行政许可程序、行政强制程序等，司法法律适用有刑事诉讼法律程序、民事诉讼法律程序、行政诉讼法律程序等。法律适用程序一般是由时间要求和空间要求构成的，具有形式性的程序。法律适用程序的时间要素包括时序和时限，即法律行为的先后顺序与法律行为所占时间的长度。法律适用程序的空间要求包括法律适用主体及其适用行为的确定性与相关性，以及法律行为的表现方式两个方面。法律适用主体及其行为的确定性与相关性，如基于审判权适用法律，只能由法院按照相应的审判程序进行，其他行政机关、社会团体和个人不得干预。法律行为的表现方式，如审判是以公开审理的方式进行还是以不公开的方式进行。① 法律适用具有主观性的特征，法律适用程序对法律适用而言，具有重要意义，包括：(1)对法律适用恣意的限制，约束法律适用主体的权力行为。诸如法律适用程序中对法律适用主体回避的规定，对法律适用程序期限的规定，以及关于程序公开、公正等的规定。(2)保障法律适用主体理性选择，实现法律适用结论的正当。以司法审判程序为例，法院作为法律适用主体，在审判程序中居中裁断，在公开的法庭上以当事人双方的充分质证、辩论为基础，这可以保障法院基于充分的信息、意见进行理性的选择，实现法律适用是在正确的事实认定基础之上对法律的准确适用。同时，经过公开法庭的调查、辩论环节，在遵循既定程序规范规定的基础上，当事人基于程序参与，在一定程度上缓解了纠纷情绪，对法律适用有了初步的判断，也更能接受法院的法律适用结论。

源于此，法律适用程序应当满足正当化的品格，即法律适用程序适格。国外学者关于法律适用程序正当化的品格已有诸多阐述，涉及法哲学、法社会学与社会心理学的诸多标准。如罗尔斯的程序正义理论将程序正义划分为纯粹的程序正义、完善的程序正义与不完善的程序正义三种形态；②萨默斯的“程序价值理论”提出程序价值效能实现应符合参与性统治、程序正统性、程序和平性、人道性及尊重个人的尊严、个人隐私、协议性、程序公平性、程序法治、程序理性、及时性和终结性十项标准；③马修的尊严价值理论则将“平等”“可预测性”“透明性”“理性”“参与”“隐私”等与“尊严价值”相关的标准作为程序正义的评判标准；④戈尔丁则将程序正当化提炼为九项内容：与自身有关的人不应该是法官；结果中不应含有纠纷解决者的个人利益；纠纷解

① 参见孙笑侠：《法理学》，浙江大学出版社 2011 年版，第 327 页。

② 参见[美]约翰·罗尔斯：《正义论》，何怀宏等译，中国社会科学出版社 1988 年版，第 79～84 页。

③ 参见陈瑞华：《通过法律实现程序正义——萨默斯“程序价值”理论评析》，载《北大法律评论》1998 年第 1 期。

④ 参见陈瑞华：《程序正义的理论基础——评马修的“尊严价值理论”》，载《中国法学》2000 年第 3 期。

决者不应有支持或反对某一方的偏见;对各方当事人的诉讼都应给予公平的注意;纠纷解决者应听取双方的论据和论证;纠纷解决者应在另一方在场的情况下听取一方的意见;各方当事人都应得到公平的机会来对另一方提出的论据和证据作出反响;解决的诸项条件应以理性为依据;推理应论及所提出的论据和证据。①

我国学者关于程序正当化品格的标准,也有诸多争论。如顾培东教授主张程序公正取决于冲突事实的真实回复,执法者中立的立场,以及对冲突主体合法愿望的尊重三项要素。② 陈瑞华教授在对萨默斯、马修的程序正义观念进行评述的基础上,提出程序正当化的品格应当满足程序的参与性、裁判者的中立性、程序的对等性、程序的合理性、程序的自治性即程序的及时终结性六项标准。③ 孙笑侠教授则对程序正当化基于角色分化、有意识地阻隔、直观的公正、对立意见的交涉四个方面进行了分析。④

总体而言,中外学者关于法律适用程序正当化品格的论述涉及对程序正义观念的解读,既包括对法律适用主体品格的要求,也包括对法律适用相对人在程序中享有之权利的设定,更有对程序本身合法性、合理性、自治性、科学性、民主性等品格的考量。这些构成了法律适用程序适格应当考量的具体内容。

二、法律适用的表现形式

法律适用的表现形式,是法律适用主体根据各自的法律适用职权将一般性法律应用于具体涉法事实的法律行为表现。其中,司法法律适用的表现形式涉及审判权、检察权的运行以及公安机关作为刑事执法机关在刑事诉讼中的侦查权运行;行政法律适用的表现形式则体现为行政法律适用主体的行政执法权运行。

(一)基于审判权的法律适用

人民法院是我国的审判机关,其基于审判权适用法律主要体现为刑事案件审判、民事案件审判与行政案件的审判。根据《宪法》与三大诉讼法的规定,人民法院审判案件遵循特定的基本原则与制度。

1. 具体体现

第一,刑事案件审判。刑事案件审判是人民法院围绕刑事案件被告人的刑事责任问题进行审理、裁判的活动。刑事案件审判以刑事被告人的责任问题为核心,包括

---

① 参见[美]马丁·P. 戈尔丁:《法律哲学》,齐海滨译,生活·读书·新知三联书店 1987 年版,第 240~241 页。

② 参见顾培东:《社会冲突与诉讼机制》,四川人民出版社 1991 年版,第 90 页。

③ 参见陈瑞华:《程序正义论》,载《中外法学》1997 年第 2 期。

④ 参见孙笑侠:《法理学》,浙江大学出版社 2011 年版,第 330~335 页。

对刑事被告人是否有罪、如何量刑以及与之相关的程序问题的处理。刑事案件审判是刑事诉讼的中心环节、决定性环节，未经人民法院依法判决，对任何人都不得确定有罪。如一起盗窃案件发生后，在人民法院审判阶段，法院需要对盗窃的事实予以认定，并结合刑事实体法的规定判断该事实是否构成犯罪、应当如何量刑等。

第二，民事案件审判。民事案件审判是人民法院依法对民事案件进行审理，并依据事实和法律作出裁判的活动。根据《民事诉讼法》第3条的规定，人民法院审理的民事案件范围涉及“公民之间、法人之间、其他组织之间以及他们相互之间因财产关系和人身关系提起的民事诉讼”。人民法院基于民事案件审判，通过确定纠纷事实并予以适用相关实体法律，从法律上确认当事人之间的权利义务关系、制裁民事违法行为，维护当事人的合法权益，实质是对当事人予以权利救济。例如，甲乙之间因房屋租赁合同产生纠纷，作为出租人的甲将乙诉至法院，要求承租人乙支付赔偿金的案件。法院基于民事审判权对该案进行审判，需首先确认甲乙之间的纠纷事实，再依法对甲乙的诉求进行判断，作出裁判。

第三，行政案件审判。行政诉讼案件审判是人民法院依法受理行政相对人提出的诉讼，审查被诉行政行为是否合法并据以作出裁判的活动。人民法院基于行政诉讼案件审判，能够实质性地解决行政争议，监督行政机关依法行使行政职权，最终实现对公民、法人、其他组织合法权益的保护。例如，获选2019年“推动中国法治进程十大行政诉讼典型案例”的“田某诉北京科技大学拒绝颁发毕业证、学位证案”，之所以作为法院对行政案件的审判，是因为北京科技大学是法律法规授权通过公共行政行为适用法律的组织，且颁发毕业证、学位证的行为是其在授权范围内的行政法律适用行为。田某对北京科技大学拒绝颁发毕业证、学位证案的争议，属于行政争议。

2. 基本原则

第一，不告不理原则。该原则是指没有原告的起诉，法院就不能进行审判。它既强调没有原告的起诉，法院不得启动审判程序；也强调法院审判的范围应与原告起诉的范围相一致，不得对原告未提出诉讼请求的事项进行审判。例如，刑事审判如果没有人民检察院的公诉或自诉人提起的自诉，人民法院不得主动进行审判，且法院受理公诉或自诉案件后，其审理范围限于受指控的事实和人员。民事审判和行政审判，也强调人民法院不得对不属于原告诉讼请求的事项进行审理、判决。

第二，审判权依法独立行使原则。该原则在我国《宪法》《人民法院组织法》《民事诉讼法》《刑事诉讼法》《行政诉讼法》中均有明确规定，人民法院依照法律规定独立行使审判权，不受行政机关、社会团体和个人的干涉。需要注意的是，人民法院是在党的领导下依法独立行使审判权，在审判中要认真贯彻执行党的路线、方针和政策。同时，人民法院依法独立审判与国家权力机关的监督并不矛盾。对人民法院的工作进行监督是各级人民代表大会及其常务委员会的法定权力，因此，人民法院必须主动向人民代表大会及其常务委员会报告工作，认真听取人民代表大会及其常务委员会对法院工作的意见和建议，主动接受人民代表大会代表对法院工作的质询和评议。

第三，审判公开原则。审判公开，是指人民法院的审判活动向社会公开，除法律有特别规定的以外，审理和判决都应当在法庭上公开进行，允许群众旁听，允许新闻记者采访和报道。根据三大诉讼法的规定，有四类案件不公开审理，即涉及国家秘密的案件、涉及个人隐私的案件、未成年人犯罪案件，以及经当事人依法申请，人民法院决定不公开审理的某些民事案件。其中，未成年人犯罪案件根据《刑事诉讼法》第285条的规定，审判的时候被告人不满18周岁的案件，不公开审理。但是，经未成年被告人本人及其法定代理人同意，未成年被告人所在学校和未成年人保护组织可以派代表到场。当事人依法申请的案件，根据《民事诉讼法》第134条的规定，离婚案件、涉及商业秘密的案件，当事人申请不公开审理的，可以不公开审理。不公开审理的案件，审判长或独任法官应当当庭宣布不公开审理的理由。此外，最高人民法院《关于严格执行公开审判制度的若干规定》对各级人民法院如何落实审判公开制度作了具体规定。

第四，审判及时原则。该原则是对“迟到的正义不是正义”的践行，强调人民法院审判案件应在法律规定的期限内进行，而且应尽量做到快速结案。对此，我国三大诉讼法对人民法院审判案件的期限均作了具体明确的规定。例如，《刑事诉讼法》第208条规定，人民法院审理公诉案件，应当在受理后2个月以内宣判，至迟不得超过3个月。对于可能判处死刑的案件或者附带民事诉讼的案件，以及有《刑事诉讼法》第158条规定情形之一的，经上一级人民法院批准，可以延长3个月；因特殊情况还需要延长的，报请最高人民法院批准。适用简易程序审理案件，人民法院应当在受理后20日以内审结；对可能判处的有期徒刑超过3年的，可以延长至一个半月。《民事诉讼法》第149条规定，人民法院适用普通程序审理的案件，应当在立案之日起6个月内审结。有特殊情况需要延长的，由本院院长批准，可以延长6个月；还需要延长的，报请上级人民法院批准。第161条规定，适用简易程序审理案件，应当在立案之日起3个月内审结。第180条规定，适用特别程序审理的案件，应当在立案之日起30日内或者公告期满后30日内审结。有特殊情况需要延长的，由本院院长批准，但审理选民资格的案件除外。《行政诉讼法》第81条规定，人民法院应当在立案之日起6个月内作出第一审判决。有特殊情况需要延长的，由高级人民法院批准，高级人民法院审理第一审案件需要延长的，由最高人民法院批准。

3. 主要制度

第一,两审终审制度。该制度是指一个案件最多经过两级法院的审判即宣告终结的制度。具体而言:(1)地方各级人民法院第一审案件的判决和裁定,当事人可以按照法律规定的程序向上一级人民法院上诉,人民检察院可以按照法律规定的程序向上一级人民法院抗诉;(2)如果在上诉期限内当事人不上诉、人民检察院不抗诉,该一审判决和裁定就是发生法律效力的判决和裁定;(3)针对上诉、抗诉的案件,上一级人民法院按照第二审程序进行审理后所作的判决和裁定,是终审的判决和裁定,也就是发生法律效力的判决和裁定。但是下列情况除外:(1)最高人民法院管辖的案件,包括所有由最高人民法院进行一审的刑事、民事和行政案件,实行一审终审。由最高人民法院作出的一审判决、裁定,是终审判决、裁定。(2)基层人民法院按照民事诉讼法规定的特别程序审理的选民资格案件、宣告失踪案件、宣告死亡案件、认定公民无行为能力案件、认定公民限制行为能力案件和认定财产无主案件,实行"一审终审"。(3)判处死刑的案件,基于少杀、慎杀的死刑政策,需经过死刑复核程序后,其判决、裁定才能交付执行。

第二,人民陪审员制度。人民陪审员制度,是我国法律规定由审判员和人民陪审员共同组成合议庭对案件进行审判的制度。人民陪审员参与案件的审理,是人民群众参与国家管理的一种重要形式和途径,是审判民主的具体体现。2004 年《全国人民代表大会常务委员会关于完善人民陪审员制度的决定》对人民陪审员制度进行了系统性的规定。10 余年后,为进一步完善人民陪审员制度,第十二届全国人民代表大会常务委员会第十四次会议决定授权最高人民法院在北京、河北、黑龙江、江苏、福建、山东、河南、广西、重庆、陕西十个省(自治区、直辖市)各选择五个法院(含基层人民法院及中级人民法院)开展人民陪审员制度改革试点工作,对人民陪审员选任条件、选任程序、参审范围、参审机制、参审职权、退出和惩戒机制、履职保障制度等进行改革。在对试点工作进行总结的基础上,第十三届全国人民代表大会常务委员会第二次会议于 2018 年 4 月 27 日通过了《人民陪审员法》,对公民担任人民陪审员的条件,人民陪审员的产生和任期,人民陪审员参审案件的范围和合议庭组成形式,人民陪审员的权利义务等作了明确规定。

第三,回避制度。回避制度是司法活动的一项重要制度,其不仅适用于审判人员,也适用于侦查人员、检察人员。回避制度是对"任何人不得担任自己案件的法官"这一正义原则的践行。我国三大诉讼法对回避适用的理由、适用范围与程序等都作了明确规定。根据相关规定,我国回避制度限于有因回避,包括审判人员自行回避,当事人及其诉讼代理人申请要求审判人员回避,以及人民法院有关负责人或组织指令回避三种类型。

第四,辩护和辩论制度。当事人就案件事实和法律适用与对方展开辩驳的制度,在刑事诉讼中称为辩护制度,在民事、行政诉讼中称为辩论制度。刑事辩护制度,是指犯罪嫌疑人、被告人及其辩护人从事实、法律、程序等方面反驳控诉,提出有利于犯罪嫌疑人、被告人的材料和意见,以维护其诉讼权利和其他合法权益的制度。《刑事诉讼法》对可以担任辩护人的范围、辩护种类,以及辩护人的诉讼地位、权利义务等均作了规定。辩论制度,是指当事人在人民法院的主持下,有权就案件事实和争议问题,各自陈述自己的主张并相互进行反驳和辩论的制度。《民事诉讼法》《行政诉讼法》均规定,在案件审理中,当事人有权进行辩论。

(二)基于检察权的法律适用

基于检察权适用法律,主要体现为检察机关的侦查制度、逮捕制度、公诉制度、诉讼监督制度与公益诉讼制度。我国检察机关作为法律监督机关,其权力运行遵循检察权依法独立行使原则、检察一体原则和客观公正原则。

1.基本原则

检察机关在法律适用过程中,也坚持依法独立行使检察权的原则。这与我国法院依法独立行使审判权原则的内容一致,既强调检察权行使不受行政机关、社会团体和个人的不当干涉,也强调检察权行使受党的领导、国家权力机关的监督等。此外,检察机关在法律适用过程中,还坚持检察一体原则、客观公正原则等区别于基于审判权适用法律的原则。

第一,检察一体原则。检察一体原则,又称检察权统一行使原则,是上下一体、协同配合、职能统一的检察权运行方式。它强调各级检察机关依法构成统一的整体,在行使职权、执行职务的过程中实行"上命下从",具体涉及:(1)上下级检察机关、检察官之间存在上命下从的领导关系。不同级别的检察官之间存在领导与被领导的关系,下级检察官在执行任务时需要接受上级检察官的领导,检察官服从检察长;下级检察机关服从上级检察机关的命令,全国检察机关接受最高人民检察院的领导。(2)职务移转与继承权。检察官在执行职务过程中因故不能继续执行职务或检察长认为其不宜继续执行该项职务时,检察长或上级检察官有权指派其他检察官承继或代理其职务,相关诉讼程序继续进行,不必重新开始。(3)超出辖区范围时的业务协助。如调查取证、扣押等侦查措施和强制措施的适用,相应检察机关可以代为执行或是协助其他检察机关在本辖区内执行有关职能。检察一体原则是由检察权的法律监督性质和检察机关维护国家法制统一的任务所决定的,它强化了检察机关的领导体制,可以保证检察活动的高效和公正。

第二,客观公正原则。客观公正原则,也称为检察官的客观公正义务,是指检察官为了实现诉讼目的,不应站在当事人的立场,而应站在客观公正的立场上进行活动。《联合国关于检察官作用的准则》第 12 ~ 14 条明确规定,检察官应当迅速而公平地依法行事;在履行职责时,应保证公共利益,按照客观标准行事,适当考虑到嫌疑犯和受害者的立场,并注意到一切有关的情况,无论对嫌疑犯有利或不利;如若一项不偏不倚的调查表明起诉缺乏根据,检察官不应提出或继续检控,或应尽力阻止诉讼程序。对此,我国《人民检察院刑事诉讼规则》第 61 条第 2 款也规定,人民检察院提起公诉,应当秉持客观公正立场,对被告人有罪、罪重、罪轻的证据都应当向人民法院提出。结合检察职能与相关法律、司法解释的规定,检察官客观公正义务强调:(1)检察机关承担法律监督职责,检察官负有保障法律正确实施的责任。(2)检察官应当全面客观地调查和审查案件。在刑事案件侦查中,禁止刑讯逼供和以威胁、引诱、欺骗等非法方法取证。在审查逮捕、羁押必要性审查、受理申诉控告、证据审查等过程中,秉公执法,既注意对犯罪嫌疑人不利的情况,也注意有利的情况。(3)检察机关负有保护和协助被追诉者的责任。(4)检察机关应当依法客观公正地行使抗诉权,在定罪量刑的救济中,既针对有罪判无罪、量刑畸轻的案件,也针对无罪判有罪、量刑畸重的案件。(5)检察官作为司法官员,为保证案件的公正处理,是回避的对象,而不是作为享有回避申请权的当事人。

2. 具体活动

第一,侦查。检察机关的侦查制度,从狭义来讲,是指职务犯罪侦查制度,即根据刑事司法法律适用主体适格关于职能管辖的规定,检察机关对由其直接受理的案件予以立案并展开侦查的制度。从广义来看,检察院的侦查权还涉及审查起诉过程中的退回补充侦查权与自行补充侦查的权力。

《刑事诉讼法》第 19 条规定,人民检察院在对诉讼活动实行法律监督中发现的司法工作人员利用职权实施的非法拘禁、刑讯逼供、非法搜查等侵犯公民权利、损害司法公正的犯罪案件,可以由人民检察院立案侦查。为此,检察院应对在诉讼监督过程中发现的相关线索、材料进行审查,以决定是否立案。检察院对直接受理案件的侦查,适用《刑事诉讼法》第二编第二章对侦查的规定,可以进行讯问犯罪嫌疑人,询问证人、被害人,勘验、检查,搜查,查封、扣押物证、书证,鉴定等侦查行为。同时,《刑事诉讼法》第 165 ~ 168 条对检察院直接立案侦查案件的逮捕、拘留作了专门规定,指出人民检察院直接受理的案件中符合《刑事诉讼法》第 81 条,第 82 条第 4 项、第 5 项规定情形,需要逮捕、拘留犯罪嫌疑人的,由人民检察院作出决定,由公安机关执行;对直接受理的案件中被拘留的人,应当在拘留后的 24 小时以内进行讯问。在发现不应当拘留的时候,必须立即释放,发给释放证明;对直接受理的案件中被拘留的人,认为需要逮捕的,应当在14日以内作出决定。在特殊情况下,决定逮捕的时间可以延长1日至3日。对不需要逮捕的,应当立即释放;对需要继续侦查,并且符合取保候审、监视居住条件的,依法取保候审或者监视居住。人民检察院侦查终结的案件,应当作出提起公诉、不起诉或者撤销案件的决定。

第二,逮捕。逮捕是在一定时间内剥夺人身自由的强制措施。基于检察权运行适用逮捕,涉及批准逮捕和决定逮捕两个内容。前者指检察院承担对刑事案件侦查机关提请逮捕之案件的审查批准责任,后者指检察院对直接受理侦查案件享有决定逮捕的权力。逮捕是防止被追诉者妨碍诉讼进行的一种诉讼保障措施,其法律适用需满足实质要件与形式要件。根据《刑事诉讼法》第81条的规定,逮捕的实质要件涉及:(1)证据条件。即有证据证明有犯罪事实。(2)刑罚条件。即犯罪嫌疑人、被告人可能判处徒刑以上刑罚。(3)危险性条件。即对犯罪嫌疑人、被告人采取取保候审尚不足以防止发生诸如实施新的犯罪,危害国家安全、公共安全或者社会秩序的现实危险,毁灭、伪造证据,干扰证人作证或者串供,对被害人、举报人、控告人实施打击报复,自杀或者逃跑等社会危险性的。此外,立法还专门规定了对有证据证明有犯罪事实,可能判处10年有期徒刑以上刑罚的,或者有证据证明有犯罪事实,可能判处徒刑以上刑罚,曾经故意犯罪或者身份不明的被追诉者予以径行逮捕;以及对违反取保候审、监视居住规定,情节严重的被取保候审、监视居住的犯罪嫌疑人、被告人,变更强制措施为逮捕。逮捕的形式要件则涉及逮捕由有权机关决定、有合法逮捕证件以及特殊对象诸如人民代表大会代表的逮捕符合特殊程序要求等。

检察院的批准逮捕权,有司法审查的意味,同时也是检察院法律监督的途径之一。如被评选为全国优秀侦查活动监督案件的"王某某涉嫌故意杀人案刑讯逼供监督案件"。[①] 检察机关在对公安机关移送的"王某某案"进行审查逮捕的过程中,通过阅卷、多次讯问王某某等手段,最终以事实不清、证据不足对"王某某案"作出不批准逮捕决定;同时向公安机关发出了《不捕理由说明书》《补充侦查提纲》《纠正违法通知书》。检察机关在《补充侦查提纲》中还对该案提出了新的侦查思路,帮助公安机关抓获了本案真正的犯罪行为人。

第三,公诉。公诉制度,是检察院代表国家就被追诉者及其犯罪行为向人民法院提出控诉,要求法院进行审判的制度。我国公诉制度涉及审查起诉、提起公诉与不起诉、出庭支持公诉、变更公诉等具体内容。

---

① 参见最高人民检察院2016年发布的检例第27号。

审查起诉，是指人民检察院对侦查机关侦查终结的案件予以审查，以决定是否提起公诉的活动。根据《刑事诉讼法》第169条的规定，凡需要提起公诉的案件，一律由人民检察院审查决定。人民检察院审查案件的时候，必须查明：(1)犯罪事实、情节是否清楚，证据是否确实、充分，犯罪性质和罪名的认定是否正确；(2)有无遗漏罪行和其他应当追究刑事责任的人；(3)是否属于不应追究刑事责任的；(4)有无附带民事诉讼；(5)侦查活动是否合法。为查明前述事实，人民检察院应当讯问犯罪嫌疑人，听取辩护人或者值班律师、被害人及其诉讼代理人的意见，并记录在案。辩护人或者值班律师、被害人及其诉讼代理人提出书面意见的，应当附卷。同时，人民检察院可以要求公安机关提供法庭审判所必需的证据材料；认为可能存在《刑事诉讼法》第56条规定的以非法方法收集证据情形的，可以要求其对证据收集的合法性作出说明。

经审查，人民检察院认为犯罪嫌疑人的犯罪事实已经查清，证据确实、充分，依法应当追究刑事责任的，应当作出起诉决定，按照审判管辖的规定，向人民法院提起公诉，并将案卷材料、证据移送人民法院。对于提起公诉的案件，人民检察院应当派员出席法庭支持公诉。检察院派员出庭支持公诉，是检察机关承担举证责任、协助法院查清事实的体现。同时，出席法庭支持公诉的检察官代表检察院监督法院的审判活动。

不起诉，则是指检察机关在审查起诉中，发现案件存在特定情形时，依法作出具有终结案件效力之不起诉决定的制度。具体包括：(1)法定不起诉。若犯罪嫌疑人没有犯罪事实，或者有《刑事诉讼法》第16条规定的情形之一的，人民检察院应当作出不起诉决定。(2)酌定不起诉。犯罪情节轻微，依照刑法规定不需要判处刑罚或者免除刑罚的，人民检察院可以作出不起诉决定。(3)证据不足不起诉。需要补充侦查的案件，对二次补充侦查，人民检察院仍然认为证据不足，不符合起诉条件的，应当作出不起诉的决定。(4)经最高人民检察院核准的不起诉。《刑事诉讼法》第182条规定，犯罪嫌疑人自愿如实供述涉嫌犯罪的事实，有重大立功或者案件涉及国家重大利益的，经最高人民检察院核准，公安机关可以撤销案件，人民检察院可以作出不起诉决定，也可以对涉嫌数罪中的一项或者多项不起诉。(5)附条件不起诉。未成年人涉嫌刑法分则第四章、第五章、第六章规定的犯罪，可能判处一年有期徒刑以下刑罚，符合起诉条件，但有悔罪表现的，人民检察院可以作出附条件不起诉的决定。人民检察院决定不起诉的案件，应当同时对侦查中查封、扣押、冻结的财物解除查封、扣押、冻结。对被不起诉人需要给予行政处罚、处分或者需要没收其违法所得的，人民检察院应当提出检察意见，移送有关主管机关处理。

变更公诉,是指人民检察院对已经向人民法院提起公诉的案件,对公诉请求作出改变的活动。变更公诉涉及狭义的公诉变更、追加起诉与撤回起诉。其中,变更起诉适用于人民检察院发现被告人的真实身份或者犯罪事实与起诉书中叙述的身份或者指控犯罪事实不符的;或者事实、证据没有变化,但罪名、适用法律与起诉书不一致时,对公诉予以变更的情形。追加起诉,指检察机关对于发现遗漏的同案犯罪嫌疑人或者罪行,认为可以与既有起诉一并起诉和审理时,而予以追加、补充起诉的情形。根据《人民检察院刑事诉讼规则》第 424 条的规定,在人民法院宣告判决前,人民检察院发现案件存在下列情形之一的,可以撤回起诉:(1)不存在犯罪事实的;(2)犯罪事实并非被告人所为的;(3)情节显著轻微、危害不大,不认为是犯罪的;(4)证据不足或证据发生变化,不符合起诉条件的;(5)被告人因未达到刑事责任年龄,不负刑事责任的;(6)法律、司法解释发生变化导致不应当追究被告人刑事责任的;(7)其他不应当追究被告人刑事责任的。变更公诉是检察院基于检察自由裁量权的行使,以保障法律适用的正确性为原则的制度。

第四,诉讼监督。检察机关诉讼监督制度包括立案、侦查监督,刑事审判监督、刑事执行检察监督与民事、行政诉讼监督等监督内容。立案监督与侦查监督涉及检察院对重大、疑难、复杂案件提前介入侦查,参与讨论和以对证据收集和法律适用提出意见;基于审查批捕、审查起诉、羁押必要性审查等案件审查机制以及受理申诉、控告,发现违法行为并依法处理等监督途径。刑事审判监督既涉及检察院对法院刑事审判程序合法性的监督,也涉及对刑事判决、裁定正确性的监督。前者主要通过出庭检察人员在履行公诉职责、检察职责的过程中发现问题,并在休庭后报告给检察长,由人民检察院以书面的方式向人民法院提出纠正意见。后者则涉及检察院对刑事判决、裁定的抗诉。刑事执行检察监督包括检察院对刑罚执行的监督、强制医疗执行的监督等。民事、行政诉讼监督,主要以检察机关按照审判监督程序提出抗诉或提出检察建议的方式进行,其问题发现机制涉及当事人的申诉,公民、法人和其他组织的检举,国家权力机关、上级人民检察院的交办或其他机关、组织的转办等。

第五,公益诉讼。检察机关提起公益诉讼,有利于优化司法职权配置、完善行政诉讼制度,也有利于推进法治政府建设。人民检察院在履行职务犯罪侦查、批准或者决定逮捕、审查起诉、控告检察、诉讼监督等职责的过程中,发现存在损害社会公共利益的行为,既可以督促行政机关依法履行保护公益职责,也可以督促适格主体积极行使公益诉权,在行政机关不纠正违法或履行职责、没有适格主体或适格主体不提起诉讼的情况下,检察机关则应提起行政公益诉讼或民事公益诉讼,并通过对公益诉讼的审理、裁判、执行进行监督,确保国家利益和社会公共利益得到有效司法保护。人民检察院办理公益诉讼案件,可以向有关行政机关以及其他组织、公民调查收集证据材料;有关行政机关以及其他组织、公民应当配合;需要采取证据保全措施的,依照民事诉讼法、行政诉讼法相关规定办理。人民检察院以公益诉讼起诉人身份提起公益诉讼,依照民事诉讼法、行政诉讼法享有相应的诉讼权利,履行相应的诉讼义务。

(三)基于侦查权的法律适用

基于侦查权适用法律的主体主要为公安机关,但根据《刑事诉讼法》的规定,除公安机关之外,人民检察院、国家安全机关、军队保卫部门、中国海警局、监狱也享有特定案件的侦查权。法律适用主体基于侦查权适用法律的关键是通过实施侦查行为、适用强制措施以收集证据、查清案件事实、查获犯罪嫌疑人。侦查活动是国家专门机关依照法定职权从事的公务活动,其内容具有特定性,必须按照法定的条件、方式、程序实施,且侦查工作是以国家强制力为后盾,具有强制性的特征。

1. 基本原则

侦查是刑事案件提起公诉和审判的前提,国家刑罚权的实现以侦查任务的完成为基础。为此,基于侦查权适用法律坚持迅速及时原则、客观全面原则、法治原则、比例原则等基本原则。

第一,迅速及时原则。该原则要求侦查机关在接案以后,应当迅速及时地组织侦查力量、确定侦查方案、开展侦查活动。这是考虑到案发后,犯罪现场会受到破坏、证据可能灭失、行为人可能会逃跑等多重因素,为实现侦查取证、查获嫌疑人的目的对侦查提出的要求。

第二,客观全面原则。该原则要求侦查活动以客观存在的证据出发展开,防止主观臆断,同时侦查人员在侦查工作中要全面细致,尽可能地收集一切与案件有关的证据。如《刑事诉讼法》第52条规定,侦查人员必须依照法定程序,收集能够证实犯罪嫌疑人、被告人有罪或者无罪、犯罪情节轻重的各种证据……必须保证一切与案件有关或者了解案情的公民,有客观地充分地提供证据的条件,除特殊情况外,可以吸收他们协助调查。

第三,法治原则。该原则是基于侦查活动的强制性、专门性特定,要求侦查工作的展开必须严格遵守法律规定的程序和条件,防止对公民合法权利的侵犯。如就侦查取证,《刑事诉讼法》第52条规定侦查人员依法收集证据,严禁刑讯逼供和以威胁、引诱、欺骗以及其他非法方法收集证据,不得强迫任何人证实自己有罪。

第四,比例原则。该原则也是考虑到侦查活动的强制性特征,要求侦查机关应结合具体情况,从适当性、必要性等角度综合权衡应采取的侦查行为、强制措施。如我国立法确定的拘传、取保候审、监视居住、拘留、逮捕五种强制措施,在限制人身自由、剥夺人身自由的强度上是有差别的，侦查人员在个案中确定对犯罪嫌疑人适用的强制措施，就必须结合强制措施适用需达成的目标与嫌疑人、案件的具体情况，采取对公民权利限制最小的一种。此外，比例原则也强调在对不同权利进行权衡的基础上，侦查行为所造成的不利侵害不得大于其所要保护的利益。

第五，保守秘密原则。该原则要求侦查机关在侦查过程中，不得将案情，侦查线索、方向和意图，证据材料，以及诉讼参与人、秘密侦查员等的身份情况等信息向无关人员泄露。这是因为，侦查过程中，相关信息的泄露不仅会影响侦查工作进展，泄露国家秘密、商业秘密与个人隐私，还会危及相关人员的人身安全。

2. 具体体现

基于侦查权适用法律的行为，主要受《刑事诉讼法》中关于“侦查”的规制，涉及侦查行为与强制措施适用。

第一，侦查行为。侦查行为包括任意侦查与强制侦查：任意侦查以相对人的自愿配合为前提，不涉及强制手段的运用；强制侦查是侦查机关通过强制方法对相对人进行的侦查。前者如征得同意后的搜查、检查行为，后者如强制扣押、强制检查等。根据《刑事诉讼法》的规定，侦查行为主要有：(1)侦查讯问。侦查讯问是指，侦查人员以言词方式向犯罪嫌疑人查问案件事实的活动。侦查讯问制度涉及讯问主体、讯问时间与地点、讯问方式、讯问笔录制作，以及特殊被讯问对象的讯问程序等内容。(2)侦查询问。侦查询问是指，侦查人员向证人、被害人以言词方式了解案件情况、展开调查的活动。侦查询问制度的内容也包括询问主体、询问时间与地点、询问方式、询问笔录制作，以及特殊被询问对象的询问程序等。(3)勘验、检查。勘验、检查是指，侦查人员对与犯罪有关的场所、物品、尸体或人身进行勘察、检验、检查，以收集各种与犯罪有关的痕迹、物品的活动。该制度包括现场勘验、物证检验、尸体检验、人身检查和侦查实验等内容，《刑事诉讼法》对其应遵循的法定程序分别进行了规定。(4)搜查。搜查是指，侦查人员依法对犯罪嫌疑人以及可能隐藏罪犯或者犯罪证据的人身、物品、住处和其他有关地方进行搜查、检查的活动。搜查制度包括人身搜查与场所搜查两类，《刑事诉讼法》对搜查主体、搜查程序、搜查笔录的制作、搜查活动的见证等进行了规定。(5)查封、扣押。查封、扣押是指，侦查人员依法封存、提取和留置与案件有关的财物、文件的活动，是侦查机关获取和保全物证、书证的措施。查封、扣押必须严格依照法律规定的程序进行，对已查封、扣押的财物、文件等，经查明与案件无关的，应当在 3 日内解除查封、扣押，退还原主或原邮电部门、网络服务单位等。(6)鉴定。鉴定是指，侦查机关指派或者聘请具有专门知识的人，就案件中的专门问题进行科学鉴别和判断，出具鉴定意见的行为。鉴定制度包括对物品、文件、痕迹、人身、尸体等的鉴定。《刑事诉讼法》对鉴定的启动、鉴定的条件以及鉴定意见的审查判断作了规定,侦查机关应当为鉴定人提供必要的鉴定条件,如及时送交检材和对比样本、介绍与鉴定有关的情况等。(7)辨认。辨认是指侦查机关组织相关人员对与犯罪有关的物品、文件、场所或者犯罪嫌疑人进行辨认的行为。《刑事诉讼法》并未对辨认的具体程序等内容进行规定,《公安机关办理刑事案件程序规定》与《人民检察院刑事诉讼规则》对辨认的程序、辨认的对象要求、辨认笔录的制作等进行了明确,我国侦查辨认强调将辨认对象混杂在其他对象中,在侦查人员的主持下、见证人的见证下进行。(8)通缉。通缉是侦查机关以发布通缉令的方式对应当逮捕而在逃的犯罪嫌疑人予以通报缉拿归案的活动。通缉制度内容包括通缉令的发布主体、程序、通缉令的内容与实施等。在我国,只有公安机关有权发布通缉令。(9)技术侦查。技术侦查是指,侦查机关使用专门技术设备和方法,对犯罪嫌疑人以及与犯罪活动相关的人员、物品、场所,进行秘密调查、取证的行为。技术侦查措施包括通信监控、隐匿身份侦查、控制下交付等。《刑事诉讼法》及相关规定对技术侦查的适用范围、程序、原则等进行了规定。

第二,强制措施适用。强制措施适用是指侦查机关在侦查活动中针对犯罪嫌疑人依法适用拘传、取保候审、监视居住、拘留、逮捕这五种限制或剥夺人身自由的措施。侦查机关适用强制措施的目的是强制犯罪嫌疑人到达侦查机关接受调查,以及强制其接受侦查、起诉、审判,即保障犯罪嫌疑人到案与候审。强制措施的适用,是对公民人身自由的限制或剥夺,因此其必须严格遵守侦查活动的法治原则、比例原则。此外,强制措施的适用还强调令状原则,即强制措施的适用必须有相关主体签发的令状,且其具体实施必须严格按照令状要求进行,如拘传证、拘留证、逮捕证、取保候审决定书与通知书、监视居住决定书与通知书。基于法治原则,《刑事诉讼法》对各强制措施适用的主体,对象,适用程序、条件与手续,以及适用期限等作了明确规定。

(四)基于行政执法权的法律适用

基于行政执法权适用法律,包括狭义的行政执法,即行政主体依法直接对特定行政相对人和行政事务采取措施,或对相关人员权利义务的行使及履行情况进行监督检查的行为;以及行政机关以居中裁决的第三者身份适用法律裁决行政争议或民事纠纷的行为。根据第二章对行政主体法律适用职权的讲述,基于行政执法权适用法律的主要形式如下:

1. 行政处罚

行政处罚是一种行政制裁,具有惩戒性。《行政处罚法》对行政处罚的原则、处罚程序、处罚的种类以及行政处罚的执行等作了具体规定。

行政处罚原则包括处罚法定原则,公开、公正原则,惩教结合原则与一事不再罚原则。其中,处罚法定原则是指实施行政处罚的主体、程序、依据必须严格依照法律规定。《行政处罚法》第4条明确规定了行政处罚遵循公正、公开的原则。公正原则强调行政处罚以事实为根据、以法律为准绳,处罚的种类、轻重等与违法行为的事实、性质、情节以及社会危害程度相当;公开原则强调行政主体作出行政处罚决定,应当告知当事人处罚决定的事实、理由与依据,对违法行为给予行政处罚的规定必须公布,未经公布的,不得作为行政处罚的依据。惩教结合原则,强调行政主体实施行政处罚,纠正违法行为,应当坚持处罚与教育相结合,教育公民、法人或者其他组织自觉守法。一事不再罚原则,是指对当事人的同一个违法行为,不得给予两次以上罚款的行政处罚。一事不再罚原则适用的关键在于对"一事"的认定与对涉及法规竞合情况下处罚次数的认识。前者主要涉及对持续状态、连续状态下的违法行为以及牵连的违法行为,应界定为"一事"还是"多事"的分析。如2005年6月,赵某驾驶小型客车途经104国道线时,因超速行驶分别被绍兴县公安局交通巡逻警察大队、绍兴市公安局交通巡逻警察支队城区执勤大队、绍兴市公安局交通巡逻警察支队东区执勤大队的监控设备拍照记录,时间分别为15时19分、15时23分、15时25分。后绍兴县公安局交通巡逻警察大队以机动车超过规定时速50%以下为由,对其处罚款200元,绍兴市公安局交通巡逻警察支队以同样理由对其两次处罚款200元。赵某不服,认为该处罚违反行政处罚法所规定的"一事不再罚"原则,向绍兴市公安局申请行政复议。在本案中,三张监控照片无法证明行为人的超车行为是属于三次间隔短暂的连续超车还是六分钟内的持续超车行为,前者是连续行为、后者是继续行为,二者在本质上都只是"一个"行为。因此,后续罚款行为违反了行政处罚法关于一事不再罚的规定。①

行政处罚决定,必须由行政主体在查清事实的基础上、认真听取当事人的意见后作出。对此,《行政处罚法》第30条规定,公民、法人或者其他组织违反行政管理秩序的行为,依法应当给予行政处罚的,行政机关必须查明事实;违法事实不清的,不得给予行政处罚。第32条规定,当事人有权进行陈述和申辩。行政机关必须充分听取当事人的意见,对当事人提出的事实、理由和证据,应当进行复核;当事人提出的事实、理由或者证据成立的,行政机关应当采纳。行政机关不得因当事人申辩而加重处罚。基于处罚法定原则,《行政处罚法》还规定了行政机关作出处罚决定的简易程序与普通程序。除针对案件事实清楚、情节简单的行政处罚事项,行政主体可以当场作

① 案例参见陈无风:《穿行于一罚与多罚之间》,载《行政法学研究》2006年第2期。

出处罚决定外,行政处罚应基于立案,调查取证,告知当事人行政处罚的事实、理由与依据,听取当事人的陈述和申辩,作出处理决定,制作并送达处罚决定书的步骤和程序进行。此外,行政机关作出责令停产停业、吊销许可证或者执照、较大数额罚款等行政处罚决定之前,应当告知当事人有要求举行听证的权利;当事人要求听证的,行政机关应当组织听证。听证程序是以公开方式举行、由利害关系人参加的,行政机关广泛听取各方意见的程序。根据《行政处罚法》第 42 条的规定,听证依照以下程序组织:(1)当事人要求听证的,应当在行政机关告知后 3 日内提出。(2)行政机关应当在听证的 7 日前,通知当事人举行听证的时间、地点。(3)除涉及国家秘密、商业秘密或者个人隐私外,听证公开举行。(4)听证由行政机关指定的非本案调查人员主持;当事人认为主持人与本案有直接利害关系的,有权申请回避。(5)当事人可以亲自参加听证,也可以委托一人至二人代理。(6)举行听证时,调查人员提出当事人违法的事实、证据和行政处罚建议;当事人进行申辩和质证。(7)听证应当制作笔录,笔录应当交当事人审核无误后签字或者盖章。

2. 行政强制

《行政强制法》规定了行政强制措施的适用与行政强制执行。作为法律适用内容的行政强制制度,主要指行政强制措施的适用。行政强制措施,是一种暂时性措施,以维护社会公共秩序或保障公民人身健康安全为目的。其包括制止性措施,如交警对超速车辆进行的强制拦截扣留;预防性措施,如《治安管理处罚法》第 15 条的规定,醉酒的人在醉酒状态中,对本人有危险或者对他人的人身、财产或公共安全有威胁时,应当对其采取保护性措施约束至酒醒;保障性措施,如海关对涉嫌走私的物品先期扣押或查封以保证之后行政执法活动的顺利进行。①《行政强制法》第 4 ~ 8 条对行政强制适用的原则进行了规定,包括法定原则、适当性原则、教育与强制相结合原则、不得滥用行政强制权原则,以及当事人陈述、申辩权与救济权原则。

根据行政强制的法定原则,《行政强制法》以专章第 3 章规定了行政强制措施实施程序。实施行政强制措施的一般程序主要包括:(1)实施前须向行政机关负责人报告并经批准;(2)由两名以上行政执法人员实施;(3)出示执法身份证件;(4)通知当事人到场;(5)当场告知当事人采取行政强制措施的理由、依据以及当事人依法享有的权利、救济途径;(6)听取当事人的陈述和申辩;(7)制作现场笔录;(8)现场笔录由当事人和行政执法人员签名或者盖章,当事人拒绝的,在笔录中予以注明;(9)当事人不到场的,邀请见证人到场,由见证人和行政执法人员在现场笔录上签名或者盖

① 参见胡锦光主编:《行政法与行政诉讼法》,高等教育出版社 2011 年版,第 166 ~ 167 页。

章;(10)法律、法规规定的其他程序。

此外,行政机关实施公民人身自由的行政强制措施,还需遵守:(1)当场告知或者实施行政强制措施后立即通知当事人家属实施行政强制措施的行政机关、地点和期限。(2)在紧急情况下当场实施行政强制措施的,在返回行政机关后,立即向行政机关负责人报告并补办批准手续。(3)法律规定的其他程序。实施限制人身自由的行政强制措施不得超过法定期限。实施行政强制措施的目的已经达到或者条件已经消失,应当立即解除。行政机关实施查封、扣押等针对财产的强制措施,除一般程序规定外,还需遵守:(1)制作并当场交付查封、扣押决定书和清单。查封、扣押决定书应当载明当事人的姓名或者名称、地址,查封、扣押的理由、依据和期限,查封、扣押场所、设施或者财物的名称、数量等,申请行政复议或者提起行政诉讼的途径和期限,行政机关的名称、印章和日期。查封、扣押清单一式二份,由当事人和行政机关分别保存。(2)遵守法定期限,履行延期批准和告知义务。查封、扣押的期限不得超过30日;情况复杂的,经行政机关负责人批准,可以延长,但是延长期限不得超过30日。法律、行政法规另有规定的除外。延长查封、扣押的决定应当及时书面告知当事人,并说明理由。同时,对物品需要进行检测、检验、检疫或者技术鉴定的,查封、扣押的期间不包括检测、检验、检疫或者技术鉴定的期间。检测、检验、检疫或者技术鉴定的期间应当明确,并书面告知当事人。检测、检验、检疫或者技术鉴定的费用由行政机关承担。(3)履行妥善保管义务,承担损害赔偿责任。根据《行政强制法》第26条的规定:对查封、扣押的场所、设施或者财物,行政机关应当妥善保管,不得使用或者损毁;造成损失的,应当承担赔偿责任。对查封的场所、设施或者财物,行政机关可以委托第三人保管,第三人不得损毁或者擅自转移、处置。因第三人的原因造成的损失,行政机关先行赔付后,有权向第三人追偿。因查封、扣押发生的保管费用由行政机关承担。

张某某于1989年经公主岭市工商局(被告)批准,在该市岭东市场租用被告摊位经营A百货商店,每月向被告交纳摊位租金50元,工商管理费30元。1992年年初被告所属的工作人员为了帮其在岭东市场租用摊位的熟人换个好位置,要求摊位地段较好的A百货商店串动摊位,张某某表示不同意。同年3月12日再次要求张某某串动摊位遭到拒绝后,被告在未出示任何证件的情况下,将原告正在营业的A百货商店查封,换上门锁、贴上封条,对张某某经营的商品也未当场清点记录。后该店在查封期间两次被盗。原告向公主岭市法院起诉,要求撤销工商局不合理的决定,并赔偿因查封所造成的损失。法院经过审理,认为被告在实施查封这一行政强制行为的过程中存在两处明显的程序违法情形:一是没有出示任何证件即没有依法表明自己的执法身份;二是在实施查封行为前没有向相对人说明理由。为此,判决确认该查封行为违法,并由被告赔偿原告查封期间的经济损失 1845 元。①

3. 行政许可

行政许可是一种依申请的行政行为,行政机关只有在行政相对人提出申请的情况下才能够实施。其实质是一种政府管制,即政府以公权的形式干预社会生活,尤其是经济活动,具有行政监控性的特征,以维护社会秩序,保护国家利益、社会利益等为目的。行政许可包括普通许可、特许、认可、核准、登记五类。其中,普通许可是实践中运用最广泛的一种,是指由行政机关确认自然人、法人或其他组织是否具备法定条件的许可方式。特许,是指根据行政、社会或经济的特殊需要,将本应属于国家的特殊权利或权力赋予相对人的许可方式。认可是由行政机关对申请人是否具备特定技能的认定,主要适用于为公众提供服务、直接关系公共利益并且要求具备特殊信誉、特殊条件或这特殊技能的资格、资质事项。核准是行政机关对某些事项是否达到特定技术标准、经济技术规范作出判断、确定的许可方式。登记是行政机关确立个人、企业或者其他组织的特定主体资格的许可方式。②

行政许可的程序一般包括当事人提出申请,行政主体对申请的受理与审查,行政主体对是否符合行政许可条件的调查、核实,以及行政许可决定的作出等内容。《行政许可法》专章第 4 章规定了行政许可的实施程序。在行政许可实施过程中,应当坚持合法原则,公平、公正、公开原则,便民、效率原则,当事人陈述、申辩权、救济权原则,以及信赖保护原则。其中,信赖保护原则是指《行政许可法》第 8 条规定的,公民、法人或者其他组织依法取得的行政许可受法律保护,行政机关不得擅自改变已经生效的行政许可。行政许可所依据的法律、法规、规章修改或者废止,或者准予行政许可所依据的客观情况发生重大变化的,为了公共利益的需要,行政机关可以依法变更或者撤回已经生效的行政许可。由此给公民、法人或者其他组织造成财产损失的,行政机关应当依法给予补偿。例如:

在抗击禽流感疫情时,国家对疫点病禽和强制扑杀的家禽平均每只补助 10 元。甘肃靖远县东升乡柴辛村养鸡户宣某说:“我家总共有 1780 只鸡被扑杀,当时心里确实很难受。但政府很重视,也没有不管咱,很快就发放了部分补偿金。”对禽类强制

---

① 参见最高人民法院中国应用法学研究所编:《人民法院案例选》(1993 年第 3 辑　总第 5 辑),人民法院出版社 1993 年版,第 180 ~ 183 页。转引自胡锦光主编:《行政法与行政诉讼法》,高等教育出版社 2011 年版,第 167 ~ 168 页。

② 参见莫于川主编:《案例行政法教程》,中国人民大学出版社 2016 年版,第 134 页。

免疫和捕杀属于政府行为，政府作出这个行为是有法律依据的，不违法，但毕竟给已获得养鸡行政许可的养殖户和养殖企业造成了损失，政府就要给予补偿。这便体现了我国《行政许可法》第8条所确认的信赖保护原则。①

4. 行政裁决

行政裁决作为一种准司法性质的行政行为，也是依申请的行政行为，行政裁决的作出需以当事人向行政机关提出裁决申请为前提。行政裁决具有主体特定、对象特定、裁决结果具有强制效力的特征。行政裁决虽然依照的程序不同于一般行政法律适用的程序，而是按照准司法程序实施，但是行政裁决的主体是依法享有行政管理职权的行政主体，其仍属于行政主体基于行政执法权适用法律的范畴。行政裁决的对象只能是特定的民事纠纷，不包括行政纠纷，也不包括合同纠纷。若是行政主体针对行政纠纷进行裁决，则属于行政复议的范畴，而与合同相关的民事纠纷一般通过审判或仲裁裁判。属于行政裁决范畴的民事纠纷，一般是涉及较强专业技术知识，且引起民事纠纷的行为可能既损害了民事关系，又危及了行政管理秩序，如山林权属争议纠纷、注册商标专用权侵权纠纷等。

行政裁决因是一种准司法性质的行为，其实施必须严格遵守合法性原则、裁决主体中立原则与效率原则。此外，根据司法最终裁决原则，行政裁决虽是一种准司法行为，但其仍不具有终局性。当事人若认为行政裁决并没有达到保护自己合法权益的目的，仍然可以依法向人民法院提起诉讼，寻求司法救济。行政裁决的实施一般包括当事人提出申请、行政主体的受理、对方当事人的答辩、行政主体的审理与裁决等程序。需要注意的是，我国并没有专门法律对行政裁决的实施进行规定，大多数零散的法律、法规仅对行政裁决的内容进行了规定，却较少规定行政裁决的程序。2018年年底，中共中央办公厅、国务院办公厅《关于健全行政裁决制度加强行政裁决工作的意见》指出，要适时推进行政裁决统一立法，以法律或者行政法规的形式对行政裁决制度进行规范。要建立行政裁决告知制度，健全行政裁决救济程序的衔接机制。

5. 行政确认

行政确认以行政主体确定或否定行政相对人的法律地位和权利义务为内容。因此，行政主体在实施行政确认时，必须严格遵守法律规定并受到各种技术规范的制约，做到以事实为根据、以法律为准绳。一般来讲，行政确认必须以书面形式作出，是一种要式行政行为。

从形式上来讲，行政确认包括确定、认定、证明、登记、鉴证五种形式：(1)确定，

---

① 案例选自胡锦光主编：《行政法与行政诉讼法》，高等教育出版社2011年版，第198页。

即对个人或者组织法律地位与权利义务的确定,如颁发土地使用证、宅基地使用证与房屋产权证书以确定相对人的财产所有权,颁发专利证书、商标专用权证书确认专利权、商标权。(2)认定(认证),即对个人或者组织已有法律地位、权利义务以及确认事项是否符合法律要求的承认和肯定,如对产品质量是否合格的认证。(3)证明,即行政主体向其他人明确肯定被证明对象的法律地位、权利义务或者某种情况,如学历、学位证明,居民身份证明,货物原产地证明。(4)登记,即行政主体应申请人申请,在政府有关登记簿册中记载相对人的某种情况或者事实,并依法予以正式确认的行为,如房屋产权登记、工商企业登记、户口登记、婚姻登记等。(5)鉴证,即行政主体对某种法律关系的合法性予以审查后,确认或者证明其效力的行为,如工商鉴定、审计鉴定、会计鉴定等。①

根据行政确认的具体内容,行政确认一般涉及公安行政确认、民政行政确认、劳动行政确认、卫生行政确认、经济行政确认等类别。

除上述制度之外,基于行政执法权适用法律还涉及行政征收、行政征用、行政给付等内容。

三、法律适用中的推理与论证

法律适用在事实认定与法律获取的基础上,通过涵摄得出法律适用的结论,这一过程即法律推理过程。法律适用的目的不仅在于在个案中实现法律、得到法律的效果,更重要的是通过法律论证证明法律适用结论的合法性与正当性,实现法律适用相对人对法律的真正尊重、信服。法律适用中的推理与论证,既有一定的联系,又存在一定的区别,是法律适用的重要内容。

(一)法律推理

法律推理是推理这一逻辑思维活动在法律领域中的运用,即法律适用主体基于一个或多个已知的判断得出另一未知判断的活动。其中,已知的一个或多个判断,又称为命题,是作为推理根据的前提,基于推理得出的未知判断或命题,是作为推理的结论。法律适用中的法律推理,以所认定的事实与获取到的法律为前提,所得到的结论就是法律适用结论。据此,可以说没有法律推理就没有法律适用。法律推理是一种理性、严密的思维活动,朱景文教授将其特征归纳为:(1)法律推理是法律适用中的一种思维活动。它不仅需要对抽象的法律规范进行理解和选择,而且需要将这种抽象的法律规范应用于具体案件中。因此,它可能是一系列复杂的法律推理和论证

① 参见莫于川主编:《案例行政法教程》,中国人民大学出版社2016年版,第153页。

活动的总和,并且它不同于根据证据所进行的事实推理。(2)法律推理以法律和事实两个已知的判断作为推理的前提。在法律规范所作出的规定和已判明的法律事实之间建立合理的联系,以此为前提推理论证出适用结果,也就是"以事实为根据,以法律为准绳"。(3)法律推理是运用多种科学的方法和规则进行的。除最基本的逻辑推理方法外,还需要应用一些非逻辑的分析和论证,如价值分析判断等。(4)法律推理的目的是为法律适用结论提供正当理由。法律推理与法律适用结果的理由相关,法律推理为法律适用结论提供正当理由,故具有说理的成分。①

源于法律推理的前述特征,法律推理具有预测、劝说与正当性证明的功能。预测是指法律推理以事实和法律为依据,能够为相关法律问题提供可能的法律结论。劝说,是指基于法律推理说服相关参与主体。正当性证明则强调法律推理为特定法律行为、判决和法律意见书等提供了正当的依据和理由。② 为了保证法律推理结论的准确、正当,需要从两个方面着手,即构成法律推理前提的事实与法律为"真",以及推理形式的有效性。其中,法律推理前提之事实为"真",取决于事实认定的程序、规则以及证明方法等的有效性,法律为"真"取决于法律规范本身的完整、自洽以及根据法律规范适用规则所确定的个案法律适用依据的适格,包括法律规范效力的选择、法律规范的合理解释以及法律本身无明文规定时的类推适用等。推理形式的有效性,则涉及法律推理方法的运用问题。法律推理方法一般包括形式推理与实质推理两种类别。具体而言:

第一,形式推理。形式推理,也称为分析推理,是运行形式逻辑进行推理的方式,一般包括演绎推理、归纳推理与类比推理的方法。演绎推理强调从一般到特殊,即根据一般性知识推出特殊性知识的推理。它是一种必然性推理,只要推理中的前提确定,则结论必然确定、唯一。如若前提是这个盒子里的所有铅笔都是红色的,这支铅笔是从这个盒子里拿出的,则必然得出结论"这支铅笔是红色"。归纳推理则强调从特殊到一般,是经由对个别事物或现象的知识总结出有关某类事物或现象之一般性规则的推理。例如,若已知这些铅笔是从这个盒子里拿出的,且这些铅笔都是红色的,则推理出这个盒子里的铅笔都是红色的。归纳推理与演绎推理不同,归纳推理具有一定的局限性,其结论是或然的、不确定的,受制于作为前提的信息是否完全。类比推理,是基于不同对象之间的某些相同属性,而将某一对象的特定属性类推适用于

① 参见朱景文:《法理学》,中国人民大学出版社 2015 年版,第 322 页。

② 参见解兴权:《通往正义之路——法律推理的方法论研究》,中国政法大学出版社 1999 年版,第 38 ~ 39 页。

另一对象的过程，是一种从特殊到特殊或从个别到个别的推理过程。

第二，实质推理。实质推理，又称为辩证推理，是指当法律适用中存在两个或两个以上相互矛盾的命题时，基于辩证思维择其一从而解决法律问题的推理。有观点认为，实质推理不是严格意义上的推理，而是基于一定的事实分析、价值判断或政策考量，对一般意义上的推理前提进行比较、选择的过程。① 也有观点将下列活动视为实质推理活动：(1)司法机关基于论理解释对法律精神进行解释的行为；(2)法院作出判例，修改或推翻先前判例、确定新规则的行为；(3)基于衡平法补充普通法，以发展出具体规则填补法律漏洞的行为；(4)有权机关根据公平、正义等法律、伦理意识乃至习惯和法理作出判断，平衡规则之间的冲突，解决法律规范与社会发展之间矛盾的活动；(5)有权机关根据国家政策或法律一般原则作出决定的行为。②

本书中法律适用中的推理主要是形式推理。我国法律适用以演绎推理即司法三段论推理为核心。归纳推理在我国主要通过案例指导制度作用于法律适用，类比推理则体现为法律规范的类推适用。

1. 演绎推理

司法三段论推理，是从两个前提推得一个结论的演绎推理，其推理涉及大前提、小前提与结论。如将大前提设定为T，小前提设定为S，结论设定为R，若T能够得出结论R，且S与T对应，则S也能得出R的结论。用公式表示为：

如果 $T \rightarrow R$（大前提能够得出特定结论），
且 $S = T$（小前提与大前提对应且为真），
则 $S \rightarrow R$（小前提也能得出该特定结论）

以一起侵权行为为例，某公司四名股东在张某毫不知情的情况下，通过《股东大会选举董事的决议》，选举张某为该公司董事长，并由股东李某冒充张某签名，到工商行政机关办理了登记手续，张某成为该公司董事长。该案中，四名股东在张某毫不知情的情况下，冒充张某签名，侵害了张某的姓名权，令其承担了不可预测的经营风险。而《侵权责任法》第6条规定："行为人因过错侵害他人民事权益，应当承担侵权责任。"据此，基于司法三段论推理，本案中大前提是作为法律规范的《侵权责任法》的规定，小前提是李某等四名股东对张某姓名权的侵害，其法律适用可表述为：

---

① 参见孙笑侠：《法理学》，浙江大学出版社2011年版，第142页。

② 参见朱景文：《法理学》，中国人民大学出版社2015年版，第324页。

大前提:行为人因过错侵害他人民事权益应承担侵权责任。

小前提:李某等四名股东冒充张某签名的行为导致了对张某姓名权的侵害。

结论:李某等四名股东应承担侵权责任。

2. 归纳推理

归纳推理在我国法律适用中以案例指导制度为表现。案例指导制度在我国第一次以正式文件的形式提出,是2005年最高人民法院发布的《人民法院第二个五年改革纲要(2004～2008)》指出的"建立和完善案例指导制度,重视指导性案例在统一法律适用标准、指导下级法院审判工作、丰富和发展法学理论等方面的作用。最高人民法院制定关于案例指导制度的规范性文件、规定指导性案例的编选标准、编选程序、发布方式、指导规则等"。当前,最高人民法院《关于案例指导工作的规定》、最高人民法院《〈关于案例指导工作的规定〉实施细则》对法院基于案例指导制度适用法律进行了规范。该实施细则第2条指出,指导性案例应当是裁判已经发生法律效力,认定事实清楚,适用法律正确,裁判说理充分,法律效果和社会效果良好,对审理类似案件具有普遍指导意义的案例。同时第9～10条规定,各级人民法院正在审理的案件,在基本案情和法律适用方面,与最高人民法院发布的指导性案例相似的,应当参照相关指导性案例的裁判要点作出裁判;各级人民法院审理类似案件参照指导性案例的,应当将指导性案例作为裁判理由引述,但不作为裁判依据引用。不仅如此,在检察法律适用领域、公安机关法律适用领域,当前也存在案例指导制度的相关规定。公安部《关于建立案例指导制度有关问题的通知》第1条也指出,建立公安机关案例指导制度,组织各级公安机关定期选编一批指导性案例……第四点指出,指导性案例在下发机关的管辖范围内,对本级和下级公安机关执法具有指导和参考作用。同类案件的定性、法律适用和处理决定,下级公安机关下发的指导性案例不得和上级公安机关下发的指导性案例相矛盾;存在矛盾的,应以上级公安机关下发的指导性案例为准。

案例指导制度以归纳推理为基础实现法律适用,在统一法律适用标准、简化法律适用过程、填补法律漏洞、规范法律适用职权等方面都具有重要意义。如在一起被告人涉嫌非法制造、买卖、运输、储存危险物质罪的审理中,检察机关指控被告人非法持有大量的剧毒化学品工业用液氯,而辩方则认为被告人储存的液氯并不属于法律规定的禁用的剧毒危险化学品。对此,法院在判决书说理部分直接援引最高人民法院发布的指导性案例13号关于"国家严格监督管理的氰化钠等剧毒化学品,易致人中毒或者死亡,对人体、环境具有极大的毒害性和危险性,属于刑法第一百二十五条第二款规定的‘毒害性’物质”的裁判要点，认定本案涉案的化学品液氯属于毒害性物质。① 该案中，控辩双方对液氯是否属于刑法规定的毒害性物质存在争议。因法律规定本身缺乏具体性，该案法律适用难以直接通过演绎推理实现。同时，法官如通过论理解释、文义解释等方法实现法律适用，则会涉及对化学专业相关问题的论证而显得烦琐。在此情况下，法院基于归纳推理找到与本案争议内容相关的13号指导性案例，直接援引作为裁判理由，实现了法律适用的统一，也简化了法律适用过程。

3. 类比推理

类比推理以法律规范的类推适用为表现形式。在我国法律适用实践，尤其是在民法、经济法领域的法律适用中便存在类推适用。有观点指出，民法的类推适用，是指在个案没有可直接作为依据的法律条文时，可选择民法的有关基本原则和最相类似的规定，进行推理并予以适用。② 如《合同法》第124条规定，本法分则或者其他法律没有明文规定的合同，适用本法总则的规定，并可以参照本法分则或者其他法律最相类似的规定。

值得注意的是，刑法领域基于罪刑法定原则的要求，是禁止类推的。1979年颁布的《刑法》，曾在第79条规定“本法分则没有明文规定的犯罪，可以比照本法分则最相类似的条文定罪判刑”，但该条规定在1997年施行的《刑法》中被废除。刑法禁止类推是基于罪刑法定之“法无明文规定不为罪”的基本精神。而民事法律适用实践中之所以存在类推，则在于社会生活的动态发展与民事活动和纠纷解决的特殊性。

（二）法律论证

法律论证旨在强调增强受众对某观点的接受程度。将法律论证视为法律适用，则强调法律适用主体对法律适用理由与结论之正当性、合法性或合理性的论证过程。论证过程这一层面的法律论证，与法律推理一样，都是为了得出具体的法律适用结论，实现法律适用的准确、正当。但法律论证与法律推理所遵循的方法存在差别，法律论证方法涉及逻辑的、经验的以及价值判断多种方法，且从某种意义来讲，法律解释也是一种重要的论证方法。相比于法律推理，法律论证具有多样性和综合性，其说理方法更为丰富。

法律论证的主要形式是证成（justification），即从多种法律主张中论证出最佳选择的活动、过程、方式及结果。根据不同的分类标准，法律论证包括：（1）基于论证依

① （2018）内0304刑初10号。

② 参见朱景文：《法理学》，中国人民大学出版社2015年版，第326页。

据,法律论证有法律规则论证、法律原则论证、案例论证、普适性论证、专业技术性论证、文理语义论证、模拟论证、历史论证、目的论证、意图论证等。(2)基于论证依据与法律的关系,法律论证有合法性论证与合理性论证。合法性论证,以法律规则、案例和原则为基础。合理性论证又称为融贯性论证,强调法律体系本身的系统性、连贯性和一致性,以及法律体系与外部社会之间的内外融贯。(3)基于论证的技术方法,法律论证分为内部证成(internal justification)与外部证成(external justification)。内部证成涉及所得出的主张或判断是否是从所引述的前提中逻辑地推导出来的,外部证成则涉及推导出主张或判断的前提的正确性。(4)基于证成的形式,法律论证有单线性证成、非单线性证成及可辩驳式证成、话语式证成。内部证成以法律规则与法律内在的因素为依据,采用的是单线性思维模式,即单线性证成。合理性论证,在既有法律规则、案例和原则之外,还考虑包括道德评价、利益平衡等诸多因素,追求更广泛意义上的正当性,因此是非单线性证成,属于可辩驳式、话语式证成。①

法律论证的方法,即法律论证所遵循的路径与依据。至今,中外学者对法律论证的方法并未达成共识。有学者将法律论证的方法归结为法律语义分析方法、法律价值分析方法、法律经济分析方法、法律社会学分析方法与法律逻辑分析方法、法律目的分析方法、法律比较分析方法、法律历史分析方法以及情理分析方法等。其中,法律语义分析方法是指通过分析语言的词汇、结构和语境等要素,对法律文本内涵的准确阐释。法律价值分析方法,强调法律论证过程基于价值准则对法律条文及其适用的评判。法律经济分析方法,强调基于成本—收益分析论证法律适用的正当性。法律社会学分析方法,则指运用社会学方法进行的法律论证,包括基于某一特定时期的思想潮流、社会需要、风俗和文化状况、经济社会情势等对法律具体适用的论证。法律逻辑分析方法,是最常用的法律论证方法,包括相似性论证、反比论证、当然论证、反证论证、具体考量的论证、体系论证、一致性论证等。法律目的分析方法,强调基于对法律目的的考量论证法律适用的正当性与合理性。法律比较分析方法,是基于比较法考察进行的法律论证。法律历史分析方法,则基于历史考察的方式确定立法目的与法律条文的具体含义,由此实现法律适用。情理分析方法则是法律论证吸收社会常理等对法律适用结论的正当性予以论证。② 具体法律适用中,选择何种方法进行法律论证,则要视具体案件情况而定,如 2015 年最高人民法院关于马某利用未公

---

① 参见朱景文:《法理学》,中国人民大学出版社 2015 年版,第 327 ~ 329 页。

② 参见王利明:《法律方法论》,中国人民大学出版社 2011 年版,第 619 ~ 628 页。

开信息交易案的再审判决对该案法律适用的说理：①

该案的基本事实：2011 年 3 月 9 日至 2013 年 5 月 30 日，被告人马某担任博时基金管理有限公司旗下的某股票证券投资经理，全权负责投资基金投资股票市场，掌握了某股票证券投资基金交易的标的股票、交易时间和交易数量等未公开信息。马某在任职期间利用其掌控的上述未公开信息，从事与该信息相关的证券交易活动，操作自己控制的“金某”“严某甲”“严某乙”三个股票账户，通过临时购买的不记名神州行电话卡下单，先于(1 ~5 个交易日)、同期或稍晚于(1 ~2 个交易日)其管理的某基金账户买卖相同股票 76 只，累计成交金额 10.5 亿余元，非法获利 18,833,374.74 元。2013 年 7 月 17 日，马某主动到深圳市公安局投案，且到案之后能如实供述其所犯罪行，属自首；马某认罪态度良好，违法所得能从扣押、冻结的财产中全额返还，判处的罚金亦能全额缴纳。

该案的法律适用：本案涉及《刑法》第 180 条的具体适用问题。《刑法》第 180 条第 1 款规定，证券、期货交易内幕信息的知情人员或者非法获取证券、期货交易内幕信息的人员，在涉及证券的发行，证券、期货交易或者其他对证券、期货交易价格有重大影响的信息尚未公开前，买入或者卖出该证券，或者从事与该内幕信息有关的期货交易，或者泄露该信息，或者明示、暗示他人从事上述交易活动，情节严重的，处 5 年以下有期徒刑或者拘役，并处或者单处违法所得 1 倍以上 5 倍以下罚金；情节特别严重的，处 5 年以上 10 年以下有期徒刑，并处违法所得 1 倍以上 5 倍以下罚金。

该条第 4 款规定，证券交易所、期货交易所、证券公司、期货经纪公司、基金管理公司、商业银行、保险公司等金融机构的从业人员以及有关监管部门或者行业协会的工作人员，利用因职务便利获取的内幕信息以外的其他未公开的信息，违反规定，从事与该信息相关的证券、期货交易活动，或者明示、暗示他人从事相关交易活动，情节严重的，依照第 1 款的规定处罚。

该案的核心争议：本案控辩双方，以及一审、二审法院对马某的行为定性为“利用未公开信息交易罪”均不持异义。但就马某的量刑，即《刑法》第 180 条第 4 款关于“情节严重的，依照第一款的规定处罚”如何适用，检控方与辩方、法院之间存在激烈争论。

检察机关认为，《刑法》第 180 条第 1 款规定的内幕交易、泄露内幕信息罪存在“情节严重”和“情节特别严重”两种情形和两个量刑档次，该条第 4 款规定，利用未公开信息交易情节严重的，依照第 1 款的规定处罚。从刑法设置上来说，同一法条的

---

① 参见(2015)刑抗字第 1 号。

不同款项在处罚上应该有一个协调性，这种处罚的参照不可能只是部分参照，应该是全部参照。本案中，马某的证券交易成交额为10.5亿余元，获利1800多万元，应认定其犯罪“情节特别严重”，按照“处五年以上十年以下有期徒刑，并处违法所得一倍以上五倍以下罚金”的规定量刑。一审法院则认为，被告人马某作为基金管理公司从业人员，利用其职务便利所获取的未公开信息，违反规定，从事与该信息相关的证券交易活动，情节严重，其行为已构成利用未公开信息交易罪。但刑法中并未对利用未公开信息交易罪规定“情节特别严重”的情形，因此，依法只能认定马某的行为属于“情节严重”。马某具有自动投案的情节，且到案之后能如实供述其所犯罪行，是自首，依法可以从轻处罚。马某认罪态度良好，其违法所得能从扣押冻结的财产中全额返还，判处的罚金亦能全额缴纳，确有悔罪表现，另经深圳市福田区司法局社区矫正和安置帮教科调查评估，对马某宣告缓刑对其所居住的社区没有重大不良影响，符合适用缓刑的条件，决定对其适用缓刑。

一审法院判决后，广东省深圳市人民检察院提出抗诉，指出一审判决适用法律错误，量刑明显不当，应当依法改判。广东省人民检察院也支持抗诉，发表了前述意见。但二审法院以抗诉机关的抗诉理由不成立，不予采纳为由对该案裁定驳回抗诉、维持原判。

二审裁定生效后，广东省人民检察院提请最高人民检察院按照审判监督程序向最高人民法院提出抗诉，指出：《刑法》第180条第4款属于援引法定刑的情形，应当引用第1款处罚的全部规定；利用未公开信息交易罪与内幕交易、泄露内幕信息罪的违法与责任程度相当，法定刑亦应相当；马某的行为应当认定为犯罪情节特别严重，对其适用缓刑明显不当。本案终审裁定以《刑法》第180条第4款未对利用未公开信息交易罪规定有“情节特别严重”为由，对此情形不作认定，降格评价被告人的犯罪行为，属于适用法律确有错误，导致量刑不当，并且对类似案件及法律适用有重大误导，应当依法纠正。在最高人民法院的再审中，马某的辩护人则提出，《刑法》第180条第4款未规定利用未公开信息交易罪有“情节特别严重”的情形，从法条文义、立法本意和“有利于被告人”的司法理念来看，原审裁判理解法律正确；马某具有自首、积极全额退赃并足额缴纳罚金等从轻、减刑处罚情节，原审裁判量刑适当，对马某适用缓刑符合罪刑相适应原则；目前能查阅到的所有案例均依法按“情节严重”量刑，为保障司法统一、维护司法权威、彰显司法公正，应依法驳回最高人民检察院抗诉。

最高人民法院对该案法律适用的论证：《刑法》第180条第4款援引法定刑的情形，应当是对第1款全部法定刑的引用，即利用未公开信息交易罪应有“情节严重”“情节特别严重”两种情形和两个量刑档次。从立法目的上理解，由于我国基金、证券、期货等领域中,利用未公开信息交易行为比较多发,行为人利用公众投入的巨额资金作后盾,以提前买入或者提前卖出的手段获得巨额非法利益,将风险与损失转嫁到其他投资者,不仅对其任职单位的财产利益造成损害,而且严重破坏了公开、公正、公平的证券市场原则,严重损害客户投资者或处于信息弱势的散户利益,严重损害金融行业信誉,影响投资者对金融机构的信任,进而对资产管理和基金、证券、期货市场的健康发展产生严重影响。为此,《刑法修正案(七)》新增利用未公开信息交易罪,并将该罪与内幕交易、泄露内幕信息罪规定在同一法条中,说明两罪的违法与责任程度相当。利用未公开信息交易罪也应当适用"情节特别严重"。从法条文意理解,首先,《刑法》第180条第4款中的"情节严重"是入罪条款,最高人民检察院、公安部《关于公安机关管辖的刑事案件立案追诉标准的规定(二)》对利用未公开信息交易罪规定了追诉的情节标准,说明该罪需达到"情节严重"才能被追诉。利用未公开信息交易罪属情节犯,立法要明确其情节犯属性,就必须借助"情节严重"的表述,以避免"情节不严重"的行为入罪。其次,本条款中"情节严重"并不兼具量刑条款的性质,刑法条文中大量存在"情节严重"兼具定罪条款及量刑条款性质的情形,但无一例外均在其后列明了具体的法定刑,《刑法》第180条第4款中"情节严重"之后,并未列明具体的法定刑,而是参照内幕交易、泄露内幕信息罪的法定刑,因此本款中的"情节严重"仅具有定罪条款的性质,而不具有量刑条款的性质。从立法技术上理解,援引法定刑是指对某一犯罪并不规定独立的法定刑,而是援引其他犯罪的法定刑作为该犯罪的法定刑。《刑法》第180条第4款援引法定刑的目的是避免法条文字表述重复,并不属于法律规定不明确的情形。综上所述,《刑法》第180条第4款虽然没有明确表述"情节特别严重",但是根据本条款设立的立法目的、法条文意及立法技术,应当包含"情节特别严重"的情形和量刑档次。法条没有重复表述不等同于法律没有明确规定。在法律已有明确规定的情况下,应当适用该法律规定,而不再适用有利于被告人的原则。基于上述对《刑法》第180条第4款援引法定刑的理解,在明确利用未公开信息交易罪有"情节严重""情节特别严重"两种情形和两个量刑档次的前提下,本案应对马某的行为是否属于情节特别严重予以评价。

最终该案由最高人民法院再审判决确认被告人马某犯利用未公开信息交易罪,判处有期徒刑3年,并处罚金1913万元。

四、法律适用结论及其实现

法律适用结论是法律适用主体在法律适用活动中所得出的结论,一般以适用法的各类书面文书为载体,包括判决书、裁定书、决定书、批复等。作为法律适用结论的文书,一般具有下列特点:(1)文书的制作主体、依据具有特定性。如判决书只能由法院基于审判权作出。(2)文书的适用对象具有限定性。这是因为法律适用活动本身即是将法律规范应用于个别涉法事实的判断活动,文书的适用对象被限定为具体的涉法事实及与之相关的当事人。(3)文书的适用效力具有确定性。法律适用活动能够对法律适用相对人的权利义务关系产生影响,引起产生、变更、消灭等效果,或是对法律适用相对人进行制裁。作为法律适用结论的文书依法生效后便具有法律效力,非经特定程序不得变更、撤销。司法法律适用以诉讼程序为依托,法律适用结论体现为法律适用主体在刑事诉讼、民事诉讼、行政诉讼三大诉讼程序中制作的相关法律适用文书。行政法律适用以具体行政行为为依托,法律适用结论体现为行政法律适用主体在具体行政行为中制作的文书。各类法律适用文书需要得到执行,才能实现法律适用的效果。

(一)司法法律适用结论

基于三大诉讼程序的不同法律适用任务与程序特点,法律适用主体基于刑事、民事、行政诉讼所作法律适用结论的内容存在差别。具体而言:

1.刑事诉讼程序中的法律适用结论

刑事诉讼程序涉及立案、侦查、起诉、审判四个阶段,法律适用主体在各阶段制作的文书主要包括:

第一,侦查主体制作的文书。侦查主体在刑事诉讼程序中所作的文书,主要涉及公安机关、人民检察院、国家安全机关等刑事侦查主体在立案、侦查阶段适用法律得出的结论。例如,立案决定书,拘传证、拘留证、取保候审决定书、监视居住决定书、提请批准逮捕书等强制措施文书,查封决定书、扣押决定书、通缉令等侦查行为文书,以及侦查终结制作的起诉意见书等。

第二,检察机关制作的文书。检察机关在刑事诉讼程序中制作的文书,主要涉及审查起诉阶段的法律适用与检察机关对整个刑事诉讼程序进行法律监督制作的文书。例如,起诉书、不起诉决定书、批准逮捕决定书、纠正违法通知书、刑事抗诉书等。

第三,法院制作的文书。法院作为行使审判权适用法律的主体,在刑事诉讼程序中制作的文书,主要是对刑事个案中所涉事实问题、法律问题、程序问题作出处理决定的文书,包括判决、裁定、决定。具体而言,判决书有刑事判决书、刑事附带民事判决书两种,所涉法律适用结论有无罪、定罪处刑、定罪免刑,以及是否承担民事赔偿。裁定书一般涉及对是否恢复诉讼期限、中止审理、驳回自诉、二审维持原判、二审撤销原判并发回重审、核准死刑以及在执行程序中作出的减刑、假释、撤销缓刑、减免罚金等法律适用的结论。决定一般涉及管辖、回避等程序性问题适用法律的结论。

除人民法院就刑事诉讼程序问题能够以决定的形式作出法律适用结论外,侦查机关、人民检察院在各自管辖范围内也可以就程序性问题适用法律、作出决定，如关于回避、管辖权确定等的法律适用结论。在特定情况下，刑事诉讼程序还涉及针对国家赔偿所作的法律适用结论，包括人民检察院刑事赔偿决定书、人民法院刑事赔偿决定书等。

2. 民事诉讼程序中的法律适用结论

民事诉讼程序中的法律适用结论主要涉及人民法院依法行使审判权适用法律的结论，以及人民检察院履行民事诉讼监督适用法律的结论。其中人民检察院制作的文书主要有民事抗诉书与检察建议书。人民法院制作的文书包括民事判决、裁定、决定与民事调解书，具体而言：

第一，民事判决书。民事判决书涉及法院基于民事诉讼案件与非讼案件的审理，针对案件实体问题适用法律的结论。其中非讼案件判决书，是法院对某项法律事实或权利的确认，如法院认定某项财产无主等。民事判决书根据诉的种类可以划分为给付判决、确认判决、变更判决；根据判决内容可以划分为全部判决、部分判决；根据判决作出的时间可以划分为原判决和补充判决等。

第二，民事裁定书。民事裁定书涉及人民法院在民事案件审理、执行程序中，针对案件程序问题与个别实体问题适用法律的结论。根据《民事诉讼法》第 154 条的规定，民事裁定适用于：(1)不予受理；(2)对管辖权有异议；(3)驳回起诉；(4)保全和先予执行；(5)准许或者不准许撤诉；(6)中止或者终结诉讼；(7)补正判决书中的笔误；(8)中止或者终结执行；(9)撤销或者不予执行仲裁裁决；(10)不予执行公证机关赋予强制执行效力的债权文书；(11)其他需要裁定解决的事项。

第三，民事调解书。根据《民事诉讼法》第 9 条的规定，人民法院审理民事案件，判决前能够调解的，还可以进行调解，调解不成的，应当及时判决。据此，在民事案件中，人民法院基于当事人之间达成的调解协议，可以以制作调解书的形式实现法律适用。人民法院制作的调解书与判决书具有同等法律效力，一方当事人不履行的，对方当事人有权要求人民法院强制执行；对已生效调解书，发现有错误的，应当按照审判监督程序予以撤销或变更。

第四，民事决定。民事决定是法院针对民事诉讼程序中的特殊事项适用法律作出的判定。民事决定主要适用于回避，采取排除妨害民事诉讼行为的强制措施，准许或不准许当事人提出的顺延诉讼期限或免交、减交、缓交诉讼费用的申请，决定暂缓执行，以及诸如生效裁判的再审等重大疑难问题的法律适用。

3. 行政诉讼程序中的法律适用结论

行政诉讼程序中的法律适用结论，是人民法院依法对行政主体具体行政行为是否合法所作的裁判结论,以行政诉讼判决、裁定、决定为表现形式。此外,在行政诉讼程序中,也涉及检察院依法律监督职权适用法律的情况,其结论表现为行政抗诉书与检察建议书。人民法院在行政诉讼程序中适用法律的判决、裁定、决定,具体为:

第一,行政诉讼的判决。行政诉讼的判决,针对的是人民法院就诉讼之实体性问题适用法律得出的结论。根据《行政诉讼法》的规定,行政诉讼的判决包括撤销判决、变更判决、履行法定职责判决、一般给付判决、确认违法判决等形式。其中,法院对行政争议进行审理后,如认为行政行为证据确凿,适用法律、法规正确,符合法定程序的,或者原告申请被告履行法定职责或者给付义务理由不成立的,可以作出驳回原告诉讼请求的判决。撤销判决,是人民法院经过审查,认定被诉行政行为部分或全部违法,而对该部分或全部行政行为判决撤销,并可责令被告重新作出行政行为的一种判决。人民法院作出撤销判决主要针对的是:主要证据不足的,适用法律、法规错误的,违反法定程序的,超越职权的,滥用职权的,明显不当的六种情形。变更判决,是指人民法院针对行政处罚明显不当,或者其他行政行为涉及对款额的确定、认定确有错误的,依法判决变更。变更判决受禁止不利变更原则的制约,人民法院判决变更,不得加重原告的义务或者减损原告的权益。但利害关系人同为原告,且诉讼请求相反的除外。履行法定职责判决,是人民法院针对行政主体的不作为行为,判决被告在一定期限内履行。行政主体不履行法定职责,包括拒绝履行与拖延履行两种情况。人民法院作出履行职责判决限定于要求行政机关履行法定职责,包括行政机关对相对人的保护职责和依申请作出决定、答复的职责,而不涉及因行政合同等产生的约定职责。一般给付判决,是指人民法院根据《行政诉讼法》第 73 条之规定,“查明被告依法负有给付义务的,判决被告履行给付义务”。比如,判决行政主体依法支付抚恤金、特定人员离退休金、最低生活保障金、社会保险金、社会救助金、福利金、自然灾害救济金等。确认违法判决,是指人民法院根据《行政诉讼法》第 74 条、第 75 条之规定,确认违法判决、确认无效判决与情况判决。确认违法判决适用于下列三种情况:(1)行政行为违法,但不具有可撤销的内容;(2)被告改变原违法行政行为,原告仍要求确认原行政行为违法的;(3)被告不履行或者拖延履行法定职责,判决履行没有意义。确认无效判决适用于行政行为有实施主体不具有行政主体资格或者没有依据等重大且明显违法情形,原告申请确认行政行为无效的。情况判决针对的是行政行为因特殊的法律上的原因本应撤销,但法院对此确认违法的情况,包括行政行为依法应当撤销,但撤销会给国家利益、社会公共利益造成重大损害的;以及行政行为程序轻微违法,但对原告权利不产生实际影响两种情形。

第二,行政诉讼的裁定。行政诉讼的裁定,一般是人民法院在行政诉讼法律适用中针对程序问题作出的裁定。根据最高人民法院《关于适用〈中华人民共和国行政诉讼法〉的解释》第 101 条的规定,裁定适用于下列范围:不予立案,驳回起诉,管辖异议,终结诉讼,中止诉讼,移送或者指定管辖,诉讼期间停止行政行为的执行或者驳回停止执行的申请,财产保全,先予执行,准许或者不准许撤诉,补正裁判文书中的笔误,中止或者终结执行,提审、指令再审或者发回重审,准许或者不准许执行行政机关的行政行为,以及其他需要裁定的事项。

第三,行政诉讼的决定。人民法院在行政诉讼程序中适用法律所作的决定,以诉讼中的事务性工作或特殊事项为对象。例如,回避决定,对妨害行政诉讼的行为采取诸如罚款、拘留等强制措施的决定,审委会对重大、疑难行政案件的处理决定等。

(二)行政法律适用结论

行政法律适用结论,以行政法律适用主体的具体行政行为为依托,主要体现为行政主体作出的书面决定或颁发的相应证件。根据行政法律适用的职权内容,行政法律适用结论主要有实现权利义务的结论,剥夺、限制权利和减免义务的结论,确认和恢复权利义务的决定,与确认法律事实的结论。以主要行政法律适用为例,具体涉及:

第一,行政许可法律适用结论。行政许可是依申请的行政行为,行政相对人提出申请,是行政许可的前提条件。据此,行政许可法律适用结论首先体现为行政机关根据具体情况,对行政许可申请作出的受理或不予受理行政许可申请的书面决定。如申请事项依法不属于本行政机关职权范围的,行政机关应当即时作出不予受理的决定,并告知申请人向有关行政机关申请。行政主体对行政许可申请进行审查后,应当作出行政许可决定,包括准予行政许可与不予行政许可。申请人提交的申请材料齐全、符合法定形式,行政机关能够当场作出决定的,应当当场作出书面的行政许可决定。行政机关作出准予行政许可的决定,需要颁发行政许可证件的,应当向申请人颁发加盖本行政机关印章的下列行政许可证件:(1)许可证、执照或者其他许可证书;(2)资格证、资质证或者其他合格证书;(3)行政机关的批准文件或者证明文件;(4)法律、法规规定的其他行政许可证件。行政机关实施检验、检测、检疫的,可以在检验、检测、检疫合格的设备、设施、产品、物品上加贴标签或者加盖检验、检测、检疫印章。此外,作出行政许可决定的行政机关或者其上级行政机关,根据利害关系人的请求或者依据职权,针对下列情况还可以撤销行政许可:(1)行政机关工作人员滥用职权、玩忽职守作出准予行政许可决定的;(2)超越法定职权作出准予行政许可决定的;(3)违反法定程序作出准予行政许可决定的;(4)对不具备申请资格或者不符合法定条件的申请人准予行政许可的;(5)依法可以撤销行政许可的其他情形。同时,行政主体撤销行政许可还应考虑:被许可人以欺骗、贿赂等不正当手段取得行政许可的,应当予以撤销;撤销行政许可,可能对公共利益造成重大损害的,不予撤销。

第二,行政处罚法律适用结论。行政处罚是一种法律制裁,属于行政制裁的范畴。行政处罚法律适用结论,以行政主体依法对公民、法人或者其他组织违反行政管理秩序的行为作出的行政处罚决定为表现形式。具体涉及:(1)人身罚,如行政拘留、驱逐出境等;(2)财产罚,如罚款、没收违法所得、没收非法财物等;(3)行为罚,如责令停产停业、暂扣或吊销许可证、执照等;(4)申诫罚,如警告、通报批评等。

第三,行政强制法律适用结论。行政强制法律适用结论,依托于行政机关在行政管理过程中,依法对公民人身自由实施的暂时性限制,或对公民、法人或其他组织的财物实施的暂时性控制行为。行政强制法律适用结论包括对人身的强制措施与对财物的强制措施两类。其中,对人身的强制措施包括强制扣留、强制检查、强制隔离、强制戒毒、强制治疗以及盘问、留置、交通管制、强行驱散等。对财物的强制措施主要包括对场所、设施或者财物的查封,对财物的扣押,对存款、汇款的冻结等。

第四,行政裁决法律适用结论。行政裁决具有准司法性的特征,其法律适用结论是行政机关以居间裁决的第三者身份适用法律的结论。该结论作出后,即对当事人的民事权利义务产生影响。行政裁决法律适用结论包括对自然资源等权属纠纷的裁决结论,对当事人合法权益受到侵犯的侵权纠纷或损害赔偿纠纷的裁决结论,对与行政管理有关的平等主体之间补偿纠纷的裁决结论等。

(三)法律适用结论的实现

法律适用结论的实现,是指有关主体将法律适用结论依法付诸实施的行为,涉及司法法律适用之判决、裁定等的实现,以及行政法律适用之行政许可、行政裁决等行政行为决定的实现。

1. 司法法律适用结论的实现

第一,刑事诉讼法律适用结论的实现。刑事司法法律适用结论的实现,以人民法院刑事判决、裁定的执行为主,包括交付执行、执行与监督执行。交付执行是有权机关将生效判决及罪犯依照法定程序交给有关机关执行的程序。根据《宪法》《刑事诉讼法》《人民法院组织法》的规定,人民法院是刑事生效裁判的交付执行机关。执行则是有关机关将生效裁判所确定的刑罚付诸实施的程序。(1)人民法院负责对无罪、免予刑事处罚,以及死刑立即执行、罚金、没收财产判决和裁定的执行。(2)监狱负责对死刑缓期执行、无期徒刑、有期徒刑罪犯的执行。但是未成年犯由未成年犯管教所负责执行;在交付执行时,剩余刑期不足3个月的有期徒刑,由看守所代为执行。(3)公安机关负责对拘役、剥夺政治权利罪犯的执行。(4)社区矫正机构负责对管制、宣告缓刑、假释或者暂予监外执行罪犯的执行。在刑事判决、裁定的执行过程中,因特定情况的出现还会涉及刑罚变更执行的问题,主要由死刑的停止执行和暂停执行,死刑缓期二年执行的减刑或执行死刑,被判处管制、拘役、有期徒刑、无期徒刑罪犯的减刑,被判处拘役、有期徒刑、无期徒刑罪犯的暂予监外执行,以及被判处有期徒刑、无期徒刑罪犯的假释。在刑罚执行活动中,人民检察院是依法享有监督刑罚执行活动的主体,包括对死刑执行的监督、对刑罚执行变更活动的监督,以及对监狱、看守所等刑罚执行机关执行活动的监督。

第二,民事诉讼法律适用结论的实现。民事诉讼法律适用结论的实现,包括当事人自行履行生效裁判的义务与民事强制执行两种途径。民事强制执行是指在债务人拒不履行生效法律文书确定的给付义务时,执行机关依照法定程序强制债务人履行义务的行为。《民事诉讼法》对民事强制执行有专门规定。各级人民法院是享有民事强制执行权的机关,可以根据需要设立执行机构。在我国一般是各级人民法院设立的执行局或执行庭。人民法院依法强制实现生效法律文书确定的给付内容,可以采取的方法即执行措施,主要有对财产的执行措施、对行为的执行措施与保障性执行措施三类。其中,对财产的执行措施包括查询、扣押、冻结、划拨、变价被执行人的金融性财产,扣留、提取被执行人的收入,查封、扣押、冻结、拍卖、变卖被执行人的非金融性财产,强制迁出房屋和强制退出土地等。对行为的执行措施包括:强制支付法律文书指定的财物或者票证,办理有关财产权证照手续,强制履行法律文书指定行为的执行。保障性执行措施包括财产报告制度,搜查被执行人隐匿的财产,责令支付延期利息或迟延履行金,执行第三人到期债权,继续执行制度,限制出境,征信系统记录不履行义务信息,通过媒体公布不履行义务信息,限制被执行人高消费等。

第三,行政诉讼法律适用结论的实现。行政诉讼法律适用结论的实现,依托于行政诉讼的执行,即人民法院对生效行政诉讼法律文书,在义务人逾期不履行义务时,依法采取强制措施,从而使生效法律文书得以实现的法律活动。根据《行政诉讼法》第 96 条的规定,行政机关拒绝履行判决、裁定、调解书的,第一审人民法院可以采取下列措施:(1)对应当归还的罚款或者应当给付的款额,通知银行从该行政机关的账户内划拨。(2)在规定期限内不履行的,从期满之日起,对该行政机关负责人按日处 50 元至 100 元的罚款。(3)将行政机关拒绝履行的情况予以公告。(4)向监察机关或者该行政机关的上一级行政机关提出司法建议。接受司法建议的机关,根据有关规定进行处理,并将处理情况告知人民法院。(5)拒不履行判决、裁定、调解书,社会影响恶劣的,可以对该行政机关直接负责的主管人员和其他直接责任人员予以拘留;情节严重,构成犯罪的,依法追究刑事责任。

2. 行政法律适用结论的实现

行政法律适用结论的实现，一方面基于行政机关具体行政行为所作的决定，由行政相对人自行履行；另一方面基于行政强制执行，即行政机关或行政机关申请人民法院，对逾期拒不履行生效行政法律文书所确定义务的相对人，依法强制履行义务的行为。《行政强制法》对行政机关的强制执行作了明确规定。

行政强制执行包括直接强制与间接强制两种。其中，直接强制，是指行政强制机关对逾期不履行义务的义务主体之人身或财产施以强制力，以达到与义务主体履行义务相同状态的强制，主要有强制传唤、遣送出境、强制销毁、划拨存款等。间接强制，是指行政主体通过间接手段迫使义务人履行义务或达到与其履行义务相同状态的强制。间接强制有代履行与执行罚两种。代履行，是指行政强制执行机关或第三人代义务人履行义务并向其收取必要费用的方法。根据《行政强制法》第51条的规定，代履行应当遵守下列规定：(1)代履行前送达决定书，代履行决定书应当载明当事人的姓名或者名称、地址，代履行的理由和依据、方式和时间、标的、费用预算以及代履行人；(2)代履行3日前，催告当事人履行，当事人履行的，停止代履行；(3)代履行时，作出决定的行政机关应当派员到场监督；(4)代履行完毕，行政机关到场监督的工作人员、代履行人和当事人或者见证人应当在执行文书上签名或者盖章。此外，代履行的费用按照成本合理确定，由当事人承担。但是，法律另有规定的除外。代履行不得采用暴力、胁迫以及其他非法方式。执行罚，是指行政主体对拒不履行生效法律文书所确定义务的相对人科处一定数额的金钱给付义务，以促使其履行义务的行为。行政机关依法作出金钱给付义务的行政决定，当事人逾期不履行的，行政机关可以依法加处罚款或者滞纳金。但是，加处罚款或者滞纳金的标准应当告知当事人，加处罚款或者滞纳金的数额不得超出金钱给付义务的数额。

参考文献

1. 胡建淼主编：《法律适用学》，浙江大学出版社2010年版。
2. 谭世贵主编：《中国司法制度》，法律出版社2016年版。
3. 龙宗智：《检察制度教程》，中国检察出版社2006年版。
4. 张进德：《诉讼法通义》，中国法制出版社2013年版。
5. 朱景文：《法理学》，中国人民大学出版社2015年版。
6. 孙笑侠：《法理学》，浙江大学出版社2011年版。
7. 胡锦光主编：《行政法与行政诉讼法》，高等教育出版社2011年版。

8. 莫于川主编:《案例行政法教程》,中国人民大学出版社 2016 年版。
9. 解兴权:《通往正义之路——法律推理的方法论研究》,中国政法大学出版社 1999 年版。
10. 王利明:《法律方法论》,中国人民大学出版社 2011 年版。

思考题

1. 如何理解法律适用中的适格?
2. 法律适用程序适格应当满足哪些要求?
3. 谈谈你对基于审判权适用法律的理解。
4. 基于检察权适用法律如何贯彻检察一体原则?
5. 基于行政执法权适用法律的具体制度有哪些?
6. 如何理解行政处罚中的"一事不再罚"原则?
7. 行政裁决的救济程序有哪些?
8. 法律推理方法有哪些?
9. 法律论证与法律推理的区别是什么?
10. 法律适用结论的实现存在哪些困难?

延伸阅读

1. 卢上需、樊玉成:《审判权运行机制改革研究》,人民出版社 2017 年版。
2. 骆绪刚:《检察权运行司法化研究》,中国法制出版社 2017 年版。
3. 徐美君:《侦查权的运行与控制》,法律出版社 2009 年版。
4. 江国华:《中国行政法》,武汉大学出版社 2017 年版。
5. 杨贝:《法律方法案例教程》,高等教育出版社 2015 年版。

第五章　法律适用方法

内容提要：法律适用方法是法律适用主体依据法律规定，在已查明事实的基础上，寻找正确法律规范，进而得出裁决结论所必须遵循的方法，与法律适用主体的法律逻辑推演、法律实践经验、道德情操和法学修养存在不同程度的关联。法律思维是职业法律认识、研究法律现象，运用法律解决处理纷争的一种职业思维方式、思维模式、思维取向和习惯，它决定着法律适用方法的运用。两大法系国家均遵循寻找具体规则、裁判规则和解释规则的过程。从一定意义上说，在英美法系国家，注重先例，特别是法律适用者——法官解释的经验；在大陆法系国家，注重成文法及其解释，法典依赖于学理的多个层面，法学家的著述成为法律适用者理解和适用法律时的重要参考资料，教科书是对著名判例的引证和说明。无论如何，成文法和判例及其解释均强调拟适用规则来源的统一和稳定，维护法律规范的可预测性。尽管两大法系国家在解释的方法和规则上不完全一致，但法律适用者采用共识性的解释规则也是大势所趋。可见，在大前提的发现中，除了法律解释、利益衡量、习惯与惯例、指导性案例，以及法律适用主体自由裁量权的运用之外，我们还需要在法律适用之间进行选择，主要包括法律关系的判定、法律规范的获取、大前提的检索确定和规范的解释与确定等环节。

核心概念：法律适用方法；法律思维；法律解释；习惯与惯例；指导性案例；自由裁量权

一、法律适用方法概述

（一）概念界定

法律适用方法，是指法律适用主体依据法律规定，在已查明事实的基础上，寻找正确法律规范，进而得出结论所必须遵循的方法。由此可见，法律适用方法取决于法律适用主体的法律逻辑推演、法律实践经验、道德情操和法学修养。

（二）本质特征

1. 逻辑性与实践性的结合

法律适用主体裁决思维更强调理性与逻辑，但逻辑只能保证法律推理过程的正确性,而不能保证结论的合理性。特别是在复杂案件中,法律适用主体应当在几种结果中进行选择时,逻辑并不能告诉法律适用主体选择哪一个,此时法律适用主体只能借助经验。因此,法律适用主体在法律适用过程中,在遵循形式逻辑的基础上,应重视经验对法律判断的重要作用,从而确保规则和解决问题之间能达到大致平衡。法律适用主体能动性更多凭借的是其自身的经验而非其他。仅仅依靠理性的逻辑推理并不能解决所有问题,更何况法律也不能为所有的案件提供相应的推理前提。法律适用主体运用其经验对案件作出判断并非实践中罕见的情形。法律是作为人类知识系统中实践理性的类型存在,这要求它能够回应社会需求,而一切法律制度的价值都莫过于对社会需求的满足。文本法律和观念法律需要在实际中通过法律适用实现其价值。法律适用的实践理性特征正是通过逻辑推演和实践活动体现于深刻复杂的社会实践之中。

2. 技术性和目的性的统一

法律适用需要回应社会的主流价值观,并追求正义、秩序、安全等基本价值。因此,强调法律适用保持对法律价值的理性追求。法律适用方法是法律适用主体从事法律适用活动的技术规程和操作流程,是法律实践经验的总结,从而具有较强的技术性。技术理性是一种人为理性。在法律适用中,体现法律适用主体的技术理性既是一种技巧,又是一种对法律的责任感、特有的法律思维方式与能力及法律解释技术所形成的有机结合体。无论如何,方法总是为目的服务的,法律适用的目的有直接目标和终极目标之分,直接目标是平息纷争,而终极目标是实现社会公平正义,维护社会的和谐稳定。除平息纷争外,法律适用还具有社会政策导向的功效,它需要体现社会的主流价值观,代表社会的发展方向,因此需要一定的理念为支撑。

3. 主观性和客观性的统一

法律适用方法是法律适用主体在其价值判断的影响下,把查明的案件事实归入法条之中的过程。价值判断体现一定的主观性,纠纷事实的认定涉及对证据的筛选、取舍和判断,也具有一定的主观性,法律适用涉及法律的选择、判断、填补等,也具有一定的主观性。同时,法律适用方法是客观的,意味着法律适用主体裁决标准应当是客观的,要求法律适用主体在法律适用时应当依据客观外在事实作出公正裁决,而客观世界是复杂多变的,且法律规定难以周全、翔实,强调法律适用主体能动性就是要求法律适用主体针对具体纷争特殊情况,定分止争,实现公平正义,并不意味着法律适用主体可以随意违反法律,任意妄为。作为一个成文法国家,我国法律是客观存在的,法律适用主体在进行主观判断的同时,还应该受法律事实、立法选择的可能性、社会稳定、社会通行的公平价值观和法律适用主体考核等客观因素的影响和制约。因此，法律适用主体正是基于其裁决方法而对客观规则和具体纷争作出更为合理的认识分析为必要前提。

4. 规范性与能动性的统一

法律是客观存在的，而现行的制度和机制均要求法律适用主体依法裁判，从而抑制法律适用主体的恣意妄为，从而规范法律适用行为，确保执法统一。从严格适法的角度出发，法律适用主体的首要任务是寻找法律规则，依照查明的纠纷事实，对号入座，以遵守法律为前提的一种适用法律的活动，本质上是一种法律适用活动，作用在于正确解释和适用法律，从而表达对法律和法治的忠诚，以实现个案的公平正义。事实上，法律适用并非是法律与事实的对号入座，当法律体系出现不一致、不连贯，甚至出现立法漏洞以及滞后性等问题时，就需要法律适用主体运用其裁决方法予以解决。其基本手段是通过法律适用主体的集体力量进行个案解释或在一些疑难案件和新型案件中带有一定程度的法律适用主体个性化裁决来弥补成文法的缺陷，从而为法律的发展积累丰富的立法资源。

二、法律思维方法

（一）概念界定

关于法律思维概念的界定，国内学者的研究归结起来主要有法治背景说、层级背景说、法律职业背景说和法官思维主体说四种观点。其中，法治背景说认为，法治实质上是一种思维方式，法治固然取决于一系列复杂案件，但从其最直接的条件来看，应当存在一种与之相适应的社会思维方式。层级背景说认为，在不同纵向层级当中，法律思维表现为不同样态。当其与法律的形而上层链接时，法律思维体现为一种思维方式，其所关注的是法律和法律人的文化内蕴品格和精神需求；当其与法律的形而下层链接时，法律思维更多地是作为思维方法，其所对应的是解释、推理和论证。法律职业背景说认为，法律思维与法律职业紧密相关，而法律思维也正是运用特定的思维模式和思维方法满足法律职业要求的一种特定的思维范式。法官思维主体说强调是以法官为思维主体的一种思维方式，即法官依据法律逻辑，以价值取向思考、合理论证，运用相应的法律方法使法律能公正地适用于案件事实的心理过程。

法律思维是根据法律规范所进行的思考，这里的法律规范是权威机关颁行的一般性规范，人们根据该规范安排自己的行为，国家机关依据该规范制止不法行为，裁断当事人之间的纷争。我们认为，法律思维是指人们建构规范并将规范应用于事实，并作出判断时的精神活动方式。它是职业法律认识、研究法律现象，运用法律解决处理纷争的一种职业思维方式、思维模式、思维取向和习惯。由此可见，法律思维不同于政治思维、经济思维和道德思维，它着眼于权利义务，以一种追求法律真实与客观真实相统一的求实精神,按照一定程序和缜密的逻辑性,运用法言法语,为确定结果的单一性而进行的理性思维和裁决。具体到司法适用中,刑事法律适用关注是否构成犯罪、何种犯罪,应受何种刑事制裁;民事法律适用关注是否应当承担民事责任、何种民事责任,如何承担;行政法律适用关注是否构成行政违法、何种性质违法,应受何种行政制裁;行政执法法律适用主要关注在行政执法活动中准确的适用法律规范和适用正确的法律规范,它是决定行政执法行为是否具有合法性的重要因素,对行政相对人的权利义务产生重大影响。

(二)本质特点

1.法律思维是一种理性思维

理性一般是指概念、判断、推理等思维形式或思维活动。英国社会学家里克曼认为,理性哲学的基本观念由只应该接受建立在经过彻底地/批判地考察证据和正当推理之上的真理、现实是可知的、强调自我认识的重要性,以及人类在选择手段和目的方面合理地指导自身行为的能力四项原则构成。博登海默认为,一个判断或一个结论,只有在它是以确定的、可靠的、明确的知识为基础的情形下,才能被认为是理性。康德认为,每个理性结论须表现必然性。对于一种理性论证或判断,既要详尽考虑所有同解决某个规范性问题有关的事实方面,又要根据历史经验、心理学上的发现和社会学上的洞识去捍卫规范性解决方案中所固有的价值判断。从逻辑角度来看,尽管该性质的理论论证和判断可能不是通过演绎或归纳推理得来的,它却具有高度说服力,因为它所依赖的是累积的理性力量。由此可见,理性是指法律适用主体恪守客观立场,保持公平心态,以发现纠纷事实为目标,以遵守法律规则为条件,对证据的证明力作出合理判断。

2.法律思维是一种中立思维

中立是裁决的生命,是保证客观公正的前提。无论是广义说,还是狭义说,中立性并不完全依赖于法律适用主体的被动性,它有自己独立的价值。除了程序意义上的法律适用主体的中立,还包括在制度上维持法律适用主体实质上的中立地位,使其不受任何行政机关、社会团体和个人的干涉,依法独立行使法律适用权。如何保证法律适用的中立性?回避制度、纪律性要求和法律规定等均起着一定制约作用。因此,法律适用主体与中立并行不悖,它所强调的是法律适用既要充分尊重法律适用的属性,又尊重法律适用活动的客观规律,特别注意避免法律适用自身中立性的削弱。的确,法律适用主体超越了限度和边界,既可能损害中立性,也影响法律适用的规范运作,亟待治理。

3. 法律思维是一种能动思维

能动思维是指法律适用主体以其积极、能动的行为作用于纠纷事实发现和法律适用,以实现法律适用活动的特定结果。法律适用裁决并非均是“事实+法律或判例”便产生裁决结果,而是一个事实查明、法律判断与价值判断的过程。在这个过程中,除严格的法律技术性操作之外,需要法律适用主体的发挥。长期以来,人们已摆脱法秩序的完备性与无漏洞的信条,因为不能改变不得以无法律而拒绝法律适用的禁令,而赋予法律适用主体填补漏洞的创造性任务。进入20世纪以来,许多大陆法系国家设立了基本原则的法典与此前不同之处在于,使法典由自行运转不息的永动机演变为人—机(法典)系统。受实用主义法学的影响,美国把司法能动性发挥到极致——它强调法官立法、司法审查,以一种实际行为和积极进取姿态,实现其从权力制约、经济领域、个人权益到社会自治等诸多领域的渗透,从而达到在政治、公共政策制定以及个体权利救济等领域的一种社会平衡。

4. 法律思维是一种公平正义思维

公平正义既是法律得以存在的基础,又是法律的理想目标。从法理学角度来看,公平正义形态依照不同标准可以分为分配正义与矫正正义、形式正义与实质正义等。对于法律适用主体来说,实现普遍正义与特殊正义的平衡更具有现实性。因为普遍正义是依据规则对大致相同的情况作出裁判,而特殊正义是针对个案的具体情况根据原则或观念作出最为合理的裁判。个案公正与普遍公正是相互联系、相互依存的,没有普遍公正,个案公正就失去了衡量和参照的标准。法律适用目的旨在保证每一个纷争得到公正处理,使每一方当事人获得正义,因为全社会正义的实现是由每一个具体个案的正义组成。只有个案正义的实现,才能使全社会正义得到最终的落实。西方的司法能动主义强调司法在公共政策生成方面的推动功能,主张司法积极干预政治和政策问题,以扩展宪法规定的公民权利,追求社会公平正义。对法律规范性、确定性和强制性的认识不同和仅在法律条文上构建的逻辑世界永远不可能涵盖鲜活现实世界。如果法律适用主体机械执法很可能会出现判非所愿的结果,而赋予法律以适用的方法,并通过其依据法律原则、法律理念、法的整体秩序等一般的法律规范的运作进行某种变通,在综合权衡满足直接目的需要的同时,避免因法律一般性而不公平地分配利益,作出有利于社会公平正义的最大化裁决,它所追求的法律效果、法律效果与政治、经济、文化、社会效果的有机统一,强调个案公正与普遍公正的有机统一,强调依法裁判与案结事了的结合,均有利于解决纷争,实现社会公平正义,维护社会秩序。

（三）法律思维的类型及运用

1. 法律思维的类型

（1）概念化思维。概念化思维是指以概念分析为内容的法律思维，它通过对概念的内涵和外延来把握法律条文的含义。凡是概念界定不清或歧义的，则无法正确、有效地适用法律。法律人阐释法律通常从概念入手，对法律精神的准确把握建立在准确理解法律概念的基础上，并非简单地对法条的机械背诵。概念思维是法律思维的逻辑起点，只有娴熟地掌握概念思维，才能使法律的其他思维方式得以有效利用。

（2）要件化思维。要件化思维是指一定要件满足后即产生相应的法律后果的思维过程。刑法中的犯罪构成理论就是典型的要件思维类型，它强调要件化思维的明确性和便捷性，但这种严苛的规定易将法律的适用引上机械和僵化的境地。

（3）权利义务化思维。权利义务化思维是指以权利义务关系为内容的法律思维。当法治成为世界潮流，以权利义务为核心的法律关系日益凸显。从本质上说，法律思维是一种利益思维，人们在法律思维中应当明确，为了维护自己的权利应当履行相应的义务。随着社会的迅猛发展，特别是权利出现的不断膨胀与冲突之趋势，使原有权利义务的思维类型面临巨大挑战，法律的稳定性在面对这种挑战时总显得捉襟见肘。

（4）类型化思维。类型化思维是指以法律规范所涉及的对象进行分类，实现法律规范的具体化的法律思维方式。它超越抽象与具体在方法论上的二元对立，成为连接两者的媒介。类型凸显事物个性、直观性较强，介于具体与抽象之间的显性特质代表法律思维的发展方向。

2. 法律思维路径

正确的法律思维是法律适用正确的路径和方法，正如亚里士多德所言，法律执业者处于法治的核心地带，没有这个群体对法律的效忠，法治是难以运行的。可见，法律素质既要求法律适用主体具备良好的职业道德、深厚的法律修养，也要有正确的法律思维，法律思维对保障裁决活动意义最重大。

（1）坚持体系化思考。在处理任何纠纷时均要进行体系的、全方位的思考，帮助我们进行严格的逻辑分析，使所有法律人均可以经由类似的思考得出类似的结论，而非考虑孤立的规则。从概念化思维、要件化思维、权利义务化思维到类型化思维是一种由浅入深、由简单到复杂和具体到抽象的过程，就法律适用主体来说，要件化思维、权利义务化思维是基本的法律思维模式。值得注意的是，要件化思维是典型的刑法思维模式，它要求严格依据既定的法律确定是否以及在多大程度上发生相应的法律效果。作为民事和行政纠纷的化解思路，权利义务思维化方式在具体纠纷解决中确定当事人各自的权利义务，确定相应的责任。

(2)秉承公平理念。作为一名法律人，时刻以公平正义为价值取向。在多元化的社会中，尽管价值取向多元，但公平正义是具有重要意义的价值。特别是公平与效率之间的冲突。

(3)探求立法意旨。法律思维的价值判断首先要体现立法的价值取向，法律适用主体在纷争化解中要把立法的目的具体化，最大限度地实现法律效果与社会效果的统一，实现法治的目标，完成法律适用的固有使命。同时，通过目的性探究，发现立法的目的和意图，在文义解释时，应当适应社会生活的实际情况对其进行解释。

(4)规范分析过程。一是应当以现行的法律规范为根本。法律人的思维首先要以法律为中心，以法律为依据，思考、评判和解决纷争的核心。二是遵循法律解释方法。对法律解释方法的适用既要遵循一定的适用原则，也要遵循一定的顺位，以保证法律适用过程和结果的统一性和可预测性。三是利益衡量的适用。在利益衡量中，为了保证适用结果的一致和规范，立法的价值取向应当占据优先的地位。

三、法律规范的发现方法

(一)基本路径

在判例法国家，由于判例是法律的主要渊源，其以判例为大前提。随着大量成文法的颁行，英美法国家也开始重视从成文法中寻找大前提，但成文法只是其中一个组成部分，是对判例的概括与补充。在大陆法系国家，主要从成文法中发现大前提，在法律没有规定的情况下，法律适用者从法律原则中解释具体规则，一些国家也认可先例可以作为裁判的依据，解释是以法典作为解释的依据。由此可见，两大法系国家遵循寻找具体规则—裁判规则—解释规则的过程。在具体规则的发现中，大陆法系国家法律适用主体应当首先遵循发现并适用具体规则，避免向一般条款逃逸。在例外情形下，法律适用主体可以援引抽象的法律原则，且从法律原则中阐释出具体规则，在某些情况下，法律适用主体也会援引法律原则，应当对该原则的内涵和从原则中确立的具体规则进行解释。而英美法系国家从个案到个案，法律适用主体在裁决中先寻找先例，再将先例中确定的规则运用到个案中，一般规则以先例为根本，而非通过先例辅证一般规则的正当性。在裁判规则的发现中，就同一纠纷来看，提供使用的具体法律规则可能有数个，法律适用者的任务是寻找妥帖的裁决规则，他们对特定法条的解释是将其解释成调整某类型纠纷的规范，确保其对具体案件适用的包容性。从一定意义上说，英美法系国家注重先例，特别是法律适用者法官解释的经验；大陆法系国家注重成文法及其解释，法典依赖于学理的多个层面，法学家的著述成为法律适用者理解和适用法律时的重要参考资料，教科书是对著名判例的引证和说明。无论如何，成文法和判例及其解释均强调拟适用规则来源的统一和稳定，维护法律规范的可预测性。法学教授在大陆法系国家法律职业体系中声誉和地位高于普通法国家。在对法律规则的解释中，从方法论角度来看，对法律的解释是必要的，“法律非经解释不得适用”。通过法律的解释，使法律适用者得以正确地适用法律，使人们得以明确法律的具体含义，对未来的生活享有稳定的预期。尽管两大法系国家在解释的方法和规则上不完全一致，但法律适用者采用共识性的解释规则也是大势所趋。

在大前提的发现中，除了法律解释之外，我们还需要在法律适用之间进行选择，主要包括四个环节：

1. 法律关系的判定

从方法论角度来看，一方面，需要准确界定法律关系性质；另一方面，对特定案件的法律关系进行分类，在法律适用之前，应当对纠纷事实进行分类，但在对纠纷事实进行分类之前，需要对法律规范进行分类。在这种分类中，是以特定构成要件所包含的类型为基础进行分类，并非是以具体的构成要件为基础。总之，通过在客观事实中抽象出的法律关系，选取和洽的法律规范加以适用。

2. 法律规范的获取

法律规范的获取是指法律适用主体就具体的涉法事实寻求应当适用的法律规范的过程。法律规范的获取可以分为径直的法律获取、选择的法律获取和解释的法律获取。径直的法律获取是在法律适用过程中直接从法律渊源中获得适用于涉法事实的法律规范；选择的法律获取是当针对同一涉法事实有数条法效果互相排斥的法律规范可以适用时，选择其中一条或数条法律规范加以适用的判断。解释的法律获取是指当适用于涉法事实的法律规范含义出现模糊或者歧义时，对其进行解释后再进行法律适用的判断。在多数案件中，法律获取属于径直的法律获取。只有在法律规范出现冲突、歧义和模糊时，才适用选择的法律获取和解释的法律获取。在学理上，还有续造的法律获取，当法律出现漏洞时，法官应当进行法律续造，以获得相应的法律规范。法律获取与法律发现不同，法律发现包括续造的法律发现，并侧重于当法律出现漏洞时的法官造法。

在法律适用中法律获取与事实认定不是截然分开的两个过程，因为法律事实的形成以法律规范为依据，而法律获取也应当以涉法事实为支撑点，所以法律获取在很大程度上与事实认定发生时间上的重合。一般意义而言，司法机关对法律获取问题具有最终的裁判权，而行政主体对于事实认定则具有较大权威。在具体纠纷的裁决活动中，如何把纸面上的法律落实到行动上的法律之中，体系化的思考有助于司法三段论大前提的确定。首先，对法律的总分结构的把握。通常从分则中开始寻找，如果分则没有规定,则适用总则的规定。其次,对法律条款适用的先后把握。从法律适用来看,法律的特殊规定应当优先适用。再次,积极要件和消极要件的考察。积极要件和消极要件实际上包含请求规则和抗辩规则、责任承担规则与责任减轻或者免除规则。在找法过程中,在积极要件被满足时,而消极要件难以满足的情况下,法律条文被援引。消极要件常表现为特别规范,应优先于一般规范的适用。从次,法律条款之间结合的把握。在完全法条适用时,可能是一个或者多个规范的结合构成一个完全法条,以直接适用;在不完全法条适用中,需要与其他条文结合才能适用,得出裁决结论。最后,对于案件事实缺乏对应的规范予以排除。对具有对应性的,则应当直接作为适用的裁决规则,否则,应当予以排除。

3. 大前提的检索确定

从原告的诉讼请求、被告的抗辩理由及其反请求角度出发,再进行法律规范可适用的判断,除了当事人是针对诉讼程序的合法性产生争议之外,应当是实体性规范和裁判性规范,在没有合同约定或者合同约定不明时,适用任意性规范,在当事人已经合同约定的情况下,应当适用合同的约定。从法条的逻辑结构来看,法律条文有完全法条和不完全法条之分,完全法条可以单独、直接作为裁判依据,而不完全法条须与限制、说明或引用的条文合并适用。也就是说,所检索的可适用的法律规范为完全法条时,只需要按照完全法条的推演即得出法律效果。在寻找到不完全法条时,应当通过法律解释和补充,将其解释为完全的法律规定。

4. 规范的解释与确定

在发现法律规范过程中,既要理解和解释发现相关的可适用的法律规范,也要对所发现的法律规范进行解释,将其与纠纷事实对比,这就是涵摄的过程。由此可见,大前提的发现过程是依据特定纠纷事实确定与该事实密切相关的法律规范,在此过程中,主要通过解释确定相关规则的规范要件。从我国法律规定来看,有些法律规定是不完全法条,不能作为大前提,在法律文本中,几乎没有一个法条是可以单独发挥功效的,即便是完全法条,也需要与其他法条共同作用,发挥其裁决功效。

(二)法律解释

1. 概念界定

一些教科书把法律解释简单地界定为对法律含义的说明,似乎任何主体的解释活动均可称为法律解释。作为法律适用的方法之一,法律解释是法律适用主体在法律适用中对法律和事实的意义说明。由此可见,法律解释包括以下几方面含义:第一,法律解释是纠纷事实所赋予的法律意义。在很多简单纠纷中,对于纠纷事实所赋予的法律意义,似乎只是推论意义上的理解,而非模糊或者歧义的法律意义的解释。

在我国法律解释体制下,根据其主体不同,可分为立法解释、行政解释和司法解释。从法学原理角度来看,法律解释只存在于法律适用领域,所以在处理具体纠纷适用法律时才涉及解释问题。第二,法律解释是把含糊不清或者歧义的法律规定界定清楚。从这个角度来看,法律解释有对法律规定的意义界定清楚和对纠纷事实赋予法律意义两种基本形式。实际上,法律解释包括体系解释和可以在文本中引申出来的法律目的解释,而超出文义解释则需要其他方法加以解决。第三,法律解释需要各种方法的综合运用。作为历史悠久的法律方法,法律解释方法已形成了系统,特别是新近出现的诸如利益衡量、价值衡量、法律论证等法律解释方法影响深远。

2. 解释原则

(1) 合法原则

按照合法原则的要求,可以减少法律适用主体选择的可能性和任意性,进而增加法律规范对裁决的拘束力和可预见性。由于法律适用主体在裁决过程中优先采取某种解释方法,如何依据该解释方法得出裁判结果,有选择的自由,得出不同的规范解释结果。因此法律原则并不能保证法律适用主体被严格地约束在法律体系之内。承认合法原则指引的限度性,并不意味着法律适用主体像立法机关一样运用自己的评价标准从事法律适用与填补法律漏洞。法律适用活动的创造性与法的拘束性并存,立法与法律适用之间的差异十分明显。立法者可以自由依据自己的理智启示设定目标,并沿着自己认为最好的路线前进,而法律适用主体只能沿着法律体系所预定的路线,或至少是所认可的路线行使。同时,合法原则要求法律适用主体承认或预设法律规范体系内的合理性和完备性。因此,在裁决过程中能动地填补法律漏洞的空间不大。总之,在合法原则下的法律适用主体能动性应当尝试依法实现法的规定而非由法律适用主体任意决定。

合法原则要求法律适用主体应当以遵循法律规则为前提。当法律规则有明确规定,应当径行适用法律的规定,不得置法律规则而不顾,即学界所称"禁止向一般条款逃逸"。在依据法律规则能够妥善解决纠纷的情况下,不能以原则的名义实现法律适用主体的主观理解和个人偏好。在穷尽法律规则的基础上,应优先适用实定的法律原则和公理性法律原则,然后再考虑非实定的法律原则和政策性法律原则。在适用方式上,区分规则模糊、规则缺失、规则冲突和规则适用于个案导致显失公平几种不同的情形从而选择不同的适用方法。在适用结果上,还要考察同类纷争或类似纷争的处理情况以及社会价值标准。合法原则要求更为注重程序上的合法性,不仅选择要合法,而且通过合法的程序使法律适用方法更加具有可操作性,但并不等于死抠法条和机械适用法律。当然,要求法律适用主体遵循程序性规定,目的在于规制法律适用方法。倘若法律规范适用结果背离规范原意且不可接受,应允许变通适用该规范,但是法律适用主体应当指出并论证现有规范和法律适用通行裁决的不足,改变必须以更多、更好的依据为基础。

(2)合理原则

合理原则即合乎情理原则,是指法律适用主体在裁决中不仅仅依据规范或凭借立法者在规范中的指示作出一般评价,或找出一条或几条支持裁判的理由,而是据案结合法律规则的确定或不确定、客观现实和社会普遍的公平价值观等,从中为个案拟定一个最合理的解决方案。这要求法律解释须充分考量现实中选择某种方式的合理性因素,最终选择的结果以及过程的说明合乎情理,能够得到社会公众的认同。然而,如何保证和确信法律解释具有合理性呢?尽管合理内涵和外延不能界定得十分清晰,但既然提出合理性范畴,就意味着可以对其进行相对确定的认识和划分,只不过确定的成分较弱而已。事实上,合理性是一个灵活的概念,它要求充分考虑个案复杂多变的情境,往往适当考虑对案件进行说明。

在法律解释中,厘清和把握合理原则应结合法律规范、法律理念、社会评价和个案事实四个要素判断,并加以适用。从法律角度来看,法律适用主体在理解和解释法律规则时,就应自觉地辨别法律通常的明确意义和在具体适用过程中可能出现的不确定意义,特别考量其是否与法律秩序和宪法规范的理念和价值产生冲突。从技术角度来看,法律适用是否符合具体规范的意图,特别是当法律规则出现模糊或者歧义时,实践中逐步积累起来的法律技术和规则往往指示法律适用主体从立法意图以及立法目的寻求比较合理的解释。这就需要从法律文件的序言、标题、标点符号、解释性条款、目的性条款等法律自身的内容出发,结合法律文件本身内容,运用包括历史解释、逻辑解释、类推解释、当然解释、系统解释、限制解释、扩大解释等各种解释方法,综合考察以阐明法律规则的合理含义。从社会意义角度来看,法律适用是否符合社会普遍意义的公平价值观。社会公平正义的价值观是一个社会在一定时代普遍接受的某些正义观念,是对社会上利益分配现实的看法,而法律则是强调对现实生活中的各种利益关系的控制。因此,社会公平正义观与法律之间有着密切的联系及重要的相互影响。在法律出现失灵时,法律适用主体借助于社会公平正义观念进行及时调整,这也是其职责所在。否则,裁决就会因其价值的弱化而在社会公众中失去权威性。从客观现实角度来看,法律适用必须立足于现实,要把每一个需要裁量的问题置于客观现实当中,通过在现实当中比较、分析,找出既符合社会公平正义,又与民意相符的解决途径。

(3)法治统一原则

作为法律解释的一项基本原则,法治统一原则是指法律解释应在法治范围内进行,解释活动应当有助于加强法律之间、法律内在的统一性,建立解释的约束机制,促进法制的统一和解释技术的完善。因此,法治统一原则要求法律适用主体通过对法律概念或者法律规范条文所处语言环境考察所进行的解释,既使解释结果与法律体系相协调,能够达至"类案同判",也要求法律适用主体在适用统一法律时标准一致,避免各种解释结果之间出现不一致或者冲突的现象。

(4)目的性原则和客观性原则

目的性原则是指法律适用主体在解释法律时,联系我国的经济条件、文化观念、社会发展水平、政治需要、面临的形势与样态,以及大众、立法者所持的法律观和对违法的反应等现实环境,以这个客观历史条件所反映出的社会对法的要求为目的来确定一个法律解释的大体倾向,从而协调和整合法官解释法律中的冲突和矛盾。

客观性原则是指法律适用主体在解释法律时必须符合社会正义的要求,不得随意或个人化。因而法律适用主体在解释法律时须寻求一种客观标准,即立法者原意、法律文本含义、公序良俗、公平正义观念等。尽管立法、解释、适用等都是人的一种活动,且带有一定的主观性,但不能因此放弃对客观性的追求,倘若放弃对客观性原则的追求,法律为人类行为提供标准的规范作用就可能减损或丧失。

(5)诚实信用原则

基于对法律适用主体的制约,大陆法系国家立法普遍导入诚信原则,而英美法系国家几乎无相关的讨论,这主要与诉讼模式有关。我国《合同法》第 125 条关于"当事人对合同条款的理解有争议的,应当按照合同所使用的词句、合同的有关条款、合同的目的、交易习惯以及诚实信用原则,确定该条款的真实意思"的规定,把诚信原则作为合同解释的指导原则。实践中,当法律规范出现模糊、冲突,以及法律规范适用导致个别纠纷显失公平等情形时,法律适用主体依法本着诚信原则进行解释。具体而言,当诚信原则与法律规范冲突时,学理上存在肯定说与否定说。前者认为诚信原则不能修正法律,否则有损于法律权威,也易导致法律适用主体权力滥用。后者认为诚信原则是人类最高理想的体现,若法律规定与之不符,则应排除法律规定而适用诚实信用原则。因此诚信原则不仅有填补法律漏洞的机能,而且还有修正现行法规定的功能。我们赞成多数学者持有的肯定说,为排除法律适用而可能带来的对法律权威的冲击和防止法律适用主体权力滥用,应当对法律适用主体依诚信原则填补法律漏洞情形作出限制。适用诚信原则与现行法规定的结果一致的案件,禁止适用诚实信用原则;在判例法国家,适用判例与适用诚信原则能得出同一结论的情况下,应适用判例;适用判例与适用诚信原则能得出相反的结论,则应适用诚信原则。

综上所述,合法原则位于法律适用解释法律原则的首位,而合理原则则是法律适用解释法律的核心,法治统一原则是法律适用解释法律的终极目标,目的性原则和客观性原则、诚实信用原则是法律适用解释法律的有益补充。其实,合理性原则的判断标准本身呈现多元性、灵活性和矛盾性,且还得接受合法性拷问——符合法的确定性、稳定性、客观性、安全性。倘若不考虑合法性和法治统一原则,坚守目的性原则和客观性原则、诚实信用原则,而把实质解释贯彻到底,那么必然会走向极端的自由解释。

3. 解释方法

法律解释的方法很多,主要包括文义解释、体系解释、当然解释、反对解释、目的解释、扩张(充)解释、限缩(缩小)解释、合宽性解释、论理解释、比较法解释等。在法学论著中,以解释标准宽严为依据,可以把法律解释分为严格解释与自由解释。在此,我们仅介绍以下几种常见的法律解释方法。

(1)文义解释

文义解释是按照法律条文所使用的文字词句的文义和通常使用方式,对法律条文所进行的解释。通常不考虑法条字面含义以外的因素,以通常的理解方式进行解释。当然,仅靠文义解释并不能解决所有的法律解释问题,因为对同一法条进行文义解释往往存在多种结果,这就需要借助其他解释方法加以限定,但无论采取哪种解释方法所得到的结论必须在文义解释的可能范围之内。"字义具有双重任务:它是法官探寻意义的出发点,同时也是划定其解释活动的界限。"因此,文义解释一般居于优先的地位,解释法律条文首先要从其字面含义着手,其次才是论理解释、历史解释、目的解释等。

(2)体系解释

体系解释是以文义解释为前提,是法律制度体系化的一种推定,以此借助整体来认识和理解个别情况。当一个法律用语有几个解释时,通常优先考虑整个法律体系含义的协调一致性,明确其一,排除其他。

(3)当然解释

法律条文虽然没有明文规定,但是从其规范目的来衡量,此类情况比法条明文规定的情形更有适用的道理,因而直接适用该法条的法律解释方法。"举重以明轻"和"举轻以明重"是当然解释的法理依据。前者是指根据法律规定的目的,如果其事实较之于法律所规定的情况更轻,就可以直接适用该法律规定;后者是指根据法律规定的目的,如果其事实较之于法律所规定的情况更重,那么按照立法的意思,既然较轻的行为都适用该规则,较重的行为就更有理由适用该法律规定。当然解释的论辩方式为“尚且或当然”。当然解释从法律规范的目的出发,通过比较性质相同的事物而进行逻辑推演,且只能在法律条文的可能范围之内进行解释。在遵循立法目的的基础上,当然解释既适用法条中构成要件的推论,也适用于法条中法律后果的推论。

(4)反对解释

反对解释是指依照法条文义,推论其反对的结果,用以阐明法律真意的解释方法。反对解释通过采取非此即彼的形式逻辑的推理方法,依据“不同案件不同处理”的法理规则,法官采用反对解释须在判决书中尽可能把不同之处载明。只有当构成要件是法律后果的必要要件或充分必要条件时,才可以适用反对解释。在确定所适用法条的基础上,审查确定法条构成要件与法律后果之间的必要条件或充分必要条件,然后进行逻辑推演。

(5)目的解释

目的解释是以法律规范的目的为依据,阐释法律疑义的解释方法。它借助于客观的立法目的和立法意旨探究来阐释法律含义,仍然是从法律文本出发,但其解释的结论与法律文本的字面含义可能有一定区别。适用该解释方法首先应明确所涉及法律的立法目的,在我国法律中,大多开宗明义地表明立法目的,甚至一些法律名称本身也包含了立法目的。因而通过目的解释,各个法律条文之间的不完整性或不完全性问题能够得以解决。目的解释不同于法意解释,本质区别在于:前者从法律目的出发,重在阐释法律的整体意旨;而后者从历史沿革出发,强调探究个别规范的法律意旨。法律适用主体解释法律要遵循对立法者意图的阐释最大化原则,尽量对现有法律规范作生效的法律解释,且随着时代发展而发展。

(6)扩张(充)解释与限缩(缩小)解释

扩张(充)解释是指法律条文的字面含义过窄,不足以表达立法的本意,于是扩张其文义,将案件纳入符合立法本意的适用范围内的法律解释方法。限缩(缩小)解释是指法律条文的字面含义过宽,超出了立法本意,于是将其文义缩小到符合立法本意的范围。无论是扩张解释还是限缩解释,均不能超出法律条文可能的含义范围,超出同质性就变成了类推解释。这两种解释方法与法意解释有一定关联性,只是解释方向有所不同,限缩解释适用“过”的情形,扩张解释适用于不及的情形。该两种解释方法通常是在法意解释之后被适用,适用时应避免与目的性扩张、目的性限缩相混淆。换言之,扩张解释的扩张以文义的可能预测范围为限,否则将超出法律解释的范畴;限缩解释的限缩对象仅限于文义可供分类、切割的法条,对文义牵连、界限模糊的法条不宜适用。实践中,无论是扩张解释,还是限缩解释均以尊重立法目的为宗旨,以文本解释为基础,为个人创设负担的规范和规范的例外规定应作严格解释,为个人创设权利的规范应作扩张解释。

(7)合宪性解释

合宪性解释是以宪法或位阶较高的法律规范意旨对位阶较低的法律规范进行解释的方法。它是在无法通过其他解释方法得出唯一妥当结论时所运用的方法,主要依据宪法对相关部门法进行解释,其功能在于选择和排除解释结论。为了适应法律位阶逻辑结构的要求,民事法律解释不得违反宪法意旨,对存在多种解释可能的情形,应当优先选用最符合宪法原则和精神的解释。但在具体运用时,须注意各项宪法原则之间的互相补充与限制。运用合宪性解释时,需审核法条的含义是否符合宪法的基本价值判断;尽可能充分实现宪法赋予人民的基本权利;同时,还需要兼顾与其他解释方法并用,以对法律文本作出清晰的解释、界定。

(三)法律漏洞

1. 内涵界定与分类

法律漏洞,又称法律缺失,是指法律规范对其调整范围内的特定纠纷类型缺乏适当的规则,或者立法者有意保持沉默,对应该规定的规则不予规定,或者依规则的意义及目的,其不宜适用于某具体案例而导致的计划上的不圆满性。法律自诞生之初就伴随滞后性、保守性和缺乏灵活性,使法律适用的调控领域无法紧跟社会发展的节拍进行同步扩张,封闭的法律规则体系之间也必然出现与社会复杂关系之间的冲突。当具体纷争所涉及问题出现法律缺位的情况时,法律适用者应当运用其能动性填补法律空白。

依据不同标准,可以把法律漏洞作出不同分类。例如,根据立法者在制定法律时是否知道法律漏洞的存在,可以分为已知的法律缺位和未知的法律缺位;以法律缺位的程度大小为标准,可以分为部分缺位和全部缺位;按照法律意旨是否打算规范进行分类,可以分为明显的法律缺位与隐藏的法律缺位等。无疑,法律缺位也是各国成文法普遍存在的法律现象,但无论如何,按照法治国家所奉行的禁止拒绝裁判原则,这就涉及法律适用主体对法律缺位的能动填补问题。

2. 对法律漏洞的态度

由于各国法律传统、法学理论和法律风格等差异,其法律缺位理论和实践难免不尽一致,甚至有较大差异。在法国,法官不能成为造法者。《法国民法典》第4条规定,“法官借口法律无规定、规定不明或不完备而拒绝审判者,得以拒绝审判罪追诉之”。法国学者对法律是否存在缺位问题争议较大,并常以诸如新型案件、司法实践提出的新问题和立法者未预见的案件等婉言说法取而代之,因而法国对法律适用发展和填补法律缺位的提法总是闪烁其词,通常把法律缺位隐藏于解释之中。《意大利民法典》公开承认法律缺位的填补，该法第 12 条第 2 款规定，在无法根据一项明确的规则解决歧义的情况下，应当根据调整类似情况或类似领域的规则进行确定；如仍有疑问，应根据国家法制的一般原则加以确定，并在第 13 条和第 14 条中，分别规定了解释方式和法律漏洞填补。德国从“有思考的服从”发展为积极的漏洞填补，并创设诸如缔约过失、积极侵害债权等著名的新型法律制度的漏洞填补。美国既无专门针对漏洞填补问题的法理，又无对漏洞进行公认的分类，而是根据漏洞的属性不同，采取不同的方法：对于立法机关明确授权的缺位，该授权包含制定法的指导。在英国司法观念中，允许被称为“解释性补白”的文本解释，即使是某些曲解，也被认为是合法的；填补制定法中的空白或缺陷被称为“实质性补白”，相当于司法造法是不允许的。因此，英国没有法律解释以外的漏洞填补。当然，解释性补白与实质性补白之间的界限又是一个颇有争议和需要解释的问题。

3. 填补方法

法律漏洞的确定、系争纠纷不属于禁止类比的领域，如私法中物权法定，以及在现行法律中，有能够予以援用的相类似的规定构成法律漏洞的适用条件。其具体形式主要有：制定法类比、法的类比，如胎儿权益保护，由交通事故引发的“亲吻权”索赔纠纷；死者近亲属安葬死者的人格利益成为立法认可的一种新的具体人格权，包括知情、哀悼、祭奠等权能，以及轻重相举等。综观世界各国，大多数国家采用以下几种方法。

(1)类推适用。把法律规定适用于其适用范围以外的类似事项。其出发点在于待决利益状态与法律已规定的某种利益状态非常相似，以至于立法对无规定的事实情况也会作出相应的规定，其适用依据是相同案件应当得到相同处理。它包括正面类推、反向类推两个方面。前者是指若某项法律规范的依据在法律未规定的事实中比在法律规定的事实构成中更加明显，则类推适用是合理的。它主要有以小推大和以大推小两种形式。例如，《德国民法典》第 904 条赋予紧急避险财产受到损害的所有人赔偿请求权，该请求权不仅适用于紧急避险情况下，侵害所有权的情况，而且还适用于他人人身或健康的情况。后者是指法律对于某些事实没有规定，则反推立法不愿意对此作出规定。

(2)目的性限缩(扩张)。若按照法律规范目的衡量，该法律条文的调整范围可能超越其规范目的含义，可能导致适用结果与法律目的背道而驰。因此，便产生目的性限缩的解释问题。该解释方法旨在使不同案件应为不同处理，排除不符合法意图的内容，保留符合法意图的部分。尽管从表面上看不忠实文义解释，但在思想上是有服从地实现法律。与此相反，目的性扩张属于法律补充。它是指法律文义涵盖的内容不足以反映其立法意图需要的调整范围，为贯彻立法意图而将其适用范围扩张到法律文义并不包含的内容。与类推适用的不同在于扩张部分与其文义范围内的部分不具有类似性。

(3)创造性补充。类推、目的性限缩(扩张)适用均以现有特定的法律规范为依托，以一定方式对现有法律规定"比附援引"，但创造性补充与之截然不同。它是根据法律的一般原则、理念和事理为所裁决纠纷找出的创造性理由。上述方法是大陆法系国家普遍采用的方法，但这些方法不是绝对的，对法律规范缺位方法仍有不同说法。如德国学者归纳为类推、反向推理、目的性限缩解释事物本质、法官自由造法。奥地利学者认为主要有类推、适用自然法原则、限缩解释等方法。

我国禁止法律适用主体立法。在法律规则缺位的情况下，基于"类案类似处理"的准则，法律适用主体以类推等方式将个案归纳到一条与之最接近的规则之下，"以便当缺乏在严格意义上可以适用的法规时，借助于原则从中推导出判决的根据"。[①] 由于法律未规定法律适用主体填补法律漏洞的原则与标准，且缺少可操作性规范，所以导致裁决的不可预测性。各地通行的错案责任追究制度、案件质量考评等使法律适用主体在填补法律漏洞过程中将承担较大风险。司法实践中，有的法官希望得到社会舆论和法学专家支持，特别企盼最高人民法院出台司法解释，或采取请示、汇报等"内批"方式解决，如此既剥夺了当事人审级利益，也侵犯了当事人诉讼权利。

(四)利益衡量

1. 概念界定

利益衡量又称法益衡量。我国学者对利益衡量的含义未达成共识，或认为是法律解释的一种方法，且只有在用其他法律解释方法仍无法解释时才可适用的一种方法；或主张是法官在实质判断的基础上，再寻找法律上根据，其为一种独特的法律方法；或强调用价值衡量来代替利益衡量，价值衡量只在法律解释和法律续造后，发现在法律解决实际问题时出现价值冲突，与法律目的严重背离才予以采用。尽管上述观点不同，但最终殊途同归，即利益衡量的适用前提是法律缺漏或法律价值冲突导致与法律目的严重背离的情形，其适用主体是解决纷争的法律人，是法律适用主体在适用法律解决具体纷争时所涉及的相互发生冲突的利益关系的评价、选择和取舍，适用目标旨在解决纷争，实现社会公平正义。因而，我们认为，利益衡量应当界定为，在对待具体纷争时，法律适用以公平为基础，结合社会环境、经济状况、价值观念等对双方当事人的利害关系以及当事人利益与社会利益之间作比较衡量，综合把握案件的实

① [美]庞德：《通过法律的社会控制法律的任务》，沈宗灵等译，商务印书馆1984年版，第99页。

质,对冲突利益进行权衡、取舍和裁量的活动。

2. 发展历程

利益衡量理论源于德国的自由法学及在其基础上发展起来的利益法学。19 世纪末 20 世纪初,德国一些法学家意识到概念法学中“规范 + 事实 = 判决”的三段论演绎过程不可能解决千变万化的现实问题,且该“三段论”也难以保证提供一个唯一正确的答案。于是,通过对概念法学的审视便产生自由法学等学说,后发展成为利益法学。日本法学家加藤一郎于 1966 年发表的《法解释学的论理与利益衡量》一文中最早提出了利益衡量论。1968 年,日本星野英一教授在《民法解释论序说》一文中也提出了与加藤一郎类似的主张,他认为,法的解释、适用终究取决于价值判断。我国台湾地区学者杨仁寿认为,法官在阐释法律时应摆脱逻辑的机械规则之束缚而探求立法者于制定法律衡量各种利益所为之取舍,立法者本身对各种利益业已衡量而加取舍,则法义甚明,只有一种解释之可能性,自须尊重法条之文字。当有许多解释之可能性时,法官自须衡量现行环境及各种利益之变化,以探求立法者处于今日立法时,所可能表示之意思,而加取舍。

3. 适用原则

(1)法内衡平原则。法内衡平原则要求在利益衡量过程中,法律适用者应当遵从法律,不能超越甚至颠覆法律,“利益衡量只能在法律的疆界内发挥其应有的作用,不能越出法律的边界”。这是处理利益衡量方法与法律规则之间关系最基本的原则。即使法律对此未有直接规定,也应坚持在法律范围内进行判断和解释,至少可以根据立法者在法律原则层面表达出的利益倾向为标准,对诉争利益进行衡量。否则,导致法律适用者权力过大的同时,亦会产生法律虚无主义。利益衡量方法的运用是为了克服法律的机械性,弥合其与现实情势之间的矛盾,从而在法律的框架内寻求最优的解决利益冲突的方案。

(2)整体利益最大化原则。整体利益最大化原则强调不仅保护各方当事人的合法利益,而且还实现了整体利益最大化的裁判。它主要通过资源的合理配置而实现,这是利益衡量活动在合法基础上的直接目标。整体利益最大化体现为把各种相互冲突的利益放在同一层面上进行综合的分析、平衡,使其因冲突、摩擦而造成的损失达到最低限度,从而使社会资源在整体上实现最佳配置,并使其效用实现最大化。这就要求法律适用者基于对纠纷利益关系的实质判断,把整体利益的最大化作为思考问题的基本原则和寻求纠纷解决方案的总体目标,在法律的框架内灵活地选用相关的法律规则作为裁判依据,实现纠纷的最优解决。

(3)克制原则。克制原则表明利益衡量的运用超出必要的限度,会造成法律适用者的恣意,危及法治秩序甚至会颠覆法治。对此,需要认识到,利益衡量是法律适用者在不得已情况下而采取的一种法律方法,在分析、平衡过程中,充分体现出对立法权的尊重,这也是制约法律适用者的主观恣意的外在条件。当法律有明确规定时,法律适用者自觉服从这一规定,利益衡量的结果要自觉接受并服从法律规则的检验,具体体现为利益衡量的结果需要相应的法律规则作依据。在自己的衡量结果找不到法律依据时,法律适用者需要调整自己的判断,直到自己的判断有相应的法律依据。

(4)效益原则。效益原则就是运用经济分析方法的成本—收益、最大化、均衡、效率等分析工具。当面对两个相互冲突而不能两全的利益并且它们在法律上都有受到保护的同等理由时,传统的公平、正义、秩序、自由、权利、义务等分析方法会缺乏选择的实证依据,也缺乏对自己选择结果的解释力。微观经济学理论告诉我们,最佳效益是边际成本与边际收益处在相等的均衡点上。借助这一原理,根据这种利益保护方案是否实现了成本—收益的最优化、实现了效益最大化、达到了均衡状态而使判决结果具有最大的可接受性,从而使利益衡量的标准从单纯抽象的思辨转向了具有可操作性的量化分析。

当然,利益衡量不能照搬经济学的分析方法,因为诸多利益并非都能够进行折算,且精准量化。通常,在实践中,法律适用者应当把个人利益与社会利益联系在一起考察。事实上,利益衡量的基础是对冲突利益排序,确定法律应予优先保护者,坚守人格利益优于财产利益,生命健康权优于一般人格权,人身损害赔偿优于财产损害赔偿,社会公共利益优于个体财产利益,权利优于利益的保护规则。当不同的社会利益冲突时,法律适用者对当事人和社会的重要性来进行排序,不应一概而论。当然,利益的衡量应当遵从我国现行法律既有的利益分类,对各种利益予以相对明确的排序。一般的利益排序与个案的审查相结合,考量社会主流价值观、公众舆论、社会公共政策、社会基本道德、社会效果、各种冲突利益的协调和排除因素等。在利益之间发生冲突时,不考虑民众的现实需要,那么这种衡量的正当性难以有基础,而是在独立的环境下,使法律适用者能够冷静独立地判断社会价值和社会期望。这里的社会主流价值需求是在一定社会意识中处于主流地位,并发展成熟的、固定的道德信念及价值观,它决定社会中多数人的行为选择方式和行为模式。法律适用者通过理解社会大众对某种利益的观点、看法,从而决定其平衡与取舍,从而使裁决与民众的需求相一致。毋庸置疑,法律适用者重视公共舆论,并非是迎合公共舆论。因为公共舆论存在不确定性和易变性。法律适用者在利益衡量时,应当立足于外行人的立场进行平衡、取舍,被认为可能更符合社会需要。就法律问题而言,社会价值观念所具有的主流性、正当性和关联性是成为法律适用者裁决依据的原因。社会公共政策是由某种权威在一定历史时期和环境下制定,旨在解决当下存在的公共问题。在利益衡量时,法律适用者应当考虑社会公共政策、公序良俗。在婚姻家庭和继承纠纷的裁判中,道德和习惯在一定条件下可以成为法律渊源。同时,法律所追求和体现的公平和正义,实际上就是特定时期民众认同的价值和道德标准。对法律标准与民众的道德标准存在差距的情形,民众可以适度修正自己的道德标准或行为规范。没有道德基础的法律必然得不到社会和公众的认同。对法律与道德出现断裂的情形,应当修正的可能是法律。对法律规定模糊的情形,道德则成为利益衡量的解释法律的一种尺度。法律适用者在利益衡量时,就确定个案应采用的裁判准则和个案纠纷事实本身进行衡量的标准,自觉地运用其知识或经验考察裁判的社会效果。对于具体纠纷中存在的多种利益且相互冲突的情况下,需要法律适用者结合案件的实际情况,认真分析和考量各种冲突利益的利害得失,作出理性判断。法律适用者在利益衡量中,应当排除来自其个人的利益、非法干预独立裁判、方方面面的人情干扰以及个人好恶、情绪等非理性因素。尽管上述各种因素并非是所有个案利益衡量中均要涉及的问题,但无论如何,这些因素均是抑制法律适用者利益衡量时不可或缺的因素。

4. 运行方法

在法律适用过程中,利益衡量主要涉及当事人之间的利益衡量、个人利益与第三人利益的衡量、当事人利益与社会公共利益的衡量,以及社会公共利益之间的衡量。在当事人之间的利益衡量中,一方面,涉及损失的衡量。双方当事人之间存在天然的对立,在裁决中对当事人之间利益进行衡量在所难免,这是法律适用中最典型的裁量类型。从本质上说,法律适用主体只需要对两者的利益在同一水平线上权衡,并不需要专门的调整措施。另一方面,涉及利益衡量的限度。对个人利益的保护应当合理,但不得独占使用公共资源。在个人利益与第三人利益的衡量中,个人法益应当受到保护,但任何权利的保护均需要一定的界限,超出该界限范围,法律将不予保护。在当事人利益与社会公共利益的衡量中,对公共利益的界定,可谓见仁见智。通说认为,社会公共利益就是社会中的非特定的绝大多数人的共同利益。它具有受益人的非特定性、范围的法定性、外延的相对性、内容的非营利性、程序的正当性等本质特征。一般认为,社会公共利益主要包括不特定第三人的利益、民法上与基本法律价值相联系的私人利益和与最低限度的交易道德相联系的当事人的利益三个组成部分。在利益衡量时,应当坚持社会公共利益高于个人利益。在一定情况下,需要对个体利益给予合理补偿。同时,还需要重点把握以下几个方面:

(1)综合法律规定。法律规范是一种具有内在联系的体系,相互联系的法律规范已给出利益衡量的标准,应当按照标准适用法律规范。在一般情况下,政治、道德或公共利益高于其他利益。即使没有相关法律规范规定,也要按照此方向推进,进行衡量。

(2)具体问题具体分析。个案的利益衡量通常不尽相同,应当结合案情确定其价值取向要素,不能一概而论。一般来说,对于涉及意识形态的,按照维护主流意识形态的取向进行衡量;对于司法政策导向,根据当时的社会需求等作出判定;对于涉及权利冲突的,按照权利的重要性或者优先性进行判定,如人身权保护优于财产权保护,道德价值保护优于经济价值,经济价值优于美学价值等。

(3)注重衡量的妥当性。实践表明,许多权利冲突并非是简单的非此即彼方式的决定,而是以相互忍让、和平共处方式,在两种冲突的利益中进行裁量,使相互冲突的利益有所限制,这种裁决方式更多是一种妥协。

(4)公正与秩序的衡量。在多数情况下,公正与秩序既统一又对立。在对立情况下,公正与秩序孰优孰劣不能一概而论,或为维护秩序而需要暂时牺牲公正,或为维护公正而应当变动现有秩序。就终极意义而言,在秩序优于公正的情况下,维护秩序就是维护更大的正义。例如,美国最高法院曾经判决过两次的布朗与教育部案,以及我国法院受理证券市场虚假陈述民事案件的态度就是一个明显的例证。

在具体程序运行中,主要包括确定、衡量、范围和检验四个环节。在确定环节,就当事人之间争执利益属于的类型进行确定,无论如何,不能失去法律的基准,因而它是一个以价值相对主义为哲学基础的妥当性问题。在衡量环节中,双方当事人就其主张的利益是否具有正当性进行判断。在对利益进行正当性评价时,不必以法定主义原则要求法律的承认,此时需要考虑的是,作为利益衡量标准的社会主流价值的需求,包括公共舆论、社会价值观念、社会公共政策、社会的基本道德标准等几个主要方面的内容。在范围环节中,利益通过法律来保护,但不能在保护一种利益时,侵犯另一种以具体权利为依托的利益。保护一种利益不能以牺牲第三人利益、国家利益和社会公共利益为代价。与此同时,还要考虑实质性判断所得出的结论是否与现行法所追求的目标一致,在对现行法进行体系化解释时,是否与实质性判断的结果产生矛盾。在检验环节,根据利益衡量得出结论,赋予形式依据后,须经历一个验证结论之合法性和正当性的过程,即以纠纷事实中的利益关系为分析的起点,以对相互冲突的利益进行利益衡量和价值判断为思维焦点,通过严密的逻辑推理和具体的法律解释方法的运用,对法律进行创造性解释和适用,形成让人信服的、可接受的公正裁决。从利益衡量的视角来看,在检验所作出的结论是否符合法的安定性、正义性、合目的性的同时,再考察其是否对既定的法律秩序和社会道德观念的遵从;最后再考量利益衡量得出的法律判断是否具有普适性,以此避免和防止法律适用主体对个案的恣意判断,进而危及制度正义。

（五）习惯与惯例

1. 概念界定

习惯是由一定地域范围内的人们在长期的共同生活、劳动和交往过程中形成,为人们普遍认可和反复适用,支配着人们的行为,能够起到一种规范、约束和调整作用的社会规范。

惯例是从民间或交易活动中自发形成,具有强烈的民间和本土特色,其存在有一定合理性,但需要对其合法性进行审查、判断。我国《合同法》第61条和第125条规定:合同生效后,当事人就质量、价款履行地点等内容没有约定或约定不明确的可以协议补充;不能达成补充协议的,按照合同有关条款或交易习惯确定。当事人对合同条款的理解有争议的,应当按照合同所使用的词句、合同的有关条款、合同的目的、交易习惯以及诚实信用原则加以确定。

2. 理论基础

从法理角度来看,当成文法不能满足法律适用的需要解决纠纷时,需要从法律原则和社会生活中寻求来源。当纠纷的处理缺少法律规定或法律规定不够具体时,恰当地运用习惯或者惯例是有效实现法律功能的内在要求。从价值意义来看,习惯与惯例是民众在长期的社会交往中自然生成的行为准则,尽管其具有一定的地域性,但不能否认的是不同地域的习惯与惯例也有共同的特性。这些观念与行为的形成是一个自然形成的过程,是人们在长期的交往中自愿选择的结果,是人们生活方式的有机组成部分,因而具有相当广泛的普适性。与法律相比,习惯与惯例更能反映民众现实的需求,更加具有某种价值上的正当性。实际上,法律的发展本身也经历了由习惯经习惯法到成文法的过程。从某种意义上说,法律的形式性决定了法律规则空白地带的出现,而法律自身的有限性和空白地带的存在,则决定了习惯与惯例等民间规范在法律适用中的补充作用具有历史必然性和长期合作性。

就我国制定法的现状而言,法律缺漏既与我国当前的立法水平与立法技术相关,又是法律本身特征的现状。法律适用者不得拒绝裁判。当法律对于某一纠纷存在立法空白时,法律适用主体应当寻找到一定规则来填补法律空白,而习惯与惯例在属性上体现了社会生活的客观要求,较为客观地反映一定地域内人们的法权关系。因此,引入习惯与惯例作为法律的补充渊源具有理论上和实践上的合理性及可操作性,对于弥补法律的不足,提供公平、合理的解释基础具有极大意义。

3. 适用原则

(1)合法原则。“习惯仅有补充法律的效力,故习惯的成立时间,在法律制定之前或之后，凡与成文法相抵触时，均不能认为有法的效力。”作为一种非正式法律渊源，习惯与惯例不得违反法律的强制性规定，且应为法律规定所倡导、弘扬的行为。

(2)合理原则。习惯与惯例的适用应当符合法律原则和社会主流价值观，不得违反公序良俗。即符合伦理道德和日常情理，为民众所认同。

(3)正当性原则。正当性主要表现为体现时代发展趋势，符合正当程序要求，以及为多数人普遍遵奉，具有积极的社会整合功能等。

(4)普适性原则。习惯与惯例通常具有普遍约束力，该约束力虽并非顾及每一个人，但无论个别或少数人遵守、信奉与否，只要多数人对之有法的确信即可。习惯与惯例为社会一般人所普遍接受，并不排斥在特定地域、特定行业中该习惯为特定领域的事实存在，该特定领域的民事习惯仍具有法源的效力。在特定区域或行业内，习惯与惯例为民众所公认，并能约束该地区、行业的民众的行为，而超出了此范围通常不能得到社会公众的认可。因此，在寻求裁决依据时，不能把特定地区的习惯推及全社会，也不能把特定行业的习惯适用于所有行业。除非该地区、行业具有相同习惯，才可以参照既存的习惯与惯例规则裁决案件。

4. 运行程序

(1)启动。在启动阶段，一般由当事人以口头或书面形式提起，即只要当事人在法律适用裁决之前提出，都可以有效启动习惯与惯例的运作程序。法律适用主体一般不主动运用。习惯与惯例在法律适用中既有事实问题的属性，又具有法律问题的属性。

(2)证明。对于社会公众和法律适用者能够熟知的习惯与惯例，在当事人提出的习惯与惯例的法律适用后，可以不要求其进行举示。在当事人就其所主张的习惯与惯例不能充分举示或者对方存在疑问的情形下，法律适用主体可以依职权进行查证。在庭审中，当事人应当围绕该习惯与惯例是否被特定时空范围内的一般社会成员所公知、是否已经为民众内心确信和是否为双方当事人所公知等三个方面进行质证。如果当事人举证困难，法律适用主体有必要对当事人主张的习惯与惯例进行查证。我国民间的习惯与惯例诸多，他们在很大程度上规范或影响人们的行为。但无论何种习惯，仅有部分人群对此确信的理由，是不能自动成为裁决依据的，而必须经过法律适用主体审查、确认后，才能成为裁决的依据。

(3)审查。习惯与惯例不得与成文法中的强制性规定相冲突，否则，就会与立法者制定强制性规则之立法目的相违背。习惯与惯例违反了法律秩序的统一性，违反了法律的强制性规定和公序良俗，就不能成为填补法律的依据，这就是习惯与惯例的合法性控制。法律适用主体对当事人所举示及其查证的习惯与惯例，主要从习惯与惯例的真实性、关联性和正当性三个方面的内容和标准进行审查。在关联性方面,主要考察当事人所主张的民事习惯与本案是否相关,且该习惯是否真实、正当等,法律适用主体对此可以结合案件直接作出认定。在真实性方面,主要根据案件需要,法律适用主体通过审查地方志、咨询当地年长居民或民俗学者等方式,查证民事习惯是否客观存在;在合法性方面,判断该民事习惯是否符合我国法律原则与法律精神,是否具有法律上的正当性。

(4)论证。在论证阶段,就事实问题而言,从证据法的角度进行法律适用,包括经验法则、推定等;就法律问题,主要从裁决角度,寻求裁决结果及裁量限度的规范性依据。无论如何,法律适用主体在适用习惯与惯例时,必须把适用习惯与惯例的情况和适用理由在法律文书中阐释:一方面,当事人就习惯与惯例的提起、举示和质证等活动是法定查明案件事实的程序,应当在法律文书中体现出来;另一方面,鉴于习惯与惯例所具有的分散性,对其客观真实性在审查确认的同时,还应就当事人所主张的习惯与惯例的合法性或正当性作出评价,确认其在法律适用中的可适用性。此外,还要阐释习惯与惯例在解决具体纷争的运作过程。主要是通过适当方式,将其运用到具体纷争之中,并据此认定相关纠纷事实或者作出裁决结果。

(六)指导性案例

1. 概念界定

指导性案例是指司法机关已经审结,且已发生法律效力,具备社会广泛关注的、法律规定比较原则的具有典型性的、疑难复杂或者新类型的和其他具有指导作用的条件之一,且经最高司法机关确定、经一定形式刊出的,为各级人民法院或者监察机关审理或办理类似案例予以参照的案例。

我国确立的案例指导制度异于判例制度。卡多佐曾精辟地论述道,“人们不能在一对诉讼人之间以这种方式决定案件,而在另一个类似案件的另一对诉讼人之间又以相反的方式作出决定。如果有一组案件所涉及的要点相同,那么各方当事人就会期望有同样的决定。如果依据相互对立的原则交替决定这些案件,那么这就是一种很大的不公。如果在昨天的一个案件中,判决不利于作为被告的我,那么如果今天我是原告,我就会期待对此案的判决相同。如果不同,我胸中就会升起一种愤怒和不公的感觉,那将是对我的实质性权利和道德性权利的侵犯。如果两个案件都一样,每个人就都会感受到这种感情的力量。因此,如果要让诉讼人确信法院司法活动是公平的,那么坚持先例必须是一个规则而不是例外”。① 受历史传统的影响,就理论和

① [美]本杰明·卡多佐:《司法过程的性质》,商务印书馆2000年版,第18页。

法律角度而言，尽管成文法国家法官无权创制法律，也不承认“遵循先例”，但并非意味着判例对审判活动没有影响。法院尽管没有正式的遵循先例原理，但仍像其他国家的法院一样，具有一种遵循先例的强烈倾向，特别是对高级法院的判决……甚至最高人民法院判决确定的单个先例也被遵循，尽管这可能作为一项判决的唯一根据加以引用。但是，某些因素可能导致下级法院寻找理由作出违反最高法院先例的判决。这种因素之一可能是出自根据新的情况，法院不应该遵循最高人民法院旧判决的愿望。① 德国的情况与此较为相似。因此，判例对大陆法系国家的法官有事实上的约束力，法官应当认真审视和对待上级法院以及本院的判例。两大法系国家之所以强调先例的效力，原因在于出于维护法律统一性的需要和先例反映出一定的价值取向。当然，强调遵循先例，并非是机械地援引先例，而应当着重参考先例作出的理由。

2. 本质特征

(1)发布机关的特定性。指导性案例来自全国各级法院和各级检察机关，虽然由最高人民法院和最高人民检察院案例指导办公室按照程序报送审核，但发布机关只能是最高人民法院或者最高人民检察院，经最高人民法院审判委员会或者最高人民检察院检察委员会讨论通过，印发各高级人民法院或者省级人民检察院，并在《最高人民法院公报》、《人民法院报》和最高人民法院网站上，或者《最高人民检察院公报》、最高人民检察院官方网站公布，以保障指导性案例的公开性，以及对各级人民法院或者人民检察院的拘束力。

(2)典型性。指导性案例之所以能够起到指导作用，原因在于这一案例应当具有社会广泛关注、法律规定比较原则、典型性、疑难复杂或者新类型，以及其他具有指导作用的特质，能够对类似案件的裁判或者处理起到参照作用，既能够抑制法官或者检察官的自由裁量权，也能够促进人民法院或者检察机关严格公正司法，保障法律统一正确实施。

(3)内容正确且效力确定。指导性案例应当是裁判或者处理已经发生法律效力，认定事实清楚，适用法律正确，裁判说理充分，法律效果和社会效果良好，对审理或者办理类似案件具有普遍指导意义的案例。否则，会对审判或者检察活动产生消极影响。当指导性案例出现与新的法律、行政法规或者司法解释相冲突的、为新的指导性案例所取代的情形的，则失去其指导作用。

(4)发布程序的严格性。严格的程序保证指导性案例的权威性和正确性，使其区别于最高人民法院或者最高人民检察院刊发的其他案例。在法院系统，指导性案

① 参见[德]K. 茨威格特等：《比较法总论》，潘汉典等译，法律出版社2003年版，第382页。

例由中级人民法院、基层人民法院通过高级人民法院推荐备选,各高级人民法院向最高人民法院推荐的备选指导性案例,应当经审判委员会讨论决定或经审判委员会过半数委员审核同意。最高人民法院各审判业务单位负责指导性案例的推荐、审查,人大代表、政协委员、人民陪审员、专家学者、律师,以及其他关心人民法院审判、执行工作的社会各界人士,对于符合指导性案例条件的案例,可以向作出生效裁判的原审人民法院推荐,也可以向案例指导办公室提出推荐建议。备选指导性案例由最高人民法院案例指导办公室按照程序报送审核,经最高人民法院审判委员会讨论通过、公布。检察机关的指导性案例遴选程序与人民法院指导性案例的遴选程序相似。最高人民法院指导性案例通常由标题、关键词、裁判要点、相关法条、基本案情、裁判结果、裁判理由以及包括生效裁判审判人员姓名的附注等构成,而最高人民检察院指导性案例一般包括标题、关键词、要旨、基本案情、检察机关履职过程、指导意义和相关规定等部分,这既能够保证指导性案例的权威性,也助于引用方便快捷。

(5)产生拘束力。指导性案例一经公布,具有普遍约束力。各级人民法院审理类似案件应当参照指导性案例,将指导性案例作为裁判理由引述,但不作为裁判依据引用。在办理案件过程中,案件承办人员应当查询相关指导性案例。各级人民检察院应当参照指导性案例办理类似案件,可以引述相关指导性案例进行释法说理,但不得代替法律或者司法解释作为案件处理决定的直接依据。各级人民检察院检察委员会审议案件时,承办检察官应当报告有无类似指导性案例,并说明参照适用情况。在裁判文书中引述相关指导性案例的,应在裁判理由部分引述指导性案例的编号和裁判要点。公诉机关、案件当事人及其辩护人、诉讼代理人引述指导性案例作为控(诉)辩理由的,案件承办人员应当在裁判理由中回应是否参照了该指导性案例并说明理由。

3. 区别技术的适用

区别技术是对含有先例的判决中的事实和法律问题与当前审理中的案件事实和法律问题加以比较的过程和方法,以了解和掌握两者之间异同点。法官在面对案件时,需要严格区分先例判决的判决理由和附带意见,判决理由是判决的灵魂所在,判决书说服力的基石,可能对以后的判决产生影响。事实上,区别是一种受法律严格限制的法律创设形式,它必须符合两个必要条件:(1)修改的规则应当是先例的规则,它进一步受到其适用条件的限制。这就意味着审理当下案件的法院只能限缩规则,其修改规则的目的在于,避免将其适用于本应加以适用的某些案件,审理法院不得以任何规则取代先前规则。(2)修改的规则应当能够证明先例中指令的正当性。该条件是对法官权力的限制,修改的规则可能成为最初判决的可替代性基础。法官对先例中规则的修改难以满足上述条件,法官将必须遵循先例。同时,对先例的区分,还取决于法官的价值判断。通过对判例法中推理形式的分析可以得出这一结论。根据美国法学家伯顿的分析,判例法的推理是类比推理。法官在运用类比推理时,一般遵循识别一个适当的基点、识别确定基点与待决案件之间事实上的异同点和判断两个案件事实中异同点孰重孰轻三个步骤。在一个适当的基点识别中,就管辖而言,以最高审级法院或较高级别法院的判例为基准;就约束力而言,从有约束力判例到有说服力判例。当作为基准的判例的事实与待决案件事实类似,法官必须遵循先例;当作为基准的判例的事实与待决案件事实不同时,法官区别先例。倘若两个案件之间的相同点重要,则遵循先例。相反,倘若不同点更为重要进而区分先例时,须说明待决案件与先例案件事实之间的不同具有法律上的意义。

先例一经确立,即具有相对的权威性,不得任意推翻。但随着客观情况的变化,为避免机械适用先例,实现个案公正,英美法系国家允许法官运用一种更为灵活的裁量技术手段——判例规避。对于判例规避的运作,先是对两个案件进行识别,找出其区别所在,甚至很小的差异。然后,指出判决理由的模糊或不明之处而拒绝遵循先例,或在不同的层次上,在文辞允许的范围内重新概括、组合并陈述先例中的事实,扩大或缩小先例中的判决理由。于是,便宣告判决理由过于宽泛或把判决理由的一部分看作附带意见,把判决理由说成是附带意见,也可以把一直认为是附带意见的部分说成是判决理由。若后来的法院在司法等级中所处的地位高于创制先例的法院,后来的法院还可用明示或暗示的方式否认此先例;因同级法院的先例相互冲突而选择合适的先例加以适用,但基于“后法优于前法”的原则,被废置的多是较早的先例。在长期实践中,英美法系国家的法官一方面,创制大量的判例,建立一套复杂的区别先例的技术,保持了法律规范的稳定性,维护法律整体公正;另一方面,通过灵活的技术手段,暗中改变法律规范,使之与社会发展需要同步,避免因先例的拘束可能导致的不公正乃至于荒谬的判决。这种规避技术使法官能动性得到充分发挥的同时,也给法官的自由裁量打开方便之门。

我国指导性案例中的区别技术适用,首先,需要就待决案件与指导性案例的类似性作出判断。类比推理是对待决案件与指导性案例类似性判断的一种推理方式,其基本逻辑形式:

A 事物具有属性 a、b、c、d,
B 事物具有属性 a、b、c,
所以,B 事物具有属性 d。

类比推理的具体过程:考察指导性案例,从指导性案例中归纳出与待决案件相关的法律规则。类比推理首先必须确立一个进行推理的基本点,即待决案件的基本事实、法律关系、案件争议焦点、案件所争议的法律问题等,根据这些特征找到指导性案例库中与待决案件相关的指导性案例,对这些指导性案例进行归纳。

其次,进行类似性探求的区分。在确定相关指导性案例与待决案件具有相似性后,进一步对指导性案例的实施情况和待决情况进行对比,以找出其具体的异同点。

最后,判断相似性的重要程度,决定遵循指导性案例与否。类比推理的核心在于遵循与待决案件具有相似性的指导性案例裁判方式对待决案件进行裁决。也就是说,对待决案件与指导性案件涉及相同的法律原则或者相似的事实,指导性案件则构成先例,待决案件应当参照指导性案例作出裁判。对待决案件与指导性案件重要事实不相同的情形,即指导性案例中某些重要事实在待决案件中没有出现,或者待决同类案件中出现了指导性案例中没有出现过的重要事实,则表明指导性案例与待决案件之间无关联性,从而避免适用指导性案例。

(七)法律适用中的自由裁量权

1. 概念界定

法律适用中自由裁量权是指法律适用主体在法律规定范围内,根据一定纷争而选择法律适用,并作出裁决的决定权。任何裁决活动均离不开自由裁量。在法律适用中,自由裁量的存在具有天然的合理性:一方面,是由于法律的一般性特征不可能与特定的纠纷事实无缝对接;另一方面,立法存在的非圆满性难以避免。

2. 本质特征

(1)自由裁量权的主体:法律适用者。在现代社会,成文法国家的发展趋势:一是法律日趋完备;二是法律赋予法律适用主体的自由裁量权越来越大,以适应社会经济的客观发展、新情况和新问题的不断涌现。法官、检察官和行政机关在法律适用中所享有的裁量权均来自法律的授予。正是由于法律适用主体的自由裁量权来自法律的规定,因而立法者当然有必要对这种裁量权的行使予以规范,以防止这种权力被滥用。

(2)自由裁量权的对象:具体纷争。法律适用具体到司法活动中,自由裁量权的对象为待审案件。在一定意义上说,法官对案件事实认定的过程就是依法自由心证、决断的裁量过程。严格意义的法律适用是对认定的事实权衡把握后作出的裁判,审判不是机械化操作,不是输入事实就能得出结论,而是需要法官运用法律知识、生活知识甚至是历史经验能动地作出认定和裁判。在行政执法领域,行政主体的行政决律活动以及行政相对人的行为可被行政法评价也是一种裁量活动。

(3)自由裁量权的方法:法律赋予。自由裁量权与法律适用相连接,属于司法权或者行政权的重要组成部分。自由裁量权限定在法定范围内,并蕴含于法律适用主体的权力之中,它是司法权或者行政权对纠纷或在特定事项上的动态反映。该权力应当遵循“正义、公正、正确和合理”的原则;它源于法律授予,且要受到限制。它的依据是“根据情势所需”——案件的具体情况和相关背景;它的行使具有主观性,酌情作出决定。法律常常授予法官或行政机关以权力或责任,或根据情势所需,或仅是在规定的限度内行使自由裁量权。

(4)自由裁量权的根据:良心和理性。法律适用者自由裁量的根据包括良心和理性两个方面,“普遍的道德是社会的基础,普遍的良心是法律的基础”,“良知是对法院和法官事实主宰的眼球,就实质而言,良知要求法官在司法过程中秉承良心和正义,作出公正裁判;就形式而言,良知要求法院和法官转变态度,树立服务理念,坚持程序中立”。[①] 良心是服从法律和公正执法的良心,理性是指法律适用主体运用经验法则和逻辑推理规则认定案件事实的理性。

(5)自由裁量权的目标:公平正义。法律适用者自由裁量目标不仅仅在于定分,更重要的是止争,并使纠纷化解的法律效果与社会效果得到有机统一,把公平正义的法律使命落在实处,以此达致整个社会的平衡与和谐,有效地规避各种社会风险。

3. 行使原则

(1)合法原则。法律适用者自由裁量权的行使应当依法、合法,即在既定裁决依据的有效渊源内,以实现法律规范对法律适用者裁判过程的约束或指引作用。它既包括裁判程序的合法性,又包括裁判依据的合法性。综观两大法系国家,英美法系国家实行判例法,法律适用者往往不受太多规则性条文的限制,法律适用者自由裁量空间较大;而大陆法系国家颁行了既存的大量的成文法律规范,为法律适用者提供了规则性标准。通常认为,大陆法系国家法律适用者自由裁量的发挥只能在既定规则范围之内,相比较而言,法律适用者自由裁量权较小。为了把法律适用者自由裁量权约束在规范体系之内,自由裁量权的合法原则是通过对法律进行解释,使其具体化和现实化。

(2)目的原则。自由裁量权的行使应当符合法律的立法目的,特别是符合制度设计的宗旨。在法律适用中,法律适用主体应当探求制度的精髓,最大限度实现立法

---

① 徐昕:《我们需要什么样的法官》,载张士宝主编:《法学家茶座》(第25辑),山东人民出版社2009年版,第35~38页。

目的。在立法目的难以确定的情况下,应当本着公平正义的理念,因为公平正义是法的实现的终极目标。

(3)合理原则。合理是法律适用主体运用其智慧和认识上的裁量权,在模糊的认知领域探索寻求相对确定性的过程,是一个从比较模糊到相对确定的自由裁量过程。由于涉及主观评价,因而合理性原则被认为无法依客观的标准进行事后审查。法律适用主体裁决又无法回避评价,法律概念和规则包含了评价,并在具体化之后转化为裁决的依据和标准,而客观现实要求法律适用应当合理化评价和判决,同时,还应当理性考量非理性的事物。为此,需要考量多数人具有共识的价值判断,体现比例原则的要求,做到类似情况类似处理。

(4)公开原则。公开原则是指法律适用主体自由裁量的运作过程,依法向当事人乃至社会公开,以有利于社会监督。它既是程序公正的要求,又是抑制法律适用主体恣意和实现裁判结果可接受性的必然要求。一方面,公开裁决的说理论证过程,包括法律适用主体在事实认定和法律适用中自由裁量权的运作所涉及的程序、方法和结果等事项。法律适用主体公开其心证和法律适用的过程,为当事人甚至民众监督该过程奠定了坚实的基础。另一方面,公开法律适用主体自由裁量运作中所考量的因素。法律适用主体自由裁量的运作并非只是法律适用主体的内心确信,而是依据法律的相关规定,综合诸多方面的因素,并在法律文书中一一进行阐释。

(5)统一性原则。统一性原则是指法律适用主体自由裁量权在法律适用中行使,解决纠纷,确保公平正义,即“类似纷争类似处理”,裁决尺度和标准应当一致。一方面,要求法律适用主体遵循指导性案例确定的规则;另一方面,应当遵循行业所公认的准则、习惯与惯例,切勿随意理解和代替习惯与惯例。统一性原则对确保公平正义和执法的可预期性起着重要作用。

4. 规范运行

(1)立足当事人的请求。自由裁量权的行使应当从当事人的请求事项出发,既不能小于当事人的请求范围,也不能超出当事人的请求范围,应当是在当事人的请求范围内,依法裁量。

(2)遵循法律解释的规则和方法。法律解释为自由裁量权的行使划定了边界,因而,自由裁量权的行使应当遵循法律解释步骤和方法。在法律缺漏的情形下,尽可能运用援引、类推、目的性解释或扩充等方法解决。

(3)遵循公平正义判断自由裁量权的行使。自由裁量权的行使终极意义的判断标准是公平正义。因此,符合公平正义的要求,才能够达至自由裁量权运行之目的。法律适用是以国家名义在公正的场所,通过公正的程序而进行的公正裁决,法律适用主体在评判是非、主持公道、化解纷争中，行使自由裁量权同样应以公平正义为最终目标。

（4）遵循论证说理的公开化。在法律适用中，强调论证说理是可辩论性的要求，它包括事实的发现、法律的选择、法律与事实的连接等方面，通过对证据材料的分析、认定情况以及采信理由的阐释，使当事人和社会公众知悉法律适用主体内心确信的过程，既增强法律权威和法律裁决的公信力，也强化监督，制约了法律适用主体的自由裁量，防止权力主体的专断和腐败。在现代社会，法律适用过程说理愈透彻，愈公开透明，愈能展示自由裁量权运行的正确性。

（5）参照指导性案例。指导性案例应当作为各级法院裁判类似案件的参照，特别是待决案件与指导性案件具有类似性的情形，法官应当参照适用。为此，需要发挥指导性案例的功用、明确法官参照适用指导性案例的方法和步骤，确保司法公正和司法的可预期性。

参考文献

1. 杨仁寿：《法学方法论》，三民书局 1986 年版。

2. 梁慧星：《裁判的方法》，法律出版社 2003 年版。

3. 王利明：《法学方法论》，中国人民大学出版社 2011 年版。

4. 沈志先主编：《法律方法论》，法律出版社 2012 年版。

5. 朱福勇主编：《审判学》，法律出版社 2012 年版。

6. 张水海、张显伟：《行政执法实务与案例指导》，中国法制出版社 2011 年版。

思考题

1. 简述法律适用方法的概念及本质特征。

2. 简述法律解释的原则与方法。

3. 何为法律漏洞？两大法系国家对法律漏洞的态度如何？填补法律漏洞主要有哪些方法？

4. 如何看待法律适用中的自由裁量权？

5. 如何理解指导性案例与判例制度？

案例分析

1. A公司与金石公司、金石集团存在商业合作关系。A公司因与金石集团买卖大豆发生争议,经国际油类、种子和脂类联合会仲裁,于2005年6月26日达成《和解协议》,约定金石集团将在5年内分期偿还债务,并将金石集团旗下金石公司的全部资产抵押给A公司,作为偿还债务的担保。2005年10月10日,国际油类、种子和脂类联合会根据《和解协议》作出第3929号仲裁裁决,确认金石集团应向A公司支付1337万美元。2006年5月,因金石集团未履行该仲裁裁决,金石公司也未配合进行资产抵押,A公司向市中级人民法院申请承认和执行第3929号仲裁裁决。2007年6月26日,市中级人民法院经审查后裁定对该仲裁裁决的法律效力予以承认和执行,故A公司申请强制执行。

2006年5月8日,金石公司与田源公司签订一份《国有土地使用权及资产买卖合同》,约定金石公司将其国有土地使用权、厂房、办公楼和油脂生产设备等全部固定资产以2569万元人民币(以下未特别注明的均为人民币)的价格转让给田源公司,其中国有土地使用权作价464万元、房屋及设备作价2105万元,应在合同生效后30日内支付全部价款。王某琪和柳某分别作为金石公司与田源公司的法定代表人在合同上签名。金石公司曾于2001年12月31日以482.1万元取得本案所涉32,138平方米国有土地使用权。2006年5月10日,金石公司与田源公司对买卖合同项下的标的物进行了交接。同年6月15日,田源公司通过银行账户向福建金石公司在同一银行的账户转入2500万元。金石公司当日从该账户汇出1300万元、1200万元两笔款项至金石集团旗下大连金石制油有限公司账户,用途为往来款。同年6月19日,田源公司取得上述国有土地使用权证。2008年2月21日,田源公司与汇丰源公司签订《买卖合同》,约定汇丰源公司购买上述土地使用权及地上建筑物、设备等,总价款为2669万元,其中土地价款603万元、房屋价款334万元、设备价款1732万元。汇丰源公司于2008年3月取得上述国有土地使用权证。汇丰源公司仅于2008年4月7日向田源公司付款569万元,此后未付其余价款。田源公司、金石公司、大连金石制油有限公司及金石集团旗下其他公司的直接或间接控制人均为王政某、王某莉、王某琪、柳某。王政某与王某琪、王某莉是父女关系,柳某与王某琪是夫妻关系。2009年10月15日,中纺粮油公司取得田源公司80%的股权。2010年1月15日,田源公司更名为中纺福建公司汇丰源公司,成立于2008年2月19日,原股东为宋明某、杨淑某。2009年9月16日,中纺粮油公司和宋明某、杨淑某签订《股权转让协议》,约定中纺粮油公司购买II公司80%的股权。同日,中纺粮油公司(甲方)、汇丰源公司(乙方)、宋明某和杨淑某(丙方)及沈阳金豆食品有限公司(丁方)签订《股权质押协议》,约定:丙方将所拥有汇丰源公司20%的股权质押给甲方,作为乙方、丙方、丁方履行"合同义务"之担保;"合同义务"系指乙方、丙方在《股权转让协议》及《股权质押协议》项下因"红豆事件"而产生的所有责任和义务;"红豆事件"是指A公司与金石集团就进口大豆中掺杂红豆原因而引发的金石集团涉及的一系列诉讼及仲裁纠纷以及与此有关的涉及汇丰源公司的一系列诉讼及仲裁纠纷。还约定,下述情形同时出现之日,视为乙方和丙方的"合同义务"已完全履行:(1)因"红豆事件"而引发的任何诉讼、仲裁案件的全部审理及执行程序均已终结,且乙方未遭受财产损失;(2)A公司针对乙方所涉合同可能存在的撤销权因超过法律规定的最长期间(五年)而消灭。2009年11月18日,中纺粮油公司取得汇丰源公司80%的股权。汇丰源公司成立后并未进行实际经营。由于福建金石公司已无可供执行的财产,导致无法执行,A公司遂向福建省高级人民法院提起诉讼,请求:确认金石公司与中纺福建公司签订的《国有土地使用权及资产买卖合同》无效,确认中纺福建公司与汇丰源公司签订的国有土地使用权及资产《买卖合同》无效,判令汇丰源公司、中纺福建公司将其取得的合同项下财产返还给财产所有人。

省高级人民法院经审理,判决确认福建金石公司与田源公司(后更名为中纺福建公司)之间的《国有土地使用权及资产买卖合同》、田源公司与汇丰源公司之间的《买卖合同》无效;判令汇丰源公司于判决生效之日起30日内向福建金石公司返还因上述合同而取得的国有土地使用权,中纺福建公司于判决生效之日起30日内向福建金石公司返还因上述合同而取得的房屋、设备。宣判后,金石公司、中纺福建公司、汇丰源公司提出上诉。

最高人民法院认为:因A公司注册登记地在瑞士,本案系涉外案件,各方当事人对适用中华人民共和国法律审理本案没有异议。本案源于债权人A公司认为债务人金石公司与关联企业田源公司、田源公司与汇丰源公司之间关于土地使用权以及地上建筑物、设备等资产的买卖合同,因属于《合同法》第52条第2项"恶意串通,损害国家、集体或者第三人利益"的情形而应当被认定无效,并要求返还原物。本案争议的焦点问题是:金石公司、田源公司(后更名为中纺福建公司)、汇丰源公司相互之间订立的合同是否构成恶意串通、损害A公司利益的合同?本案所涉合同被认定无效后的法律后果如何?关于金石公司、田源公司、汇丰源公司相互之间订立的合同是否构成"恶意串通,损害第三人利益"的合同。首先,金石公司、田源公司在签订和履行《国有土地使用权及资产买卖合同》的过程中,其实际控制人之间系亲属关系,且柳某、王某琪夫妇分别作为两公司的法定代表人在合同上签署。因此,可以认定在签署以及履行转让金石公司国有土地使用权、房屋、设备的合同过程中，田源公司对金石公司的状况是非常清楚的，对包括金石公司在内的金石集团因"红豆事件"被仲裁裁决确认对A公司形成1337万美元债务的事实是清楚的。其次，《国有土地使用权及资产买卖合同》订立于2006年5月8日，其中约定田源公司购买金石公司资产的价款为2569万元，国有土地使用权作价464万元、房屋及设备作价2105万元，并未根据相关会计师事务所的评估报告作价。一审法院根据金石公司2006年5月31日资产负债表，以其中载明固定资产原价44,042,705.75元、扣除折旧后固定资产净值为32,354,833.70元，而《国有土地使用权及资产买卖合同》中对房屋及设备作价仅2105万元，认定《国有土地使用权及资产买卖合同》中约定的购买金石公司资产价格为不合理低价是正确的。在明知债务人金石公司欠债权人A公司巨额债务的情况下，田源公司以明显不合理低价购买金石公司的主要资产，足以证明其与福建金石公司在签订《国有土地使用权及资产买卖合同》时具有主观恶意，属恶意串通，且该合同的履行足以损害债权人A公司的利益。再次，《国有土地使用权及资产买卖合同》签订后，田源公司虽然向金石公司在同一银行的账户转账2500万元，但该转账并未注明款项用途，且金石公司于当日将2500万元分两笔汇入其关联企业大连金石制油有限公司账户；又根据金石公司和田源公司当年的财务报表，并未体现该笔2500万元的入账或支出，而是体现出田源公司尚欠金石公司"其他应付款"121,224,155.87元。一审法院据此认定田源公司并未根据《国有土地使用权及资产买卖合同》向金石公司实际支付价款是合理的。最后，从公司注册登记资料看，汇丰源公司成立时股东构成似与金石公司无关，但在汇丰源公司股权变化的过程中可以看出，汇丰源公司在与田源公司签订《买卖合同》时对转让的资产来源以及金石公司对A公司的债务是明知的。《买卖合同》约定的价款为2669万元，与田源公司从金石公司购入该资产的约定价格相差不大。汇丰源公司除已向田源公司支付569万元外，其余款项未付。一审法院据此认定汇丰源公司与田源公司签订《买卖合同》时恶意串通并足以损害债权人A公司的利益，并无不当。综上所述，金石公司与田源公司签订的《国有土地使用权及资产买卖合同》、田源公司与汇丰源公司签订的《买卖合同》，属于恶意串通、损害A公司利益的合同。根据《合同法》第52条第2项的规定，均应当认定无效。关于本案所涉合同被认定无效后的法律后果。对于无效合同的处理，人民法院一般应当根据《合同法》第58条"合同无效或者被撤销后，因该合同取得的财产，应当予以返还；不能返还或者没有必要返还的，应当折价补偿。有过错的一方应当赔偿对方因此所受到的损失，双方都有过错的，应当各自承担相应的责任"的规定，判令取得财产的一方返还财产。本案涉及的两份合同均被认定无效，两份合同涉及的财产相同,其中国有土地使用权已经从福建金石公司经田源公司变更至汇丰源公司名下,在没有证据证明本案所涉房屋已经由田源公司过户至汇丰源公司名下、所涉设备已经由田源公司交付汇丰源公司的情况下,一审法院直接判令取得国有土地使用权的汇丰源公司、取得房屋和设备的田源公司分别就各自取得的财产返还给金石公司并无不妥。《合同法》第59条规定:“当事人恶意串通,损害国家、集体或者第三人利益的,因此取得的财产收归国家所有或者返还集体、第三人。”该条规定应当适用于能够确定第三人为财产所有权人的情况。本案中,A公司对金石公司享有普通债权,本案所涉财产系金石公司的财产,并非A公司的财产,因此只能判令将系争财产返还给金石公司,而不能直接判令返还给A公司。故作出驳回上诉,维持原审判决。

请结合上述案情,分析本案的法律适用过程。

2.2005年3月10日,被告徐某、陆某与B公司签订《商品房买卖契约》,约定徐某、陆某购买B公司开发的Q小区房屋1套,总价款为323,470元。合同签订后,徐某、陆某一次性付清了房款。原告N物业公司受B公司委托对Q小区进行前期物业管理。2005年10月1日,被告徐某、陆某办理了房屋交付手续。当日,徐某、陆某签署了《Q小区业主公约》,并与N物业公司签订《Q小区物业管理服务协议》。《Q小区业主公约》第3章第2条第5项规定,业主应当遵守政府有关部门关于房屋使用及装修的规定,不得擅自改变使用房屋及公共设施的用途、外观、结构。该条第8项规定,业主应当自觉维护区城内的公共秩序和环境卫生,不得私搭乱建、乱停放车辆、随意占用绿地或破坏绿地,污染环境及制造噪音扰民。《Q小区业主公约》第5章第2条第6项规定,物业管理服务的内容包括庭院绿地及其他设施的养护管理。《Q小区业主公约》第6章第2条第3项规定,业主不得在天井、庭院、平台、房顶、绿地、道路或其他公用部位、场地搭建建筑物、构筑物。该条第4项规定,业主不得侵占或损害道路、绿地、花卉树木、艺术景观和文娱、体育及休闲设施。《Q小区物业管理服务协议》第2条第9项约定,N物业公司向业主提供的物业管理服务内容包括对公共绿地、花木、建筑小品的养护与管理。被告徐某、陆某所购Q小区的房屋南阳台外有一庭院绿地,该庭院绿地周边有高50厘米左右的木栅栏围挡,B公司建设该房屋时在南阳台上预留了出入门。徐某、陆某与B公司签订的购房合同中并未就该庭院绿地的使用权归属问题作出约定。徐某、陆某亦尚未领取房屋所有权证及国有土地使用权证。2005年12月,徐某、陆某在对所购Q小区房屋进行装修时,将该房屋南阳台外的庭院绿地进行了改造,破坏原有绿地后在庭院里铺设水泥地、砌花台、建鱼池。为此,原告N物业公司分别于2005年11月1日、2006年3月21日向徐某、陆某发出整改通知,要求徐某、陆某停止对该庭院绿地的改建,恢复原状。徐某两次签收了N

物业公司出具的整改通知单。因徐某、陆某未按物业管理要求加以整改,2006 年 11 月,N 物业公司诉至法院,要求判令二被告拆除违法改建的水泥地坪和鱼池,恢复为原有的绿地。

请结合上述案情,分析利益衡量适用的原则和方法。

3. 1998 年 8 月,经媒人介绍,杨某与周某相识。后经二人的父母同意,双方决定结婚。9 月 24 日,杨某给周某聘金 23 万元。周某和其父周某某收款后写下一张收据,称:“兹因本人周某于 1998 年 9 月 24 日嫁与杨某先生,收其结婚聘金人民币贰拾叁万元正。如有反悔,愿如数退还。空口无凭,特立此据。收款人:周某某、周某。”当天中午,女方出钱办了订婚宴,同日举行“婚礼”,晚上二人入住酒店。26 日以后,周某随杨某到上海,在杨某的别墅里以夫妻名义共同居住,杨某的父亲杨某某对周某也以公公和儿媳相称。期间,杨某将其所有的一部先锋 90 摩托车送至周某家,当时未言明是赠与还是存放。11 月 24 日,周某因与杨某的家里人发生争执,返回厦门。后双方协商解除婚约,杨某多次要求周某返还聘金未果,遂提起诉讼,请求判令两被告返还聘金 23 万元并承担本案诉讼费用。

李某是珠宝公司的法定代表人,C 公司是经许可经营典当业务的有限责任公司。2003 年 12 月 31 日,李某决定将一批 K 金饰品当给被告 C 公司,C 公司为此出具编号为 31275134 的当票一张,载明当金 40.5 万元,当期由 2003 年 12 月 31 日起至 2004 年 1 月 31 日止。该当票当户联背面印有“典当须知”,其中第 6 条规定:“典当期内及典当期限届满后 5 日内,经双方同意可以续当。续当时当户应当结清前期利息和当期费用。”第 9 条规定:“绝当后,当户与典当行协议赎当的,逾期费用由双方协商确定。”按照约定,李某将 K 金饰品交 C 公司保管,C 公司给李某出具了收条,并向李某支付了约定数额的当金。当期届满后,李某没有按期赎当,也没有在当期届满后的 5 日内办理续当手续。2004 年 2 月 11 日,李某写下承诺书,承诺在 2 月 20 日前付清当期综合费用。2 月 29 日,被告 C 公司收到珠宝公司开具的号码为 BN977953、BN977955 的现金支票两张,金额均为 37,450 元,支票注明用途为“还款”。3 月 2 日,上海银行以“存款不足”为由,将这两张支票退回 C 公司。3 月 12 日,李某书面承诺“同意先将以上 K 金饰品绝当,委托万融拍卖公司进行拍卖,用拍卖成交款支付首饰借款本金、息费、违约金,本次拍卖佣金、公告费、鉴定费、场地租赁费等相关费用按有关规定从拍卖所得中扣除”。3 月 30 日,李某提起诉讼,要求赎回当物。

请结合上述两个案例,分析习惯与惯例适用的审判思路。

4. 2015 年 9 月至 2015 年 11 月,向某(已判决)在 X 区活动期间,分别伙同被告人谢某、高甲、高乙、杨某等人,以营利为目的,邀请他人加入其建立的微信群,组织他人在微信群里采用抢红包的方式进行赌博。期间,被告人谢某、高甲、高乙、杨某分别帮助向某在赌博红包群内代发红包,并根据发出赌博红包的个数,从抽头款中分得好处费。

X区人民法院判决:被告人谢某犯开设赌场罪,判处有期徒刑3年6个月,并处罚金25,000元;被告人高甲犯开设赌场罪,判处有期徒刑3年3个月,并处罚金20,000元;被告人高乙犯开设赌场罪,判处有期徒刑3年3个月,并处罚金15,000元;被告人杨某犯开设赌场罪,判处有期徒刑3年,并处罚金10,000元;随案移送的四被告人犯罪所用工具手机6部予以没收,上缴国库;尚未追回的四被告人犯罪所得赃款,继续予以追缴。宣判后,谢某、高甲、杨某不服,分别向市中级人民法院提出上诉。市中级人民法院认为,法院生效裁判认为,以营利为目的,通过邀请人员加入微信群,利用微信群进行控制管理,以抢红包方式进行赌博,设定赌博规则,在一段时间内持续组织赌博活动的行为,属于《刑法》第303条第2款规定的"开设赌场"。谢某、高甲、高乙、杨某伙同他人开设赌场,均已构成开设赌场罪,且系情节严重。谢某、高甲、高乙、杨某在共同犯罪中地位和作用较轻,均系从犯,原判未认定从犯不当,依法予以纠正,并对谢某予以从轻处罚,对高乙、杨某、高甲均予以减轻处罚。杨某犯罪后自动投案,并如实供述自己的罪行,系自首,依法予以从轻处罚。谢某、高乙、高甲到案后如实供述犯罪事实,依法予以从轻处罚。谢某、高乙、杨某、高甲案发后退赃,二审审理期间杨某的家人又代为退赃,均酌情予以从轻处罚,故判决如下:维持X区人民法院(2016)浙0109刑初1736号刑事判决第1项、第2项、第3项、第4项的定罪部分及第5项没收犯罪工具、追缴赃款部分;撤销X区人民法院(2016)浙0109刑初1736号刑事判决第1项、第2项、第3项、第4项的量刑部分;上诉人(原审被告人)谢某犯开设赌场罪,判处有期徒刑3年,并处罚金25,000元;原审被告人高甲犯开设赌场罪,判处有期徒刑2年6个月,并处罚金20,000元;上诉人(原审被告人)高乙犯开设赌场罪,判处有期徒刑2年6个月,并处罚金15,000元;上诉人(原审被告人)杨某犯开设赌场罪,判处有期徒刑1年6个月,并处罚金10,000元。

请结合上述指导性案例,分析如何适用法律处理待决案件。

延伸阅读

1.[德]伯恩·魏德士:《法理学》,丁小春等译,法律出版社2003年版。
2.[美]本杰明·卡多佐:《司法过程的性质》,商务印书馆2000年版。
3.[德]K.茨威格特等:《比较法总论》,潘汉典等译,法律出版社2003年版。

4. [美]戴维·鲁本:《法律现代主义》,苏亦工译,中国政法大学出版社 2004 年版。
5. 舒国滢等:《法学方法论问题研究》,中国政法大学出版社 2007 年版。
6. 孔祥俊:《法律方法论》,人民法院出版社 2006 年版。

第六章　法律适用效果

内容提要:法律适用效果是法律适用主体依照法定职权进行法律适用活动的客观结果,是法律适用功能与价值的客观呈现,也是行政执法、司法主体反思、改进法律适用行为的重要向导。法律适用效果包含法律效果、社会效果与政治效果三个层面。良好的法律适用效果要求以法律效果为基石,社会效果、政治效果为目标,追求法律效果、社会效果与政治效果三者的统一协调。法律适用错误会严重损耗法律适用效果,故需准确界定并予以必要的法律救济。

核心概念:法律效果;社会效果;政治效果;法律适用错误;救济

一、法律适用效果概述

(一)法律适用效果的概念与特征

效果是实践活动所导致的客观后果。法律适用效果即法律适用行为或法律适用活动所产生的客观结果。由于本书采用中观层面的法律适用概念,因此,法律适用效果即国家行政、司法机关及其工作人员依照法定职权进行法律适用活动的客观结果。

法律适用效果具有以下特征:

1. 产生效果的行为具有特定性。效果是由某种动因或原因所产生的结果。法律适用效果的产生源于特定的法律适用活动。在此,法律适用行为仅指国家机关及其工作人员依照法定职权所开展的法律适用实践,包括司法机关及其工作人员行使司法权裁判具体案件中适用法律的行为,也涵盖其他国家机关及其工作人员在执法活动中适用法律的活动。

2. 形成效果的过程具有复杂性。法律适用效果的形成受到法律适用动机的影响。法律适用主体的理念、动机可谓法律适用效果的行动指导,而法律适用效果则是法律适用动机的行动体现和检验根据。一般而言,法律适用动机和效果是统一的,但两者的统一是一个复杂曲折的过程,有时客观效果并不能完全反映主观动机。因此,对法律适用活动的判断,既要审视其动机,也要审视其效果。实践中,法律适用效果主要体现为法律适用相对人与社会民众对法律适用结论的评价以及进一步的行为回馈,集中体现为对法律适用结论合法性与合理性的个体与集体认知。这一过程涉及立法、执法及司法等多个方面,受到阶段性的司法政策、社会状况、主流价值观念、舆论导向、权力博弈等诸多因素影响。尽管最终形成的结果具有客观性，但其形成过程难免存在主观性、复杂性。

3. 效果具有客观性。尽管法律适用效果的形成过程是多方因素的聚合，集中体现特定情境中法律适用相对人与社会民众对法律适用结论的认知与评价。但效果最终以客观样态呈现。无论是正面或负面，无论是良好或糟糕，法律适用活动与法律适用效果之间的因果关系客观存在，法律适用效果一旦形成，即成为不依赖主观意识而存在的客观结果。需要说明的是，法律适用效果的客观性并不意味着其不可变动。相反，由于其形成过程的复杂性，这一多因导致的结果往往会因为其中某些因素的变动而发生改变。

4. 效果具有多元性。法律适用行为的多重属性决定其效果具有多元性。首先，法律适用行为的法律属性要求其实现法律效果，即通过法律适用行为体现法律调整、规范各类权利义务关系的客观效用。其次，法律适用行为对各类权利义务关系的调整，将对各类主体的行为产生引导作用，进而影响社会观念的形成、社会秩序的维系，即法律适用效果将产生一定的社会效果。最后，涉及重大民商事、刑事、行政案件的法律适用活动，还有可能引发规模化的社会反响，进而引发对政权正当性、合理性的思辨，此即法律适用行为的政治效果。

（二）法的实效、法律实现与法律适用效果

法的实效是一个基本的法理学概念，在国外某些著作中又被称为“法的功效”。它是指应受法律规范指引和约束的对象在事实上合乎法律规范的指引和约束。简言之，就是人们的实际行为是按照法律规范所规定的应然状态而作出，进而令法律规范在实际上被适用或被服从。因此，法的实效一般是指具有法律效力的制定法在实际社会生活中被执行、适用和遵守的状况，是法的实际有效性。

法律实现在学界存在不同的内涵。有学者将“实现”界定为动词，认为法律实施即法律实现。[①] 也有学者主张从状态层面理解“实现”，认为法律实施的目的就是法的实现，法律实施是一个过程，是“使法律规范的要求在社会生活中获得实现的活动”，进而法律实现即是“法律规范在人民行为中的具体落实”。[②] 还有学者采取折中说，认为法的实施侧重于强调法的要求向现实转化的过程，法的实效则侧重于法的实施的效果，而法的实现则是法的实施与法的实效的统一，即包括实现的过程与实现的结果。[③] 还有学者认为法律实施包括法的生成、法的实效与法的实现三个阶段，而法

① 参见赵震江、付子堂：《现代法理学》，北京大学出版社1999年版，第426页。

② 孙国华、朱景文主编：《法理学》，中国人民大学出版社1999年版，第310页。

③ 参见葛洪义主编：《法理学》，法制出版社2007年版，第187页。

律实现仅仅是法律实施的阶段之一。[①] 本书认为,法律实现与法律实效是一体两面的两个概念。两者同样作为法律实施活动的结果,在对人们的行为进行引导、规范方面,该结果体现为法律实效,但对于法律规范本身,该结果则体现为法律的实现,即从书面法落实为行为法,让法律所要求的应然状态转化为客观具体的实然状态。

然而,在客观现实中,法的实效或法律实现更多体现为一种理想状态。首先,法的实效与法律实现,其关注的起点都仅仅是法律规范本身,仅是在不同的角度考察制定法是否对人们的行为产生指引、规范作用,进而是否在具体行为中得以落实。这两个概念都没有进一步地关照法律产生实效或得以实现的过程,及其对社会、经济甚至政治的实际影响。其次,法的实效与法律实现,都暗含了法律应当得以落实,且应按照法律要求的应然状态得以落实的追求。但法律规范的对象、调整的关系可谓千差万别,法律实施的环境亦包含诸多因素,法律本身在具体的适用、实施活动中,并不一定都能够产生法律实效或实现法律,甚至可能因为法律适用过程中的某些主客观因素,导致结果与追求背道而驰。

为了防治现实中法律适用可能存在的偏差,更广泛而切实地实现法律或获得法律实效,我们有必要深入了解、研究法律适用的效果。区别于法的实效与法律实现,法律适用效果是一个内涵更广、更注重实然层面的概念。

首先,法律适用效果的产生源于法律适用行为的作出,其客观效果依托于具体的执法活动或司法活动。无论相关活动正确、恰当与否,其结果都属于法律适用的效果。法的实效或法律实现则特别强调从法律的应然层面出发,虽然也依托执法、司法行为,或借助人们的守法活动得以实现,但它主要意味着法律规范所授予或认定的权利受到尊重,所设定的义务得到义务主体的服从和遵守,而当规范授予人们的权利受到侵犯时,司法机关能给予积极的保护并使之恢复。

其次,法律适用效果体现为法律适用活动的客观结果。理想的法律适用效果包括法律的实现,也呈现出法的实效。但在实践中,客观存在的法律适用效果并不一定能够实现法律,体现法的实效。例如,适用法律错误的行为仍属于法律适用活动,但其产生的客观结果并不能实现法律,也不能对人们的行为发生应然性的引导、规范效用。

再次,法律适用效果作为一种客观结果,不仅着眼于法律效果的实现,还涵盖了具体法律适用行为在社会、政治层面所造成的客观影响。例如,"彭宇案"中司法裁判引发的对老人摔倒"扶还是不扶"的争议,触动并放大了公众对社会道德缺失的担忧。再如,国家通过司法程序对腐败行为的大力整顿,特别是对若干"大老虎"的责

---

① 参见张文显主编:《法理学》,高等教育出版社 2003 年版,第 231 页。

任追究,也是通过法律适用活动对国家治理正当性的重塑与强化。

(三)法律适用效果的载体

法律适用行为及其结论,即法律适用主体将一般性的法律应用到具体涉法事实中的行为及其所形成的法律判断,是承载法律适用效果的客观载体。两者作为法律适用的一部分,前者体现过程,后者呈现结果。

法律适用行为及其结论均具有特定性与具体性,均是将一般性的法律规定根据具体涉法事实具体化,进而形成特定的具体行为与结论。法律适用行为及其结论均与权利和义务的分配相关。法律适用结论的内容,就是实体权利与义务应如何分配的内容,而法律适用行为实施的过程亦涉及程序性权利义务的划分。

1. 法律适用结论

(1)概念、类型与特点

法律适用结论是法律适用效果的主要载体,是法律适用主体依据法律规定对具体涉法事实或行为作出的、以权利义务分配为内容的具体判断。

法律适用结论在不同类型的法律适用活动中表现不同:在司法活动的法律适用中,法律适用结论主要体现为判决或裁定;在行政法律适用中,法律适用的结论体现为行政决定。这其中尤其需要指出的是,传统意义上的抽象行政行为并非行政法律适用,因为法律适用具有具体性,而抽象行政行为具有一般性。同理,不产生行政法律效果的行政事实行为或其他非行政行为的行政活动也不属于行政法律适用结论,因为行政法律适用的结论必须具有关于权利义务分配的内容。

在理论层面,法律适用结论具有客观性与具体性两大特征。

尽管由国家制定或认可,反映国家意志的法律适用的大前提——法律规范本质上体现为对人们各种行为应然状态的设定,但当具有普遍性、应然性的法律规范与个别化、具体化的事件/案件事实相结合,法律适用主体作出法律适用相对人“应当”承担某种义务或享有某些权利的法律判断后,该判断即以客观样态呈现。无论是正确或错误,相关判断的结果——法律适用结论一经作出,即成为不依赖主观意识而存在的客观状态。

法律适用结论的具体性取决于法律适用的客体——具体的涉法事实或涉法行为。法律适用本质上属于演绎性推论行为。因此,法律适用结论不仅因为作为大前提的应然规范而具有应然性,也因为作为小前提的涉法事实而具有具体性。法律适用结论须针对具体的涉法事实或涉法行为而作出,本质上是对法律规范内容的具体化。

法律适用结论的具体性决定了该结论不具有一般性或普适性,其效力只针对具体的法律适用客体以及特定的法律适用相对人。同时,法律适用结论的应然性又决定了该结论可以国家强制力作为保障其实现的坚强后盾。当司法裁判、行政决定等应然性的法律适用结论,未获得法律适用相对人的自愿履行时,法律适用主体一般有权启动强制执行程序以确保其落实。但是,对法律适用结论的强制执行仅是对其应然性的响应与保障,并不属于法律适用活动的范畴。

(2)对法律适用效果的承载

法律适用结论是依据法律对具体涉法事实和行为应当如何所作出的实体判断。该判断是一般化的法律(主要是实体法)在具体案件中的体现,通常以国家强制力作为兑现的保障,是法律适用效果的首要载体。其承载价值体现在如下方面。

首先,从法律实施与实现的角度,法律适用结论承载了法律适用活动最直接、根本的法律效果。因为法律适用结论体现了法律规范对具体案件当事人权利义务关系与行为的实体判断。在国家强制力的保障下,该结论所明确的内容将得以转化为现实,从而令法律规范具有实效性,实现其引导、规范个体行为的积极效果,并通过这一效果实现法秩序的再生与巩固。

其次,从民众心理的角度出发,法律适用结论还承载着法律适用活动可能带来的社会与政治效果。法律适用结论直接关系当事人物理层面的切身权益。当事人对其关注不言而喻。当具体的涉法事实或涉法行为具有普遍性时,个案的法律适用结论还会受到更多民众关注,并影响他们的认知与行为。这种关注体现为当事人、社会民众对具体法律适用结论的评价,进而影响其对该结论的认可与服从。必须承认,主要体现实体法价值的法律适用结论,总是带有一定的主观情感。法官的自由心证、当事人的胜败情绪、社会舆论的认可或者民愤都是这种主观情感的具体呈现。进而,法律适用结论能够承载的,不仅是法律效果,还包括当事人、社会民众裹挟着道德观念、价值取向甚至政治理念的社会、政治效果。这种效果可以体现为正面的认可、服从、行为依赖继而形成社会秩序与政治权威的塑造,也可能导致负面的否定、抗拒继而造成个人言论、社会舆论的质疑甚至抗争。

最后,法律适用结论的可论辩性,也为法律适用社会效果的形成提供了可能。所谓可论辩性,是指法律适用活动的结论不是绝对正确、普遍适用和不容修改的。即便排除法律适用结论中的主观因素,将其视为完全经由严格的演绎推理所得,其内容也不具有唯一正确性和绝对必然性。① 事实上,由于立法活动的滞后、冲突、不周延等,

---

① 从科学哲学的发展历程来看,在库恩(Thomas Kuhn)的科学范式革命之后,唯一正确的真理观已遭到批判,逻辑真理的绝对正确性和普遍适用性遭到质疑。新的科学哲学观认为,逻辑真理只具有相对必然性。因为逻辑需要建立在诸多基本假定或原则之上,逻辑真理相对于这些假定或原则才是必然的。而且,逻辑命题的必然性是限定在一定的逻辑系统与解释模型之中的,不同的逻辑系统与解释框架会得出不同的逻辑结论。参见陈波:《逻辑哲学导论》,中国人民大学出版社 2000 年版,第 209 ~ 211 页。

法律适用结论不仅在逻辑上不具有唯一正确性,在现实中也可能不尽合理。当法律适用结论的合理性存在争议,其可接受性也势必大打折扣,继而影响其法律、社会和政治效果的形成。

2. 法律适用行为

(1)概念、分类与特点

法律适用行为是法律适用主体针对具体的涉法事实适用法律规范的行为,主要体现为具体的司法活动或行政执法活动。有别于法律适用结论,法律适用行为的法律适用效果由其程序性价值所承载。尽管我国有重实体轻程序的传统,法律适用主体与普通民众一向更看重结论而非行为本身。但法律适用实践正呈现出新趋势,即法律适用行为本身的程序价值日益明显,对法律适用效果的影响逐渐突出。所谓"看得见的正义",需要通过法律适用行为的实施过程予以呈现。

根据本书界定的研究范围,法律适用行为主要包含司法行为与行政执法行为。司法行为,是指国家司法机关及其司法人员依照法定职权和法定程序,具体运用法律处理案件的专门活动。司法是实施法律的一种方式,对实现立法目的、发挥法律的功能具有重要意义。作为权威的纠纷解决方式,司法须具有中立性、被动性与终局性。

行政执法行为,是指国家行政机关和法律委托的组织及其公职人员依照法定职权和程序行使行政管理权,贯彻实施国家立法机关所制定的法律的活动。行政执法具有主动性和单方意志性,其执法主体具有法定性和国家代表性。

不同的法律适用行为须遵循特定的行为要求,不仅需要严格适用法律,还需要体现各自行为特征,以公平公正公开的形式,获取当事人与民众的认可与信任。

(2)对法律适用效果的承载

法律适用行为对法律适用效果的承载主要依赖于该行为过程是否正当、合理、透明,能否公平公正地对待当事人,并避免一切关于司法、执法不公的猜测与想象。具体而言,其对法律适用效果的承载体现在以下方面。

首先,法律适用行为直接关系法律适用结论及法律适用效果的形成。正确、恰当的法律适用行为通过保证法律适用结论的正当与合理,形成良好的法律适用效果。既然"精确的法律认识,法律的可计算性,根本不曾有过而且将来也不会有,永远只是一种乌托邦",①为了能够保障法律适用结论最大限度地接近法律适用的目的,就要求法律适用行为本身合符程序正义的要求,尽量公平公正公开,还要求法律适用结

① [德]考夫曼:《类推与"事物本质"——兼论类型理论》,吴从周译,台北,学林文化事业有限公司1999年版,第135页。

论应能经受得起不同法律适用主体或者多次法律适用行为的审视。例如,行政法律适用结论必须经得起法院司法审查的审视;法院的两审、死刑复核也要求法院之前的法律适用结论经得起高层级法院法律适用行为的检验。

其次,法律适用行为的形式价值也是影响法律适用效果形成的重要因素。在全面推进法治建设的背景下,法律适用行为须严格遵循法律程序。而法律程序作为法律体系的生命形式,正是通过法律适用行为得以实现。尽管长期以来占主导地位的法学理论对法律程序的价值基本持工具主义观点,仅将法律程序视为实施实体法的手段。但随着法律适用实践的发展,这种观点已日益受到质疑和挑战。法律适用行为应当体现程序正义,正成为学界与实务届的共识。事实上,符合程序正义的法律适用行为与良好法律适用效果的形成,可谓密切相关。它不仅有助于得出公正的法律适用结论,促进矛盾纠纷的化解,还有助于吸收当事人的不满情绪,塑造当事人与社会公众对法律适用主体、程序乃至国家法律制度权威性的信服和尊重。符合公平公正公开要求的法律适用行为,能让当事人与社会公众从公开的程序运作过程看到公正的实现过程。而在每一个司法、行政案件中都能感受到公平正义,是增强社会民众安全感和满意度的前提,是形成良好法律适用效果的重要因素,也是保证法治建设在和谐稳定的社会环境中顺利推进的重要基础。

3. 法律适用动机

(1)概念

动机,是指由特定需要引起的,行为主体欲满足相应需要的特殊心理状态和意愿。动机触发行为,并影响行为主体的思维途径,促使其行动与心理趋向相一致。法律适用动机即相关主体欲满足特定需要的心理状态和意愿,它反映法律适用行为的主观方面,包含法律适用主体对法律适用目标、原则、规范、效果的认知与选择,是法律适用行为的基本动因或出发点。

法律适用动机往往与法律适用目的相一致。诸如实现法律、确立规范、化解纠纷、塑造公信等范畴,就其对具体行为的推动作用来说,是法律适用的动机;就其作为法律适用行为所要达到的预期结果而言,又是法律适用的目的。但两者也存在不一致的情形。例如,法律适用的目的可能在于定分止争、解决争议,但其动机既可能是实现社会稳定,也可能是厉行法治,或者兼而有之。此时,法律适用目的是行为所要达到的结果,而动机则反映行为主体要达成相关结果的主观原因。正因为法律适用动机和目的之间存在差别,所以在具体的法律适用行为中,即便目的一样,也可因其动机不同而获得不同的社会评价。例如,当刑事司法是由"命案必破"的动机推动时,其最终的司法结论更易遭到质疑。

事实上，法律适用动机往往在实现法律适用目的的同时，还蕴含了对特定时代政治观念、司法政策等要素的考虑与回应。因此，法律适用的动机还具有多元性。法律适用行为本质上是由主导动机与若干非主导动机联合推动的作用下得以实施的。因此，具体的执法、司法活动的动机，既包括定分止争、实现正义和维护公信，也包括相关主体的维稳需要。

（2）对法律适用效果的影响

法律适用效果是法律适用行为的客观结果，是由动机引起的行为实践及其客观结果。动机不可能直接产生效果，只有通过具体的法律适用行为才能转化为相应的效果。同时，效果也不会凭空产生，须有一定动机驱使作出具体的法律适用行为。

任何行为都是由一定动机引起的，又都表现为一定的行为过程、结论与效果。反过来，一定的行为过程、结论和效果又总是直接、间接地反映一定的动机。在一般情况下，法律适用动机和效果是一致的。好的动机会产生好的效果，坏的动机则产生坏的效果。但在有些情况下，动机和效果也会出现不一致的情形。好的动机可能产生坏的效果，即所谓“事与愿违”；坏的动机也可能产生好的效果，即所谓“歪打正着”。因此，法律适用效果的形成，不仅取决于动机，还关系具体行为过程所遵循的制度、程序以及行为主体在活动过程中的自由裁量。

从实践出发，法律适用效果包括法律效果、社会效果与政治效果三个方面。法律效果主要通过判断法律适用行为是否正确认定事实、正确适用法律而形成，而社会、政治效果则主要表现为当事人和社会民众对法律适用活动的价值判断。无论哪个效果方面，都需要结合行为动机、行为过程与行为结论综合判断。①

法律适用效果的形成是一个复杂的过程，涉及法律适用活动所处的时代背景、政策环境、经济发展状况、社会整体风貌等因素，也与相关立法、程序制度等密切关联。但仅从法律适用活动本身出发，法律适用效果可视为法律适用主体主观的法律适用动机与客观的法律适用行为共同作用的产物。三者紧密联系，法律适用动机是法律

---

① 已有研究往往仅从法律适用结论的角度阐释法律适用效果的生成，以此推演其法律效果、社会效果等是否符合应然的追求。法律适用结论的确是对相关活动进行价值判断的重要标尺。但事实上，法律适用行为的动机以及过程，是作出客观判断不可或缺的因素。早在先秦时期，孟子就强调了“仁义”动机对于评价行为的意义。汉代的董仲舒也在《春秋繁露》中提出“正其道不谋其利，修其理不急其功”，认为判断行为善恶的标准应主要看行为人是否出于善良动机。中世纪法国经院哲学家 P. 阿贝拉尔也认为，人的一切行为都是来自意向、动机，意向、动机是善的，行为就是善的，否则就是恶的。19 世纪德国哲学家 I. 康德更明确地认为，道德行为的善完全出自善良意志，善良意志之所以善，不在于行为所达到的效果和利益，而在于它遵循普遍必然的道德法则即“绝对命令”。除了动机之外，法律适用行为过程的形式价值，如是否具备公平公正公开的外观，也在影响着人们对法律适用活动的判断。

适用行为的直接动因,法律适用效果则是法律适用行为的直接后果。在实践中,法律适用行为一般都遵循既定的法律程序进行,但受到法律适用动机在理念层面的影响,行为模式、方法等有所不同。动机还影响法律适用活动的价值目标,进而从过程到结论,动机成为导致法律适用效果差异的主要因素。

(3)法律适用效果的类型

在实践中,法律适用效果主要体现为法律适用相对人与社会民众对法律适用结论的评价与行为反馈,集中于对法律适用结论合法性与合理性的个体与集体认知。根据相关评价标准、行为反馈规模以及影响对象的不同,法律适用的客观效果包括法律效果、社会效果与政治效果三种类型。

法律效果是指生效法律适用结论对法律适用相对人的法律约束效力及相对人对法律适用活动合法性的评价。

社会效果是多层的,最基本的内涵是指具体法律适用活动对潜在同类当事人的行为引导与规范。但实践中的社会效果内涵更广,包括法律适用活动指向的涉法事实、案件以及法律适用活动的过程与结论,对社会秩序和民众行为的影响,以及社会各界由此产生的对执法、司法等法律适用活动合法性、合理性展开的规模性讨论和整体性评价。

政治效果则是法律适用活动引发的社会整体认可或质疑国家权力、执政主体、执政体制等政治秩序、政治安全事项的实际状态。通常,法律适用的政治效果以其法律效果、社会效果作为前提,且除了极个别具有政治意义的重大要案,政治效果多由若干个案法律适用活动的法律效果、社会效果累积形成,本质上是法律适用效果的量变到质变。

二、法律适用的法律效果

(一)法律效果的概念

法律效果,在法理学中通常是指通过法律适用或实施而实现的法律的社会目的、价值、功能及其程度。显然,此处的"法律效果"是广义的效果,不仅包括源自法律的直接效应,也涵盖了通常所说的"社会效果"。本书在狭义层面界定法律适用的法律效果,它是指法律适用行为所引发的法律层面的效力、认知与评价。

具体而言,法律效果是指生效的法律适用结论对法律适用相对人、法律适用主体所产生的法律约束效力及相对人对法律适用活动合法性的评价。[①] 此种效果集中体

---

① 关于法律适用的法律效果,学界存在不同认知。例如,胡建淼先生就认为,法律适用的效力及其法律效果,具体是指法律适用结论对法律适用相对人之间权利义务的影响。参见胡建淼:《法律适用学》,浙江大学出版社 2010 年版,第 32 页。但本书认为,能够产生法律效果的不仅是法律适用结论,也包括法律适用过程,两者的合法性都客观地影响当事人对法律适用活动的认知与认可,并决定其是否自愿接受相关效力的约束。

现在以下两个方面。

其一,法律效果体现为法律适用程序以及法律适用结论对法律适用相对人以及法律适用主体所产生的法律上的约束效力。例如,执法、司法活动对法律程序的严格遵循,生效判决对当事人、法院均具有的既判力,具有支付内容的生效民事判决所具有的强制执行力等。此类效力作为法律效果的一部分,意味着通过司法、执法活动,使包括程序法和实体法在内的法律得到严格的遵守和执行。同时需注意,此处的法律效力与法律、行政法规等规范性文件在时间、空间和对人、对事方面的法律效力不同,主要是指法律适用行为形成的非规范性法律文件的效力,如生效的判决书、裁定书、逮捕证、行政许可证等法律文件具有的约束效力。

其二,法律效果体现为法律适用相对人就法律适用程序及其结果是否具有合法性的认知与评价。法律适用活动,或对相对人的法律权利义务状态进行确定与再分配,或对相对人应当承担的法律责任予以追究。相对人在接受法律适用结论的强制性约束的同时,也将根据自身对相关法律的理解,对法律适用行为及其结论进行合法性判断,并作出应对行为。一般而言,法律适用相对人认可法律适用行为及其结论的,会表现为服从并自行履行结论要求。例如,诉讼败诉方主动履行生效判决所确定的民事义务,违章驾驶的司机主动认缴交通违章罚款等。相反,则可能否定、抗拒并诉诸特定的救济途径。例如,当事人对一审判决提起上诉,对生效裁判文书申请再审,行政相对人对具体行政行为申请行政复议或提起行政诉讼等。

(二)法律效果的特点

1. 法律效果的范围较窄

法律适用效果中,法律效果衍生、影响的范围较之于社会效果、政治效果要窄,其主要体现为法律实效以及涉事主体对法律适用活动合法性的评价。前者的范围限定在法律适用相对人、法律适用主体之间,体现为法律适用程序与结论对两大主体的约束力。后者的范围也主要限制于法律适用相对人,关系其就法律适用程序及其结果是否具有合法性的认知与评价。当然,法律适用活动是否具有合法性,也可能引发学者、社会公众的关注和评判,并进一步影响其他社会主体的行为选择。但此时的关注、评价和影响应属于社会效果的范畴,因为所涉主体已经具备广泛性甚至规模化,具有了社会效果的意义。

2. 法律效果的成因与判断标准单一

针对具体的法律适用活动,形成与判断其法律效果的标准即该活动的过程与结论是否符合法律本身。理论上,法律适用行为应是严格遵循法定程序,正确适用法律而作出的,当然具备合法性,并对相关主体产生约束力。但实践中,法律适用行为的作出难免存在程序瑕疵，法律适用主体自由裁量权的适用也会引发涉事主体关于法律适用结论合法性的疑惑。此时，就需要借助且只能借助相关法律对具体的法律适用活动进行判断。较之于形成、判断社会效果、政治效果的多重因素与标准，法律效果的成因与判断标准可谓单一。但需要注意的是，此处的法律，不仅包括具体的法律条文，也包括法律条文不能涵涉具体案件事实时适用的法律原则，甚至是依据立法原意作出的扩张性解释。①

3. 法律效果的内容稳定

由于影响的范围狭窄、成因与判断标准相对单一，法律效果的内容也相对稳定。具体而言，法律效果包括两项内容。其一是法律程序与生效法律适用结论的效力，即其对法律适用相对人与法律适用主体的约束力。在执法、司法活动中，该效力已由法律明确规定，并通常由国家提供强制力保障。因此，应密切关注的是法律效果的第二项内容，即法律适用相对人对法律适用程序、结论是否具有合法性的评价。法律适用相对人对法律适用活动合法性的肯定与认同通常带来良好的法律效果，表现为相关主体对具体法律适用结论的内心信服与自觉履行。反之，则可能引发情绪乃至行动上的抵触。法律适用实践中，相当部分的社会效果正是基于法律效果的第二项内容而产生：正面评价产生积极的法律效果，并累积形成良好的社会秩序与执法、司法公信力；负面评价产生消极的法律效果，成为诱发暴力抗法、损耗法律适用公信力等不良社会效果的重要动因。但应合理区分法律适用活动的法律效果与其引发的社会效果：前者内容是稳定的，仅涉及法律适用程序、结论的效力以及涉案主体对法律适用合法性的评价；后者可能由法律效果引发，但往往引发规模化的社会反应，不能等同于相对个体化的法律效果。

三、法律适用的社会效果

传统的法理学较少讨论法律适用的“社会效果”。孙国华先生主编的《中华法学大辞典——法理学卷》是较早界定社会效果概念的法学文献。但真正关注法律适用社会效果的主要是实务部门。1999 年 11 月，最高人民法院《全国民事案件审判质量工作座谈会纪要》正式提出了“社会效果”，明确要求在审理新类型民事案件时，要注重探索，讲求社会效果。此后，司法实务部门及学界多撰文来探讨、论证司法活动中法律效果、社会效果甚至政治效果的关系，强调三者的协调统一。

---

① 我国是成文法国家，但部分立法存在重复、冲突的问题，以致具体法律适用行为可能合法但不合理。该情形一般表现为法律适用后的效果，但并不属于法律适用效果的范畴，其本质是立法的合理性问题。

(一)社会效果的概念

根据《中华法学大辞典——法理学卷》,社会效果是指法律规范调整社会关系所带来的社会结果,①但此处的社会效果是指法的社会效果。换言之,是指法律通过执法、司法以及各社会主体的守法活动得以实现之后,所带来的社会结果。这一概念本质上是法律在社会层面的实现。但本书所讨论的社会效果,是法律适用行为过程、结论甚至法律适用活动针对的涉法事实所带来的社会结果。该结果不以法律的当然实施为前提,甚至可能是法律适用活动未能正确实施法律而导致的客观结果。

此外,有观点认为,法律适用的社会效果即其社会政治意义,是指法律适用活动作为一个整体对于社会秩序或者国家秩序所产生的效果。② 因此,法律适用的社会效果体现为法律适用是国家政治合法性的重要保障,是对国家权力分配格局的重塑与法律实现与发展的路径。这一界定将所有的法律适用活动视为一个整体,忽略了具体、个别的法律适用活动可能引发的具有社会意义的客观后果。此外,这一界定还将法律适用活动之于社会的影响与之于国家的意义混同起来,不利于探索形成差别化、有针对性的效果引导与应对机制。

因此,本书界定的法律适用社会效果,是指具体的法律适用行为及其结论所获得的社会各界特别是人民群众的评价和认可,及其对社会发展的客观影响。它的本质在于民众对法律适用行为、结果是否满足程序正义与实体正义,是否满足社会的主流价值观和长远发展利益的判断,是体现民众对法律适用活动的情感认同与尊重的重要表征。③

具体而言,法律适用活动引发的社会效果包括以下方面:

其一,社会效果体现为社会各界特别是群众对具体法律适用行为及其结论的评价和认可程度。法律适用活动不仅关乎当事人的权利义务和相关责任认定,还是广大民众具体的行为指引。尽管法律本身就具备引导功能,但大多数法律需要法律适用主体的解读、适用和释明,才能实现指引。而且,这种指引功能不直接源自法律适用的过程及其结论,而须经过社会民众对法律适用过程、结论的判断、评价才能产生。良好的社会效果形成于民众对具体法律适用行为及其结论的良好评价与普遍认可。反之,当具体法律适用行为及其结论的合法性、合理性存在争议甚至引发普遍质疑时,其社会效果则不佳。

---

① 参见孙国华主编:《中华法学大辞典·法理学卷》,中国检察出版社 1997 年版。

② 参见胡建淼主编:《法律适用学》,浙江大学出版社 2010 年版,第 29 页。

③ 同上书,第 29~32 页。

其二,社会效果体现为法律适用行为整体对社会发展进程的影响。社会发展包括诸多方面,如社会公正、稳定、效益等。法律适用行为特别是其结论在应然层面体现为法律实效,是对“书面上的法”的具体落实,是民众进行相关法律行为选择时的真切标准。但事实上,无论是基于良好的法律效果(法律实现),还是基于不良的法律效果(法律适用合法性遭遇质疑甚至否定),都会对社会发展进程产生客观影响。良好的法律效果产生良好的社会效果,体现为对社会秩序的塑造甚至再生,对社会公正的捍卫、促进,以及对社会整体风气的教化,对社会效益的增进。反之,不良的社会效果则体现为法律适用行为及其结论引发的社会不稳定、不公正或者社会诚信、道德水平的下降等。例如,“彭宇案”引发的社会公众对摔倒老人“扶与不扶”的讨论,以及现实中有的民众“不扶”的选择,就是法律适用结论引发不良社会效果的典型例证。

(二)社会效果的特点

1. 社会效果的范围较广

社会效果的形成,通常意味民众关注并参与针对具体法律适用活动的评价中来,旨在对其合法性、合理性进行判断,继而增强或削弱民众对法律适用活动公正性、效率性、权威性的信心,并对可能实施同类活动的各类主体产生客观影响,左右其行为选择。通过这一机制,法律适用的社会效果深刻影响社会秩序的形成与维系、社会公正的实现与保持、社会道德的提升与坚守。显然,社会效果的范围明显大于法律效果的范围。这不仅体现在社会效果形成所依赖的主体范围更广,也体现在社会效果辐射影响的范围更大。与法律效果局限于法律适用主体及其相对人之间不同,社会效果的范围可能涉及某个地方、某一行业甚至是全社会整体。

2. 社会效果的成因与判断标准多元

法律适用活动的法律效果通常是其社会效果形成的基础,但法律适用活动是否合法并非形成和判断社会效果的唯一标准。法律适用活动之所以产生社会效果,既可能是其指向的涉法事实关乎社会热点问题、触及大众情感,也可能是法律适用活动的过程与结论挑战了社会的正义观念,还可能是社会大众基于法律效果而作出的利益权衡等。此外,社会效果的形成还受到信息多寡、地区风俗、知识差异、道德观念、利益关系甚至年龄层次、男女性别等因素的影响。判断社会效果孰优孰劣的标准也不仅为是否合乎法律规定或法律精神,还包括了相关法律适用活动是否符合法治精神与主流价值取向,能否获得社会普遍认可,继而是否有助于促进执法、司法公正,提升执法、司法公信,是否有助于促进社会秩序稳定,推动社会整体进步等。

3. 社会效果的内容丰富

由于涉及与影响的范围广泛，兼之成因与判断标准多元，社会效果的内容势必丰富。较之于法律效果呈现的单一内容，法律适用的社会效果不仅包括社会各界基于具体法律适用行为及其结论而引发的关于实体正义、程序正义甚至法理人情的评价和争议，还包括基于此种争议、评价而产生的对社会公正、稳定、发展等方面的客观影响，以及对执法、司法等法律适用活动甚至立法合理性的认可程度。

四、法律适用的政治效果

法律适用的政治效果，是指法律适用活动作为一个整体对于国家秩序甚至国家政权合法性等方面所产生的影响。有学者认为，法律适用的政治效果内含于其社会效果之中，因此"法律适用的社会效果也称为法律适用的社会政治意义，是指法律适用活动作为一个整体对于社会秩序或国家秩序所产生的效果"。① 但本书认为，应对法律适用活动的社会效果与政治效果予以区分。因为两者的评判标准不尽相同，所能引发的关注程度与应对策略也有所差异，混同两者可能导致法律适用主体不能充分认识到其法律适用行为的重要意义，亦可能扭曲法律适用行为对其法律效果、社会效果的应然追求。

（一）政治效果的概念

法律适用活动的法律效果是以具体的法律适用行为为基础的，社会效果则不仅基于作为整体的法律适用活动而产生，也可能由某一具体的法律适用行为而引发。区别于这两者，法律适用的政治效果通常仅基于法律适用活动整体而存在，即法律适用活动作为一个整体对于国家秩序甚至国家政权合法性等方面所产生的影响。

需要说明的是，法律适用实践引发的部分规模化的社会效应往往直接影响当时当地的社会稳定和秩序，因此常被认定为法律适用的政治效果。但此种情形本质上仍属于社会效果，它是社会民众基于对整体的或具体的法律适用活动的评价和认可程度而作出的客观反应及其后果。当然，这是一种极易转化为法律适用政治效果的状态，因为对社会稳定剧烈或长时间的影响势必波及国家政治的合法性。但仍须严谨地区别二者。

具体而言，法律适用的政治效果包括以下方面：

其一，政治效果体现为对法治国家建设的推进。法治是民主国家与现代社会运行的基本框架，是民主政治与市场经济的根本保障。建设法治国家对中国意义重大，

① 胡建淼主编：《法律适用学》，浙江大学出版社 2010 年版，第 29 页。

它是发展社会主义市场经济的客观需要，是国家民主法治进步的重要标志，是建设中国特色社会主义文化的重要条件，是国家长治久安的重要保障。鉴于我国已经形成以宪法为根本的中国特色社会主义法律体系，法律实施的主要途径——法律适用就成为当前推进法治建设的核心内容。美国法理学家博登海默曾指出："法律体系建立的全部意义不仅仅在于制定和颁布良好的科学的法律，还在于被切实执行。"①德国学者拉伦茨也指出："法条是以语言表达之行为或决定的规则，为发挥作用，其必须被适用。"②为了保证法治从社会理想转化为社会现实，就需要通过法律适用保证法律在若干社会事实中得以实现。习近平在中共中央政治局第四次集体学习时指出："要加强宪法和法律实施，维护社会主义法制的统一、尊严、权威，形成人们不愿违法、不能违法、不敢违法的法治环境，做到有法必依、执法必严、违法必究。行政机关是实施法律法规的重要主体，要带头严格执法，维护公共利益、人民权益和社会秩序。执法者必须忠实于法律。各级领导机关和领导干部要提高运用法治思维和法治方式的能力，努力以法治凝聚改革共识、规范发展行为、促进矛盾化解、保障社会和谐。要加强对执法活动的监督，坚决排除对执法活动的非法干预，坚决防止和克服地方保护主义和部门保护主义，坚决惩治腐败现象，做到有权必有责、用权受监督、违法必追究。……要努力让人民群众在每一个司法案件中都感受到公平正义，所有司法机关都要紧紧围绕这个目标来改进工作，重点解决影响司法公正和制约司法能力的深层次问题。"③换言之，法律适用活动整体关系法理的实现甚至法治的实现。而且，这种实现不仅包括"依照体现人民意志的法律来治理国家"，也包含了通过法律适用效果检验法律是否符合社会发展规律，进而不断完善法律体系，最终全面实现良法之治。

其二，政治效果还体现为对国家权力格局的再划分。由于法律适用是蕴含适用主体一定自由裁量权的过程，执法以及司法活动都可能在法律适用过程中通过对法律的解释与续造，实现对法律的补充甚至再造。因此，传统的以立法为中心的权力格局，通过法律适用进程及其效果，可实现执法、司法权地位的提升。在依法治国背景下，还特别要求对权力特别是行政权力合法行使的审查，司法最终解决原则得以强化，司法作为法律适用的重要方面获得更多重视，独立性更强。

---

①　[美]E. 博登海默：《法理学——法哲学与方法》，邓正来、姬敬武译，华夏出版社1987年版，第220页。

②　[德]卡尔·拉伦茨：《法学方法论》，陈爱娥译，商务印书馆2005年版，第149页。

③　习近平：《依法治国、依法执政、依法行政共同推进》，载中国政府网，http://www.gov.cn/ldhd/2013-02/24/content_2338937.htm，最后访问日期：2020年2月6日。

（二）政治效果的特点

1. 政治效果的影响范围广泛

法律适用的政治效果往往需要基于若干法律适用活动才能生成，其本质是国家、政府通过若干具体的法律适用活动树立并不断再生、强化的政治合法性。良好的政治效果意味着政治合法性通过法律适用得以不断重塑与巩固，政府公信力提升，国家稳定性增强，继而有助于凝聚社会信心、捍卫社会稳定、实现社会发展。反之，背离法治精神、违背法律规定的法律适用活动积累到一定程度，则会引发政治、社会、经济的混乱动荡，阻碍国家社会的正常发展。因此，无论法律适用的政治效果是否良好，其对国家的政治安定与社会的有序发展都具有广泛而深刻的影响力。

2. 政治效果的成因多元

与社会效果类似，法律适用政治效果的形成通常也基于多种原因。同样，法律适用是否合法、正确也是政治效果的基本成因。在现代民主国家，由民主的立法机关制定的法律，既体现了全体公民对国家权力机关治理行为的同意，也表达了其对国家权力划分以及诸多权利义务安排的明确意见。但是，法律适用政治效果的成因不仅于此，还与一国一地一时的意识形态、主流价值、政治制度、文化传统以及社会发展水平密切相关。例如，社会发展至网络时代，其信息传播便利不仅增加了法律适用行为及其结果的公开性和透明度，还为社会各界评价法律适用活动提供了交流平台。相关信息披露与探讨不仅引发法律适用的社会效果，也加快了其政治效果的形成，甚至因为对热点问题的关注，真切地影响或优或劣的政治效果生成。

3. 政治效果的判断标准与内容特点

区别于社会效果，法律适用政治效果的判断标准是唯一的，即是否体现以及在多大程度上体现政治合法性。与此相关，政治效果的内容也比较单一，即法律适用活动整体能否以及在多大程度上保证和促进国家、政府获得公众的普遍认可、承认、信任、尊重和服从。当若干法律适用过程及其结论都能够获得社会公众的普遍认可和尊重，其作为整体势必能够体现良好的政治效果，即促进政治合法性的生成，从而增强民众对政治的忠诚与信任。

五、法律适用效果的统一与协调

法律适用作为实现法律、发展法律的重要途径，对于建设法治国家、建立法治社会意义重大。法律适用效果作为法律适用活动的客观结果，是法律适用功能与价值的客观呈现，也是执法、司法主体反思、改进法律适用行为的重要向导。一切法律适用活动都应以生成良好的法律适用效果为目标，这包括了实现良好的法律效果、社会效果以及政治效果，这需要明晰三者的统一性，并树立消解三者冲突的基本原则。

(一)法律适用效果的统一性

作为法律适用效果的一部分,法律效果、社会效果、政治效果的成因、范围、判断标准以及具体内容都有所区别,但作为具体或整体法律适用活动产生的客观结果,三者本质上具有统一性。

1. 三者的产生都依赖于法律适用行为

法律效果直接源于具体的法律适用行为,依托其过程和结论产生法律效力并对法律适用主体和相对人产生约束。社会效果可以产生于具体的法律适用活动,也可以是若干具体法律适用累计引发的结果。政治效果通常针对法律适用活动整体而言。当然,此处的整体有一定的时间、空间的边界。极个别具体的法律适用活动也会产生政治效果。例如,1981 年最高人民法院特别法庭对林彪、江青反革命集团案的审判,即属于对政治问题进行司法处理的努力,而司法机关在该案处理中法律适用活动亦因案件的特殊性直接产生一定的政治效果:这一审判体现了民众的意志,获得了社会的普遍认可,有助于凝聚"文化大革命"之后的民心与民意。

2. 三者的形成关联紧密

任何法律适用行为都会产生一定的法律效果。无论这一主要约束法律适用相对人和适用主体的效果是程序性的还是终局性的,它可能独自或与其他法律适用行为一起引发一定的社会效果或政治效果。根据对法律适用实践的观察,其社会效果的形成有两大路径:其一是常规化的,通过累积若干法律适用活动的法律效果,形成对社会行为整体的引导与规范;其二是体现在具体法律适用过程中的,由于涉案事、法律适用过程与结论属于大众关注的热点或者与主流价值存在冲突等,而引发的社会关注与评议。显然,两者都需要以法律适用的法律效果作为基础。法律适用的政治效果一般也是通过若干法律效果的积累而形成,而且往往是在若干法律效果形成社会效果的基础上,才产生巩固、增强或反之削弱政治合法性的客观影响。此外,规模化的社会效果也是诱发政治效果的重要原因。

3. 三者的终极目标一致

虽然法律适用的法律效果、社会效果以及政治效果的判断标准有别,但是三者在应然层面的终极目标却是一致的,俱涵盖了对正义、秩序、自由的孜孜追求。无论是执法还是司法,法律适用活动均应体现正义,即在法律适用行为及其结论中实现并保障社会主体的平等和公正。正义是法的基本标准,这要求作为法律适用主体的行政机关要严格依法行政,各级政府及其工作人员均须严格依法行使其权力,依法处理国家各种事务。同时,司法机关作为各类纠纷的最终处理部门,更要公正司法,让人民群众在每一个司法案件中都感受到公平正义。当公平正义依法得到有效实现与保障,社会主体才能发自内心地遵从法律、信靠法律并以此规划自身行为,继而实现法治秩序,形成社会生活、经济发展以及政治安定的基础与前提。最后,在公平正义的社会环境中,在繁荣发展的经济生活里,以及安定有序的政治氛围里,所有社会主体才能实现法治保障下的自由,实现个体的最大化发展与成就。这真正是法律适用活动的终极价值与目标。

(二)法律适用效果的协调

在理论层面上,法律适用效果的三个方面是相互影响,协调统一的。但实践中,三类具体效果似乎难免冲突:严格适用法律所得出的结论未必与社会呼声一致,对社会、政治效果的过多考量则可能削弱应有的法律效果。此类情形多发生在具体案件的处理中,纠合着法律适用主体、相对人以及社会民众对案件处理的差别认知,杂糅着法律、情理等多种因素。虽然法律适用活动整体所形成的社会效果与政治效果在一定时期内相对稳定,①但鉴于这些效果也是通过若干具体的法律适用行为与结论而形成,因此,协调并保障每一个案件处理的三重效果,对于生成良好的法律适用效果意义重大。

1. 法律适用效果的位阶

法律适用效果的位阶,是指当法律适用的法律效果、社会效果与政治效果在效果体系中的纵向等级。该等级决定了多重效果发生冲突时,应按一定的次序保障相应的效果实现。

(1)法律效果是基石

在依法治国方略的引领下,所有的法律适用行为均须合宪合法,法律效果成为法律适用活动的首要追求。这是依法治国基本方略在法律适用中的具体要求,即须严格按照宪法法律所规定的法定程序,以宪法法律为依据,切实维护宪法法律在法律适用活动中的至高无上的权威地位。法律适用应首先追求法律效果的实现,并以此作为其社会效果、政治效果形成的基础,唯有如此,才能通过若干具体的法律适用活动,树立民众对法治的正确认知与充分信心,进而才能点滴汇聚法治引领下的社会稳定与繁荣,政治安定与发展,才能最终在社会经济与国家政治层面实现法治。

---

① 例如,某一时期内,执法、司法活动普遍地公正、高效,那该时期的社会秩序、政治稳定状况,即法律适用的社会、政治效果就相对良好。反之,如果司法腐败泛滥,执法滥权明显,那该时期为社会稳定所需支付的成本就会上升,政府与司法机关的权威感与公信力就会下降。但无论是良好还是不佳的效果,这种由若干法律适用行为与结论累计的效果是相对稳定的,不会因为某一个案件中法律适用情况而发生巨大变化。

(2)社会、政治效果是目的

虽然本书在客观后果的层面研究法律适用的社会效果与政治效果,指出法律适用实践可能产生好的效果,也可能产生坏的效果。但就法律适用三重效果的协调而言,我们需要在应然的、良好的层面去理解和规划其社会效果与政治效果。在法律适用效果体系中,法律效果是首要追求,而最终需要实现的目标仍是社会、政治效果。法律本质上是描绘社会关系理想状态的权威蓝图。作为权利义务分配的权威性宣告,法律的产生与适用是要应对多种多样的社会关系与千差万别的个体需求,旨在最终实现秩序、自由、效率和正义等重要的价值。因此,法律效果虽然因为其基础性价值而成为效果体系中的首要追求,但最终仍是为了实现法律在社会、经济、文化、政治上的积极效应。这要求我们在严格适用法律、保证法律效果实现的基础上,应尽量兼顾情理,回应具体社会发展阶段的实际需求。

2. 社会效果与政治效果的正确界定

法律适用效果的协调除了在冲突产生时依据位阶予以侧重,还需要对法律适用的社会效果与政治效果进行正确、合理的界定。

(1)社会效果的正确界定

社会效果是法律适用的重要追求,但影响其生成的因素众多,判断标准也呈现多元。最重要的是,应如何合理区别社会效果与社会舆论或民意,进而正确判定社会效果并对法律适用活动作出适当的回应性调整。在应然层面上,法律适用追求的社会效果主要是社会公正、和谐与有序。在实践中,以上目标的实现既依赖于具体法律适用活动中个案的公平正义,也取决于法律适用主体对民众需求的理解与回应。只有实现法律效果又兼顾民众情理认知的法律适用活动,才能最大限度地增进社会整体的和谐安定。因此,需要增强法律适用活动的透明度,在法律允许的范围内充分传递信息,为社会监督法律适用、正确反馈民意并实现法律适用的社会效果提供良好平台。

但应注意,社会效果不等于社会舆论,如同社会舆论不能简单等同于民意。随着多元媒体的繁荣与网络的飞速发展,个人可通过网络平台自由表达观点,若干声音相互影响,极易形成相对统一的社会意见。此类意见在一定程度上表达了社会民众对某一问题或纠纷矛盾的法律处置是否合法、合理以及是否认可的信息,可视为法律适用社会效果的一部分。但是,此类意见往往是在信息不完全的情况下产生,而且是因为其他因素而非法律适用行为本身所形成。例如,精神病人疯狂杀人案,从刑事责任能力的角度我们不应要求不能辨识自身行为的精神病人承担刑事责任;但在普通民众特别是被害人及其亲属的情感中,司法机关依法作出的不起诉决定或者无罪判决则可能难以接受。但人们不能以此判定司法活动的社会效果不佳,司法机关更不能因为担心此类评价而直接在裁判中“回应民意”以从轻从缓的方式便宜处置。须知,并非所有社会问题都通过法律适用来解决,[①]如果通过折损法律效果来实现对社会舆论或所谓民意的妥协,则会从本质上损耗司法、执法的权威,消解法律的意义。长远而言,法律适用活动是需要增强公开性和透明度,需要了解回应民意的,但该回应应以严格、正确地适用法律为限,而不能因为一时一地一部分的社会舆论,而以社会效果之名替代甚至忽略法律效果。法律适用主体应时刻谨记,长远的社会效果需要以法律效果的实现为基础,只有通过后者对民众的影响和教化,才能整体性地实现良好的社会效果。

(2)政治效果的正确界定

在研究法律适用效果的文献中,实务部门特别是司法机关的研讨居多。司法行为的政治性也被予以充分重视,政治效果往往被视为三大效果中最重要的部分。但需要注意的是,法律适用活动的政治性不等于其政治效果。政治性要求法律适用活动应坚持执政党的领导,应有大局理念与服务意识。在我国应当坚持执政党的坚强领导,坚持全面从严治党,在尊重法律适用规律的前提下实现执政党对国家政治的正确引领。

正确认识法律适用的政治效果,应注意以下方面:其一,法律适用活动应具备应有的政治性,应坚持党的领导,坚持党的思想路线和方针政策的领导;其二,应在坚持法治理念的前提下追求政治效果,应明确法律是制约、规范政治权力膨胀的监督工具,法律适用活动首先应树立宪法、法律在国家政治、经济与社会生活中的权威;其三,应将法律效果的实现作为政治效果生成的前提,即应通过公正、高效、权威的法律适用活动维护个案公正和社会公正,普遍地实现并保障社会正义、秩序与自由,维护人民利益,服务社会发展,保障国家安全,捍卫党的执政地位,保障党的事业顺利进行。

六、法律适用错误及其救济

无论基于法律适用主体主观上的认知偏差或权力滥用,还是法律规定客观上的模糊滞后,甚至法律适用环境的负面影响,法律适用错误都客观存在。法律适用错误直接影响法律适用的效力,导致消极的法律适用效果,背离法律适用的目标。因此,明确界定法律适用错误的概念、构成要件、表现形式,进而有的放矢地予以有效救济,对于实现正面积极的法律适用效果、构建理想的法律秩序具有重要意义。

---

① 例如,以上情形就应以政府对这一特殊群体加强治疗和管理控制来化解。

(一)法律适用错误

1. 法律适用错误的概念

法律适用是依照法定的程序与方法,将具体法律事实归入抽象法律事实,进而根据该抽象法律事实对应的法律规范关于抽象法律关系之规定,形成具体法律关系或法律秩序的活动,是一般性的法律在个体情况中的应用。错误则指一种与客观实际不符或不正确、不正当的状态。法律适用错误是一般性的法律在个体案件或事实中应用时发生的,违背法律适用规则所导致的不正确、不正当状态。鉴于本书对法律适用采“中观说”,故而,法律适用错误乃指司法机关、行政机关及其工作人员的法律适用中存在的不正确、不正当状态。

具体应从以下几方面予以理解:

(1)法律适用错误包括法律适用主体的行为错误和法律适用结论错误

具体到我国,法律适用错误包括依法行使行政权、审判权、检察权的国家机关及其工作人员的法律适用行为错误,以及作为适用行为结果的法律适用结论错误。其中,法律适用的行为错误更多地体现为法律适用行为对法律适用规则的违反。例如,违背“特别法优于一般法”原则,对特别法已作出规定的个体情形适用了一般法规定。法律适用的结论错误则是法律适用行为错误的必然结果,是法律适用主体错误适用法律规定的结果载体。

(2)法律适用错误产生于法律适用主体将一般性法律适用于个体性社会现实的过程

依法律适用“中观说”,司法机关、行政机关及其工作人员之外的,不属于法律适用主体的自然人、企业等,不对此类错误负责。同时,法律适用错误区别于法律创制错误。前者产生于一般性法律适用于个别性社会现实的过程,后者则体现为立法的瑕疵、滞后与不足。

(3)法律适用错误与适用法律错误既联系又区别

“适用法律错误”是我国《刑事诉讼法》《民事诉讼法》《行政诉讼法》等法律中的具体条文表达,特指司法机关、行政机关等主体错误适用实体法的情形。其具体表现包括应当适用此法,却适用了彼法;应当适用某法中的此条文,却适用了彼条文;应当适用高位阶的规范,却适用了低位阶的规范;应当同时适用几个法律规范,却仅适用了部分甚至其中一个规范;应当只适用一个法律规范,却还同时适用了其他不相关的法律规范;应当适用的某一法律规范中的数项条款,但仅适用了其中一项条款;应只适用某一法律规范中的一项条款,却适用了几项不应适用的条款;适用了尚未生效、已经废止或撤销的法律规范;同一案件中适用的法律规范相互冲突;错误解释或理解法律规定;等等。此外,行政行为中的“适用法律错误”还涉及适用了没有法律效力的决议、决定等其他文件;枉顾“特定性”要求,错误适用调整特定地区特定事项的法律规范等。① 作为法院启动再审,或者在二审、再审中判令重新审判或径行改判的重要依据,“适用法律错误”本身是适用法律的法院、行政机关等主体在其司法行为、行政行为中基于主观过错支配而实施的违反法律规范要求的行为。

显然,“适用法律错误”也是一般性法律适用于个别化案例时产生的错误状态,实为“法律适用错误”的主要内容之一——法律适用的依据错误,两者本质相同,但后者在内容上涵盖了前者。因为法律适用错误不仅包含适用实体法律的错误,也包括适用程序法律的错误;不仅包括法律适用依据错误,还包括法律适用目的、对象和程序的错误。

2. 法律适用错误的构成要件

为了明确识别法律适用错误并予以及时矫正,有必要就法律适用错误的构成要件展开探讨。鉴于法律适用本身属于法律行为,故借鉴法律行为的构成要件——主体要件、主观要件、客体要件和客观要件,我们同样将法律适用错误的构成要件划分为以下四个方面:

(1)主体要件

法律适用错误是法律适用行为产生的错误状态,其主体与法律适用行为主体同一。换言之,只有法律适用主体作出的法律适用行为才可能产生法律适用错误。根据本书对法律适用概念的界定及对法律适用主体的限定,法律适用错误的主体限于行使司法权、行政执法权的司法机关、行政机关等。

(2)主观要件

法律适用错误是法律适用主体在一定行为意识或主观认知的引导下作出的错误行为及其结果。此处的行为意识或主观认知即构成法律适用错误的主观要件。由于作为法律行为之一的法律适用行为以行为主体的“意思表示”作为构成要件,所以构成法律适用错误的主观要件应当是行为主体的“主观过错”,包括故意和过失两种形态。反之,既非故意为之,也非过失所致的行为,不构成本书所指的法律适用错误。

(3)客体要件

与法律适用错误的主体类似,法律适用行为产生的错误状态——法律适用错误的客体也与法律适用行为的客体同一。法律适用行为是将一般性法律适用于个别

① 以上“适用法律错误”若干具体表现,是对既有研究的总结与补充。具体参考了姜明安主编:《行政诉讼与行政执法的法律适用》,人民法院出版社 1995 年版,第 351 页。

性、具体性社会现实的过程,个别性、具体性的社会现实即其行为客体。因此,法律适用错误的客体也同样是指个别性、具体性的社会现实。

(4)客观要件

法律适用错误的客观要件是指法律适用错误的外在客观表现,主要包括法律适用的目的错误、依据错误、对象错误和程序错误。以上错误主要是法律适用主体违背法律适用原则以及法律适用规则所作出的错误的法律适用行为及其结果。

3. 法律适用错误的表现形态

法律适用错误的表现形态即其客观要件的具体表现。为了明确法律适用错误的内容与类型,有必要对其表现形态进行梳理。不同于既有研究认为法律适用错误包括主体、目的、依据、对象和程序等五类错误的观点,①我们认为法律适用错误构成的主体要件排除了"法律适用的主体错误",故仅包括目的错误、依据错误、对象错误和程序错误四种表现形态,且四种形态之间相互关联甚至互相转化。

(1)目的错误

法律适用目的具有诸多方面与层次。从法律适用效果的层面出发,法律适用目的是在实现法律效果的基础上,实现良好的社会效果与政治效果;从维护个人权益的层面出发,法律适用目的是对个人行为的规范调整,以保护行为主体和他人的合法权益不受侵害;从国家治理的层面出发,法律适用目的在于依法规范人们的行为关系,实现社会控制并完成国家权力行使的正当性"再生产";②从法律实现的层面,法律适用目的是通过将一般性法律规范适用于个别化社会现实,实现特定法律的立法宗旨。

以上各方面、各层次的法律适用目的,均要求法律适用行为具有公益性与合法性。一方面,法律适用不可出自法律适用主体的私益追求和不良企图;另一方面,法律适用不得违背法律规范的特定目的。鉴于社会效果、政治效果、社会控制等目的较为宏观、较难具象把握,故我们主要从法律效果、法定目的的实现层面讨论法律适用目的及其错误。

综上所述,法律适用目的错误,即法律适用主体出于私人或部门利益,故意违背特定法律规范的特定目的,或者基于过失而未尽到谨慎义务致使法律适用违背特定法律规范特定目的的情形。甄别法律适用是否存在目的错误,应遵循以下路径:首先,在事实认定清楚的基础上,明确其所应适用的法律;其次,明确相关法律的法定目

① 参见胡建淼主编:《法律适用学》,浙江大学出版社2010年版,第597～606页。

② 所谓正当性"再生产",即国家权力的行使或其社会控制行为应具有正当性,且这种正当性由权力行使行为或社会控制活动一再强化,每一次权力行使都是行为本身正当性的再一次塑造与呈现。

的，通常该目的以法律条文的形式表现；最后，比较法定目的与法律适用主体的行为目的，以确定后者是否违背前者，进而确定是否构成法律适用错误。

（2）依据错误

法律适用依据错误是法律适用错误的常见情形，其包括适用法律错误和依据不适格两种具体形态。为了区别于“法律适用程序错误”，此处的“适用法律错误”仍采取程序法上的概念，作狭义理解，即仅仅包括错误适用实体法的情形。其具体表现可参考上文对“适用法律错误”的分析。

此外，法律适用依据错误还包括依据不适格的情形。换言之，即法律适用主体所适用的依据不属于我国法律渊源的范畴。[①] 结合本书之前章节对我国法正式渊源的界定，法律适用依据的不适格即指所适用的依据不属于我国正式法律渊源，包括立法、司法解释、国际条约等的情形。法律适用实践中，法律适用依据不适格主要表现为在有正式法律依据的情况下，仅适用正义观念、道德规范、学术观点、乡规民约等替代正式法律依据对涉法社会现实进行评判的情形。

（3）对象错误

法律适用行为是将一般性法律适用于个别性、具体性社会现实的过程。其中，个别性、具体性的社会现实即其行为客体或者行为对象。因此，法律适用对象错误即法律适用行为及其所指向的个别性、具体性的社会现实错误。此处的社会现实与法律调整的社会关系内容一致，具有重合性。因此，被纳入了法律调整范畴的社会现实，应以基于当事人意志发生，而非纯思想、纯感情上的关系或者无意识的行为；应包含特定的、具体的法定利益，不属于单纯由道德调整的范畴。

基于以上，所谓法律适用对象错误即法律适用指向的社会现实不属于法律调整范畴，不符合法律调整关系特征的情形。例如，尝试对“男女感情破裂，解除恋爱关系”这一社会现实进行法律评判即属于法律对象错误；尝试对“夫妻在家看黄碟”适用行政处罚也属于法律对象错误；尝试对无行为能力人追究法律责任也属于法律对象错误。因为恋爱关系是纯感情上的关系，夫妻在家看黄碟也仅是道德调整的范畴，而无行为能力本身阻断了对行为人追究法律责任的可能。

---

① 对于法律依据不适格的界定，学界有不同观点。例如，有学者就认为，法律依据不适格即法律适用行为援引的依据在内容上不属于我国法的渊源，形式上不满足法律位阶的理论的情形。参见胡建淼主编：《法律适用学》，浙江大学出版社 2010 年版，第 600 页。本书认为，法律依据不适格仅指依据不属于我国法的渊源的情形，而违反法律位阶适用依据应属于“适用法律错误”的范畴。

(4)程序错误

法律适用具有程序性,必须依循法定程序进行,即具体的法律适用行为必须遵循法定的形式、步骤、期间展开,这是实现实体权利和义务的合法方式和必要条件。同时,法律程序还能有效约束、规范法律适用主体的权力行使,防止法律适用专断恣意,增进法律适用过程与结果的合理性。为此,行政、司法等法律适用行为均设有程序性规定。违法相关规定的法律适用,即构成法律适用程序错误。在行政实践中,常见法律适用程序错误表现为违反法定程序的先后顺序,忽略、跳过应当适用的法定程序或者随意增加法律未作规定的程序环节。在司法实践中,常见法律适用程序错误表现为违背平等原则、公开原则、辩论原则、回避制度等原则性、制度性规定,损害当事人程序性权利或徒增当事人程序性义务的情形。

4. 法律适用错误的影响

(1)对法律适用效力的影响

法律适用效力,即法律赋予法律适用行为及其结论的约束力。法律适用错误,无论是目的、依据、对象,还是程序的错误,都可能直接影响法律适用的效力。

根据法律适用主体的不同,法律适用错误对法律适用效力的影响略有区别。

司法机关的法律适用错误,将导致审判监督程序的启动,进而根据再审情形,可能出现补正程序瑕疵,撤销、变更生效判决、裁定等结果。

以民事司法活动为例。《民事诉讼法》及其司法解释均明确将相关法律适用错误作为启动再审以及否定先前已生效判决、裁定的最重要事由。

《民事诉讼法》规定,法院基于自我纠错以及上级法院对下级法院进行监督的立场,对已经发生法律效力的判决、裁定、调解书,发现确有错误的,可以依法启动审判监督程序。① 当事人对已经发生法律效力的判决、裁定和调解书,认为有错误的,也可依法向法院申请启动监督程序。② 检察机关基于履行诉讼监督职权的立场,对已经发生法律效力的判决、裁定,发现有符合法定再审理由情形之一的,或者发现调解书损害国家利

---

① 《民事诉讼法》第198条规定,各级人民法院院长对本院已经发生法律效力的判决、裁定、调解书,发现确有错误,认为需要再审的,应当提交审判委员会讨论决定。最高人民法院对地方各级人民法院已经发生法律效力的判决、裁定、调解书,上级人民法院对下级人民法院已经发生法律效力的判决、裁定、调解书,发现确有错误的,有权提审或者指令下级人民法院再审。

② 《民事诉讼法》第199条规定,当事人对已经发生法律效力的判决、裁定,认为有错误的,可以向上一级人民法院申请再审……第201条还规定,当事人对已经发生法律效力的调解书,提出证据证明调解违反自愿原则或者调解协议的内容违反法律的,可以申请再审。经人民法院审查属实的,应当再审。

益、社会公共利益的,应当提出抗诉。①

根据再审事由相关规定,导致审判监督程序启动的法律适用错误包括几个方面。其一,作为法律适用前提的事实认定部分错误,既包括因缺乏证据证明导致的事实认定错误,②也包括事实认定中程序性法律的适用错误,例如,"原判决、裁定认定的基本事实缺乏证据证明的","原判决、裁定认定事实的主要证据未经质证的",③以及"对审理案件需要的主要证据,当事人因客观原因不能自行收集,书面申请人民法院调查收集,人民法院未调查收集的"。其二,典型的法律适用错误——"原判决、裁定适用法律确有错误"。此处的错误,一般是作为当事人实体权利义务关系评判依据的实体法律适用错误,包括适用的法律与案件性质明显不符,确定民事责任明显违背当事人约定或者法律规定,适用已经失效或者尚未施行的法律,违反法律溯及力规定,违反法律适用规则的,明显违背立法原意等数项情形。但司法实践中的"适用法律确有错误"也可能仅涉及程序性事项,例如,"违反法律规定,剥夺当事人辩论权利的",④"未经传票传唤,缺席判决的","无诉讼行为能力人未经法定代理人代为诉讼或者应当参加诉讼的当事人,因不能归责于本人或者其诉讼代理人的事由,未参加诉讼的"也是启动再审的法定理由。例如,管辖权异议裁定确有错误的,也可申请再审。⑤ 其三,法律适用对象错误,如"原判决、裁定遗漏或者超出诉讼请求的",遗漏诉

---

① 《民事诉讼法》第 208 条第 1 ~ 2 款规定,最高人民检察院对各级人民法院已经发生法律效力的判决、裁定,上级人民检察院对下级人民法院已经发生法律效力的判决、裁定,发现有本法第二百条规定情形之一的,或者发现调解书损害国家利益、社会公共利益的,应当提出抗诉。地方各级人民检察院对同级人民法院已经发生法律效力的判决、裁定,发现有本法第 200 条规定情形之一的,或者发现调解书损害国家利益、社会公共利益的,可以向同级人民法院提出检察建议,并报上级人民检察院备案;也可以提请上级人民检察院向同级人民法院提出抗诉。

② 需要说明的是,"有新的证据,足以推翻原判决、裁定的","原判决、裁定认定事实的主要证据是伪造的"这两项再审事由,通常归因于当事人或客观条件限制,并不属于法律适用主体适用法律错误的范畴。

③ 此处的"未经质证"指向法庭违背程序法律要求,剥夺当事人重要诉讼权利——质证权的情形,当事人在原审中拒绝发表质证意见或者质证中未对证据发表质证意见的,不属于法律适用错误范畴内"未经质证"的情形。

④ 剥夺当事人辩论权利的情形包括不允许当事人发表辩论意见的;应当开庭审理而未开庭审理的;违反法律规定送达起诉状副本或者上诉状副本,致使当事人无法行使辩论权利的;等等。

⑤ 最高人民法院办公厅印发的《全国法院民事再审审查工作座谈会纪要》(法办〔2013〕36 号)第 13 条明确规定,"对管辖权异议裁定申请再审,案件尚未作出生效裁判且该裁定确有错误的,依照民事诉讼法第二百条第六项的规定裁定再审;对管辖权异议裁定申请再审,案件已经作出生效裁判的,告知当事人依法对生效裁判申请再审,裁定终结审查"。此外,刊载于最高人民法院《立案工作指导》(总第 38 辑)的《当事人对管辖权异议裁定能否申请再审问题研究》一文,以及中国裁判文书网上公布的若干最高人民法院针对管辖权异议的再审裁定,均明确表明管辖权异议裁定可以申请再审。

讼请求意味着法律适用对象不全面，而超出诉讼请求意味着法律适用对无权评判的事项进行了裁决。其四，法律适用主体不当，如"审判组织的组成不合法或者依法应当回避的审判人员没有回避的"。当然，最后一项也可归入影响程序正义的"程序性法律适用错误"的范畴。其五，法律适用目的错误，例如"审判人员审理该案件时有贪污受贿，徇私舞弊，枉法裁判行为的"。在此种情形下，审判人员的私心或私利追求，使法律适用活动的目的已经背离作为基本目标的定分止争、公平正义。

进入审判监督程序意味着已经生效的判决、裁定、调解书等进入了一种效力暂停状态，此时法院应当裁定中止原判决的执行，原判决的效力暂时停止。法院依法经过再审或处理后，原判决、裁定认定事实、适用法律虽有瑕疵，但裁判结果正确的，应当在再审判决、裁定中纠正瑕疵后予以维持；原判决、裁定认定事实、适用法律错误，导致裁判结果错误的，应当依法改判、撤销或者变更；原调解书确实违背自愿、合法原则的，应予以撤销，重新进行审判或依法组织调解。

《行政诉讼法》《刑事诉讼法》对待诉讼活动中的法律适用错误立场基本一致。① 司法法律适用中的错误一定会对法律适用结果的效力产生负面影响。严重的法律适用错误大多会产生错误的法律适用结论，而随着法律适用错误的纠正，原已生效的法律适用结论将被撤销并改判；错误的事实认定也会通过证据补足或重新审理事实部分得以矫正；即便法律适用错误程度轻微或仅限于程序瑕疵，对法律适用结论的正确性不影响，遵循程序正义原则，相关轻微的法律适用错误也必须得以纠正，以保证上述法律适用结论的正当性和公信力。

行政机关的法律适用错误，与行政法学中"行政行为的错误"概念不同，②其实质就是行政行为违法，属于必须纠正的范畴。为此，行政领域设立了行政复议、行政诉讼等程序，以矫正执法活动中的法律适用错误。类似于司法活动中法律适用错误的影响，法律适用错误对行政性法律适用行为及其结论效力的否定性影响，其范围与程度也与法律适用错误的类型、程度呈正相关。以《行政诉讼法》相关规定为例，行政行为存在主要证据不足，适用法律、法规错误，违反法定程序，超越职权，滥用职权，明

---

① 刑事司法中略有不同的是，基于刑事执行的特殊性，即便案件进入再审程序，也不停止原判决、裁定的执行。参见《刑事诉讼法》第 252 条，当事人及其法定代理人、近亲属，对已经发生法律效力的判决、裁定，可以向人民法院或者人民检察院提出申诉，但是不能停止判决、裁定的执行。

② 行政法学中认为"行政行为的错误"是指"行政主体在具体行政行为中所作出的意思表示或者为外界理解的意思表示，与其真实意思存在明显的矛盾"。这只是行政行为的表示错误，并不具有违法性，通常经由行政机关补正、更正即可，并不影响相关法律适用活动的效力。参见姜明安：《行政法与行政诉讼法》，北京大学出版社、高等教育出版社 2005 年版，第 230 页。

显不当等法律适用错误情形时，法院将判决撤销或部分撤销该行政行为，并可判决行政机关重新作出行政行为；[①]行政行为明确违法，但不宜或无须撤销的，法院可判决确认违法，即对作为审查对象的行政行为的违法性或错误性予以“定性”；[②]行政行为确定的行政处罚明显不当，或者其他行政行为涉及对款额的确定、认定确有错误的，法院可以判决变更；[③]行政行为有实施主体不具有行政主体资格或者没有依据等重大且明显违法情形，法院还可依照行政相对人的请求，判决确认无效。[④] 以上法律适用错误导致的四种情形中，行政行为被撤销或被确认违法的，其效力及于被撤销、被确认违法之前，被撤销、被确认违法之后则不再具有法律约束力；行政行为被变更的，因为行政行为的内容、依据、形式发生了改变，故其效力内容也随之发生了变化；而行政行为被确认无效的，该无效状态具有溯及力，即该行为应被认为自始不具有法律约束力。

（二）对法律适用效果的影响

鉴于法律适用错误呈现于法律适用效果的两大载体——法律适用行为与法律适用结论中，因此，法律适用错误也势必为法律适用效果带来消极影响，且相关影响不仅及于法律适用相对人，还会弥漫至普遍的社会民众，并反噬国家构建的法律适用制度体系；不仅影响法律适用的法律效果，还可能波及法律适用的社会效果甚至政治效果。

总体而言，由于法律适用效果是对法律适用行为及其结论的评价与行为反馈，集中于对法律适用行为及其结论合法性与合理性的个体与集体认知与评价。因此，当法律适用行为及其结论存在错误，无论是程序层面的瑕疵，抑或实体层面的偏差，甚至法律适用主体的刻意枉法，都将导致作为法律适用相对人乃至社会民众的质疑、批

---

① 《行政诉讼法》第 70 条规定：行政行为有下列情形之一的，人民法院判决撤销或者部分撤销，并可以判决被告重新作出行政行为：（1）主要证据不足的；（2）适用法律、法规错误的；（3）违反法定程序的；（4）超越职权的；（5）滥用职权的；（6）明显不当的。

② 《行政诉讼法》第 74 条规定：行政行为有下列情形之一的，人民法院判决确认违法，但不撤销行政行为：（1）行政行为依法应当撤销，但撤销会给国家利益、社会公共利益造成重大损害的；（2）行政行为程序轻微违法，但对原告权利不产生实际影响的。行政行为有下列情形之一，不需要撤销或者判决履行的，人民法院判决确认违法：（1）行政行为违法，但不具有可撤销内容的；（2）被告改变原违法行政行为，原告仍要求确认原行政行为违法的；（3）被告不履行或者拖延履行法定职责，判决履行没有意义的。

③ 《行政诉讼法》第 77 条规定：行政处罚明显不当，或者其他行政行为涉及对款额的确定、认定确有错误的，人民法院可以判决变更。人民法院判决变更，不得加重原告的义务或者减损原告的权益。但利害关系人同为原告，且诉讼请求相反的除外。

④ 《行政诉讼法》第 75 条规定：行政行为有实施主体不具有行政主体资格或者没有依据等重大且明显违法情形，原告申请确认行政行为无效的，人民法院判决确认无效。

评甚至反对。存在法律适用错误的若干个案累积,势必导致从特定个体到普罗大众,从具体个案到某一地域甚至全国范围法律适用活动的合法性、合理性质疑,最终可能损耗政府公信力、司法公信力甚至政权公信力。

具体到不同层面的法律适用效果,法律适用错误的影响主要且直接体现在法律效果层面,即法律适用相对人认为已完成的法律适用行为、已生效的法律适用结论存在错误,可提出质疑,并经由行政复议、行政诉讼、审判监督程序等法定程序,请求纠正程序瑕疵,解除已生效法律适用结论的约束力,重新按照法定程序给出合法合理的新结论,等等。

法律适用错误对法律适用社会效果、政治效果的消极影响也日益普遍和深刻。进入网络时代,全媒体兴起,各类信息的传播速度远超既往,民众对法律适用活动的了解渠道更多、范围更广、速度更快,其发表意见的平台也更多、更便捷。因此,一般是"潜移默化式"的,需要若干个案积累起来社会效果、政治效果,也开始爆炸性地呈现在某一具体的影响性个案之中。无论是关于一方政经格局的重大要案,还是年深日久亟待平反的冤假错案,或者可能涉及每个普通个体切身利益的突发案件,其法律适用过程与结论中可能存在的错误,都比以往更迅速、更普遍、更有力地呈现在民众面前,接受检视、质疑与批评,并对民众的行为选择、国家的治理秩序产生消极影响。

(三)法律适用错误的救济

鉴于法律适用错误对个体乃至社会、国家的危害性,国家必须立法规定特定的方法或渠道予以矫正。这种根据法定方式和途径进行的矫正活动,即法律适用错误的救济。

法律适用错误的救济本质上是广义法律救济的一种。与通常意指救危助困的救济不同,法律救济有其特殊内涵。根据《牛津法律大辞典》对"救济"的定义,"救济是指纠正、矫正或改正发生或者已经造成伤害、危害、损失或损害的不当行为"。[①] 在理论和实践层面,作为法律术语的救济既是一种权利,也是一种方法或行动。作为权利的法律救济是指当事人通过法定途径请求有权机关裁决纠纷,使其受损之权益得以恢复或获得补偿的权利。作为方法的法律救济则是实现上述权利的法定渠道与行为。例如,当事人民事权益遭受侵害,即可依法诉诸法院,经由法院提供的民事司法救济,获得相应补偿。据此,法律救济兼备三项特点,即以当事人权益遭受侵害为前提、须诉诸法定救济机关以及救济具有补偿性。

显然,诸多法律适用活动即法律救济活动。例如,民事司法,就是为民事权益遭

① [英]戴维·M.沃克:《牛津法律大辞典》,李双元等译,法律出版社2003年版,第957页。

到侵害的当事人提供救济的最重要制度与活动之一。但是，与一般针对法定实体权利受损所提供的法律救济不同，法律适用领域的救济是指当事人的合法权益在法律适用活动中遭受各类法律适用错误的侵害时，通过法定程序要求纠正错误、维护自身权益的救济方法与活动。对本身就具有“救济属性”的法律适用活动如民事司法而言，法律适用错误的救济可谓是对“救济活动的再救济”。

法律适用领域的救济无疑是意义重大的。一方面，它有助于充分捍卫法律适用中当事人的合法权益，无论是其实体权益还是保障实体权益实现的程序性权益；另一方面，它也有益于对法律适用主体的法律适用活动施以必要的监督，并通过纠正法律适用错误，维护法律适用体系整体的正当性与公信力。

以下将从救济主体、对象、渠道、效力等方面予以简要介绍。

1. 救济主体

法律适用错误的救济主体是依法为遭受法律适用错误侵害的法律适用相对人提供救济的国家机关。本书所定义的法律适用活动指向执法和司法，其本质都是国家权力的行使。因此，行政、司法等国家权力行使中发生的法律适用错误，也只可诉诸法定国家机关予以矫正。

具体而言，针对行政法律适用错误的救济主体包括行政复议机关，接受申诉和信访的行政机关和其他国家机关，以及相对应的司法机关。① 针对司法法律适用错误的救济主体主要是法院，既可能是作出错误裁判的法院本身，也可能是其上级法院。② 此外，涉诉信访作为早期的司法错误救济渠道之一，其功能已经有所改变。当下遵循司法机关依法独立行使司法权这一基本原则，接受涉诉信访的国家机关更多仅是将信访情况转交合适的司法机关，如原审法院的上级法院处理，因此，相关机关也非典型的司法救济主体。

2. 救济对象

“无救济即无权利”彰显了法律救济之于权利保护和实现的重要性。据此，权利救济机制的启动要求“有侵权方有救济”。由此可见，救济的对象是遭受侵害的权益。针对法律适用错误的救济中，救济对象即法律适用相对人遭受上述错误侵害的相关权益。具体而言，相关救济对象主要有两种：其一，是法律适用相对人被法律适

---

① 鉴于《行政法与行政诉讼法学》等教材对行政复议、行政诉讼等有详尽的介绍，本书在此不一一赘述。司法救济涉及的相关程序亦如是。

② 尽管检察机关基于审判监督程序的规定，对错误裁判享有抗诉权，且其抗诉行为必然启动再审程序。但检察机关无权直接纠正错误裁判中的程序性或实体性错误，故其不是本书所指救济主体，而仅仅是相关救济程序的启动主体之一。

用活动错误裁判、处理了的实体性权益;[①]其二,是法律适用人被错误的法律适用所侵害的获得正当程序保护以及获得实体正义的权利。简言之,只有上述权益处于被侵害状态时,法律适用相对人方可诉诸法定的行政救济或司法救济渠道寻求补救。

3. 救济渠道

针对法律适用错误的救济主要有行政救济和司法救济两大渠道。

行政救济一般是由行政机关系统内部为行政相对人提供的救济渠道和方法,其制度基础是上级行政机关对下级行政机关的领导权或监督指导权。行政申诉、行政复议、行政信访等都是典型的行政救济路径。其中,行政复议是针对行政法律适用错误最主要、普遍的行政救济方式,是指行政复议机关依法对公民、法人或者其他组织认为存在错误、侵犯其合法权益的行政行为进行审查,并作出相应决定的活动。

但针对法律适用错误的行政救济还需遵循司法最终裁决原则,即未经司法处理的争议或纠纷,尽管已经过行政处理,当事人仍有诉诸司法机关寻求最终解决的权利。因此,尽管行政机关系统内部对行政性法律适用活动中的错误已进行救济,但若法律适用相对人对此救济结果不服,还可诉诸法院。

司法救济是司法机关提供的救济渠道和方法,其制度基础既包括司法最终裁决原则,也包括了上级司法机关对下级司法机关的监督指导权。其中,司法最终裁决原则决定了法律适用错误救济体系中行政救济与司法救济的基本关系,上下级司法机关间的监督指导关系则决定了上级法院拥有纠正下级法院司法适用错误的权力。具体而言,针对行政法律适用错误的司法救济主要是行政诉讼制度,即司法机关依法对公民、法人或者其他组织认为存在错误、侵犯其合法权益的可诉行政行为提起的诉讼。针对司法法律适用错误的司法救济渠道即再审制度。[②] 其中,经由审判监督程序启动的再审是针对法律适用错误典型的司法救济方式。此外,涉诉信访作为一种特殊救济方式,也客观存在。

4. 救济效力

救济效力是指针对法律适用错误的救济所具备的约束力。鉴于相关救济本质上

---

① 此处的实体性权利是法律适用相对人被行政机关直接处理的实体性权益,或是最初致使法律适用相对人将纠纷诉诸法院的"第一性权利"。所谓"第一性权利",是指"直接由法律赋予的权利或由法律授权的主体依法通过其积极活动而创立的权利",与之关联的"第二性权利"作为救济权利,则是在"第一性权利"遭到侵害时产生的权利。参见廖奕:《正义镜像的缝合——法律救济与救济法律》,载《同济大学学报》(社会科学版)2008 年第 5 期。

② 在实践中,上诉制度也具有针对案件一审错误的纠错功能。但鉴于一审裁决并未生效,故上诉制度不是严格意义上的法律适用错误救济机制。

是国家权力的依法行使，其本身具有权力的强制属性，故必然具有一定的法律效力。同时，作为对法律适用错误的矫正，也必须具备法律效力，方可发挥纠正错误的功效。以典型的行政性法律救济——行政复议为例，根据被申请复议的行政行为的具体情况，行政复议机关可作出履行决定、变更决定、撤销决定、确认违法决定等。[①] 而在典型的司法性法律救济——再审程序中，以刑事再审为例，再审案件经过法院重新审理后，不同的错误情形也会导致不同的处理方式和结果。例如，原判决、裁定认定事实没有错误，但适用法律错误，或者量刑不当的，即会导致原判决、裁定被撤销进而依法改判的结果；原判决、裁定事实不清或者证据不足，经审理事实已经查清的，则根据查清的事实依法裁判；事实仍无法查清，证据不足，不能认定被告人有罪的，应当撤销原判决、裁定，判决宣告被告人无罪；等等。无论是行政性救济还是司法性救济，除了法律规定的效力待定状态，[②]相关决定或裁判一经作出，即具有法律约束力，并经由该法律约束力体现法律救济纠正错误、弥补权益、维系公正的积极效力。

参考书目

1. 陈波：《逻辑哲学导论》，中国人民大学出版社2000年版。

2. 葛洪义主编：《法理学》，法制出版社2007年版。

3. 胡建淼主编：《法律适用学》，浙江大学出版社2010年版。

4. 姜明安：《行政法与行政诉讼法》，北京大学出版社、高等教育出版社2005年版。

5. 孙国华主编：《中华法学大辞典·法理学卷》，中国检察出版社1997年版。

6. 孙国华、朱景文主编：《法理学》，中国人民大学出版社1999年版。

7. 张文显主编：《法理学》，高等教育出版社2003年版。

8. 赵震江、付子堂：《现代法理学》，北京大学出版社1999年版。

9. [德]卡尔·拉伦茨：《法学方法论》，陈爱娥译，商务印书馆2005年版。

10. [德]考夫曼：《类推与“事物本质”——兼论类型理论》，吴从周译，学林文化

① 履行决定即作为被申请人的行政机关不履行法定职责的，决定其在一定期限内履行。而若被申请复议的具体行政行为存在“主要事实不清、证据不足”“适用依据错误”“违反法定程序”“超越或者滥用职权”“具体行政行为明显不当”等情形的，行政复议机关依法可决定撤销、变更或者确认该具体行政行为违法。其中，决定撤销或者确认该具体行政行为违法的，复议机关还可以责令被申请人在一定期限内重新作出具体行政行为。

② 如司法机关按二审程序再审的案件，可因事实不清、证据不足将案件发回一审重审，一审审结后因还可能经上诉、抗诉到二审，故相关救济仍处于一种效力待定状态。

事业有限公司 1999 年版。

11. [美]E. 博登海默:《法理学——法哲学与方法》,邓正来、姬敬武译,华夏出版社 1987 年版。

12. [美]理查德·B. 斯图尔特:《美国行政法的重构》,沈岿译,商务印书馆 2002 年版。

13. [英]戴维·M. 沃克:《牛津法律大辞典》,李双元等译,法律出版社 2003 年版。

思考题

1. 法律适用效果为什么应以法律效果为基石?
2. 法律适用效果中的法律效果、社会效果、政治效果如何协调统一?
3. 法律适用错误救济与一般法律救济的联系与区别是什么?

案例分析

2009 年 9 月 8 日,上海白领张某驾驶私家车由华宁路向剑川路行驶,在元江路口等红灯时,一名白衣男子以"胃疼"为由要求其搭乘一程,地点是华宁路北松公路转弯处,这名男子还拿出了 10 元钱当作车费。张某先是拒绝,后因心软答应其要求。在行驶至北松公路转弯处,这名"胃疼"的男子在车停驶后突然拔走了车钥匙,七八名身穿制服的人也随即出现"强行"将张某塞进一辆面包车。这几名"制服人员"还开出《闵行区城市交通行政执法大队调查处理通知书》让其签字,但遭到拒绝。9 月 14 日,张某到闵行区交通执法大队接受调查处理,同日交通执法大队作出行政处罚决定。张某表示,缴纳罚款并非就是接受处罚,由于急于用车,自己无奈签了字,但自己肯定会提起诉讼,洗掉"非法运营"的罪名。9 月 28 日,张某以该行政处罚决定"没有违法事实和法律依据,且程序违法"为由,向闵行区法院提起行政诉讼,要求撤销区交通执法大队作出的行政处罚决定。10 月 9 日,闵行区法院依法立案受理。

2009 年 10 月 14 日晚 7 时许,孙某驾驶公司的金杯面包车去南汇区接人,行驶至浦东闸航路和召泰路交叉口时,就看到一名男青年突然从路边快步冲到路中央扬手拦车,孙某停车后,这名拦车男子称要去航头镇,但天色已晚,没有公交车,附近也叫不到出租车,问司机能不能带他一程。此话一出,还没等孙某回答,那名男子就一把拉开车门,坐到了副驾驶的位置,让司机把他送到闸航路的水泥搅拌厂。因其"冻得不行”,孙某出于好心捎他一程,随后出现和上面案例中相同的情形。孙某因“非法运营”被浦东区交通执法大队处以1万元罚款,为表清白,孙某挥刀自残,后大量媒体介入报道,“钓鱼式”执法浮出水面。

【公众反应】上海惊见防钓鱼车,车主贴出最牛车贴,“防止钓鱼,拒绝搭乘。”

【相关法律】2004年7月1日国务院颁布2019年修订的《道路运输条例》第63条规定:“违反本条例的规定,未取得道路运输经营许可,擅自从事道路运输经营的,由县级以上道路运输管理机构责令停止经营;有违法所得的,没收违法所得,处违法所得2倍以上10倍以下的罚款;没有违法所得或者违法所得不足2万元的,处3万元以上10万元以下的罚款;构成犯罪的,依法追究刑事责任。”

试综合上述材料,分析以下问题:

1. 请从法律适用效果的三个层面评价案例中钓鱼执法的法律适用效果。

2. 该执法方式是否属于法律适用错误?属于何种法律适用错误?应当如何救济?

延伸阅读

1. 季卫东:《法律程序的意义——对中国法制建设的另一种思考》,中国法制出版社2004年版。

2. [美]罗斯科·庞德:《通过法律的社会控制》,沈宗灵译,商务印书馆1984年版。

3. [美]唐·布莱克:《社会学视野中的司法》,郭星华等译,法律出版社2002年版。

4. 苏力:《道路通向城市——转型中国的法治》,法律出版社2004年版。

5. 苏力:《送法下乡——中国基层司法制度研究》,中国政法大学出版社2000年版。

图书在版编目(CIP)数据

法律适用学讲义 / 曾令健,朱福勇主编. -- 北京 : 法律出版社,2020
ISBN 978 - 7 - 5197 - 4289 - 8

Ⅰ. ①法… Ⅱ. ①曾… ②朱… Ⅲ. ①法律适用 - 中国 - 高等学校 - 教材 Ⅳ. ①D920.5

中国版本图书馆 CIP 数据核字(2020)第 033376 号

法律适用学讲义
FALÜ SHIYONGXUE JIANGYI

曾令健 朱福勇 主 编

策划编辑 陈 妮
责任编辑 陈 妮
装帧设计 马 帅

出版 法律出版社
总发行 中国法律图书有限公司
经销 新华书店
印刷 固安华明印业有限公司
责任校对 杨锦华
责任印制 吕亚莉
编辑统筹 法治与经济出版分社
开本 710 毫米 × 1000 毫米 1/16
印张 14.25
字数 242 千
版本 2020 年 4 月第 1 版
印次 2020 年 4 月第 1 次印刷

法律出版社/北京市丰台区莲花池西里 7 号(100073)
网址/www.lawpress.com.cn
投稿邮箱/info@lawpress.com.cn
举报维权邮箱/jbwq@lawpress.com.cn
销售热线/400 - 660 - 8393
咨询电话/010 - 63939796

中国法律图书有限公司/北京市丰台区莲花池西里 7 号(100073)
全国各地中法图分、子公司销售电话:
统一销售客服/400 - 660 - 8393/6393
第一法律书店/010 - 83938432/8433 西安分公司/029 - 85330678 重庆分公司/023 - 67453036
上海分公司/021 - 62071639/1636 深圳分公司/0755 - 83072995

书号:ISBN 978 - 7 - 5197 - 4289 - 8 **定价**:56.00 元
(如有缺页或倒装,中国法律图书有限公司负责退换)